ゲーテッド・コミュニティ
Gated Communities in the United States
―米国の要塞都市―

エドワード・J・ブレークリー
Edward J. Blakely
メーリー・ゲイル・スナイダー
Mary Gail Snyder

訳者：竹井隆人
Takahito Takei

集文社

Fortress America: Gated Communities in the United States
by Edward I.Blakely and Mary Gail Snyder
Copyright © 1997 by The Brookings Institution

Japanese translation rights arranged with
The Brookings Institution Press
through Japan UNI Agency, Inc.

目　次

訳者解説　　iii
まえがき　　viii
第1章　要塞の構築　　1
第2章　コミュニティの探求　　33
第3章　パラダイスへのゲート：ライフスタイル型コミュニティ　　52
第4章　私には夢がある：威信型コミュニティ　　86
第5章　恐怖による独立住区：保安圏型コミュニティ　　117
第6章　逃げ回ることはできるが、隠れることはできない　　148
第7章　それほどすばらしくない新世界　　170
第8章　より良きコミュニティの構築　　189
　注　　210
参考文献　　230
訳者あとがき　　242
著訳者紹介　　246

訳者解説

　本書はEdward J. Blakely, Mary Gail Snyder, *FORTRESS AMERICA：Gated Communities in the United States*, Brookings Institution, 1997 の全訳である。なお、本書は同内容にて1999年にペーパーバック版が刊行されている。

　訳者は昨年、米国におけるコモンを有する集合住宅（CID：Common Interest Development）を舞台とした政治学研究書『プライベートピア：集合住宅による私的政府の誕生』（エヴァン・マッケンジー著、世界思想社、2003年）を翻訳し刊行した。このCIDにおけるコモンとは集合住宅の共用空間であり、車道や公園はもちろん、遊歩道、湖沼、丘陵、テニスコート、プール、ゴルフコース等を含むものまである。CIDには、このコモンを含めた住宅地全体を管制（コントロール）するための居住者による住宅所有者組合（HOA：Homeowners Association）が存在し、居住者から負担金を徴収して、警備、ゴミ回収、街路の保全及び照明などのサービスを遂行する一方で、厳格なルールを執行して居住者を統治する。こうした、HOAがいわば私的政府（プライベート・ガバメント）としての権能を有する現象と課題とを政治的に総括したのが『プライベートピア』であり、原著は米国政治学会賞を受け

—iii—

訳者解説

たほどの高い評価を得た。

　このCIDは現在、コミュニティ組合研究機構（CAI：Community Association Institute）によれば、数にして約23万、その居住者は全米人口の約六分の一に相当する4千2百万人超と推計されている。そして、このCIDのなかでも極端な事例は、コモンを含む住宅地全体を外壁やゲートでとり囲み、内部への出入りは数カ所のゲートに限定して関係者以外を締め出すものであり、その異様な光景はカリフォルニア州レジャーワールドを例として以下のように描写されている。

「住宅地は『高さ2フィートの鉄条網をその上に張り巡らせた6フィートのブロック塀』に囲まれており、300人以上の私設警備員が敷地内を巡回している。他の住宅地、特に著しい金持ち向けの隠れ家のような安全警護団地では、レーザーセンサー、車止めつき警備門、電子施錠、テレビモニターによる高度な警戒システム、コンピューターにつながった自動警報装置による精巧なシステムが備えられている。」（『プライベートピア』221頁抜粋）

　こうした住宅地は「ゲーテッド・コミュニティ」や「要塞都市（フォートレス・シティ）」といった名称で認知されており、その実態を初めて詳細に調査・分析し、全米で大きな反響を呼んだのが本書『ゲーテッド・コミュニティ』の原書である。著者のブレークリー＆スナイダーの推定によれば、1990年代末時点で約2万ヶ所あるゲーテッド・コミュニティに800万人を超える米国人が居住している。米国では人種問題の存在、凶悪犯罪の増加とともに、保安（セキュリティ）は数十年にわたり社会における重要な課題であり続け、特に都市に蔓延する犯罪から逃れるための郊外居住はその1つの有力な選択肢であった。しかしながら、米国にとっての「豊かで、美しく、安全で、成長する郊外」は、完全無欠のユートピアのままであったわけではない。その物質的に満足された空間と過度な自動車への依存は人間性の喪失を招くとともに、大気汚染、交通渋滞、インフラストラクチャーの老朽化といった問題が、高まる犯罪とともに郊外にも忍び寄っていったのである。とりわけ郊外住宅地の特長である広大な緑豊かなオープ

訳者解説

ンスペースは、夜間の歩行通行や、昼間の子供の遊び場としても監視の目が行き届かない危険地帯と化し、自動車の通過交通とともに居住者の恐怖心を駆り立てたのである。よって、外界と遮断したゲーテッド・コミュニティの内側で生活することを人々が選択し、簡易に犯罪や車両通行の危険から逃れようとする動きが1980年代後半から急速に強まったのである。

　こうした米国でのゲーテッド・コミュニティの興隆の背景にある、住宅地に対する保安(セキュリティ)確保の強い欲求は、わが国でも他人事では済まされなくなってきており、その意味で本書をわが国で紹介する意義はたいへんに大きいと考えられる。すなわち、わが国では長引く景気低迷、不法滞在外国人の流入などが社会問題化するとともに、犯罪の増加、検挙率の低下という、かつて誇っていた安全神話を揺るがす事態が顕著になりつつある。2003年12月『内閣犯罪対策閣僚会議』などによれば、犯罪への不安を感じる者の割合は1997年の26％から2002年の41％へと急上昇している。また、安全なはずの居宅で強盗の被害に遭ったり、路上でひったくりの被害にあったりする例が後を絶たないことから、国民の「体感治安」が悪化していることが指摘されており、防犯カメラ等のセキュリティ機器の市場が急速に拡大している。そして、昨年、刑法犯の認知件数は前年度を下回り増加傾向に歯止めがかかったものの、生活のベースとなる住宅への侵入盗は増える一方であるため、住宅侵入盗に対する「体感治安」が最も悪化していることがアンケート調査で示されており、ホーム・セキュリティへの関心が高まっている。殊に新築の分譲マンションでは、すでに普遍化しているオートロックに加え、監視カメラや24時間セキュリティといった防犯設備設置率が約8割にも達している（『マンション管理新聞』調査）。一方、典型的な郊外ニュータウンにおいても、社会環境の悪化にともない、かつては商品価値のあった緑豊かな広い公園や広場などの共用空間が、ホームレスや不良少年の溜まり場と化して治安面での不安を招くともともなっている。このため、米国式のゲーテッド・コミュニティのような住宅地開発が徐々に注目を浴びだしているが（『日本経済新聞』記事2004年2月14日付夕刊、同年5月4日付朝刊など）、外壁やゲートの物理的障壁の設置が法制面などに阻まれてわが国では実現困難なこともあり、監視カメラや警備員の巡回などを主要な手段とするタウン・セキュリティと銘打った住宅地が出

訳者解説

現しつつある。特に本邦初のセキュリティ・タウンとの触れ込みで昨年から販売を開始した大阪府岬町の『リフレ岬・望海坂』は、多くのマスコミにも取り上げられ反響を呼び販売は上々のようである。

　本書でブレークリー＆スナイダーは、関係者に対するインタビューや各事例のデータの分析などを用いて、ゲーテッド・コミュニティがもたらす米国社会に与える影響と問題点について詳述し、殊に、コミュニティの分断という社会の基盤となるべき相互の信頼を揺るがしかねない事態に警鐘を鳴らしている。また、居住者がゲーテッド・コミュニティにもっとも魅力を感じる要素である保安については、ゲートが本当に役立つのかどうかを検証している。もともと住宅地における犯罪の削減と抑止に関する研究については、わが国でもよく知られるように1960年代にジェーン・ジェイコブス『アメリカ大都市の生と死』（黒川紀章訳、鹿島出版会、1977年）が先鞭をつけ、オスカー・ニューマン『まもりやすい住空間』(ディフェンシブル・スペース)（湯川利和・湯川聡子訳、鹿島出版会、1976年）によって発展してきた成果である、「環境設計による防犯（CPTED：Crime Prevention Through Environmental Design)」がある。CPTEDはハード面での防犯設備も重要だが、居住者による領域の認識と、自然監視が行き届く空間形成とが有用とする理論であり、1980年代にピーター・カルソープらが唱え実践したサステイナブル・コミュニティ（Sustainable Community）へと継承された。カルソープらの主張は、過度な自動車依存からの脱却と、自然環境の保護を基調とした、古き米国のタウンのように歩行者優先で、人間同士の交流の多い、コンパクトな町の創造を目指した新伝統主義（Neo-traditionalism）あるいはニュー・アーバニズム（New Urbanism）として知られるようになった。ブレークリー＆スナイダーはこのCPTEDやニュー・アーバニズムも引例しつつ、安易な物理的設備の導入が防犯に関する責任感をかえって減退させることを指摘し、物理的設備に依存しないコミュニティによる社会構造の再構築を主張しているのである。

　近年、犯罪防止を目的とした監視化はわが国の社会全体に及びつつある。たとえば歌舞伎町などの繁華街をはじめとして監視カメラの導入が急増している。これを受けて本年3月には杉並区で初めて防犯カメラ設置条例が制定され、7月に施行される予定である。また、国レベルでは盗聴法（通信傍受

訳者解説

法)、住基ネット(住民台帳法)、個人情報保護法(メディア規制法)、といった法律が相次いで制定または改正され、社会全体における監視化の傾向が強まっている。他方で、こうした監視社会化に対する懸念も高まっており、殊に監視する主体性を巡ってしばしば激しい議論となっている。また、監視カメラの効果が犯罪に対しては一過性のものでしかないことも指摘され、こうした物理的設備の充実よりも地域の連帯感、コミュニティを育成する主張も力を増している。集合住宅についても、日本版CPTEDともいえる国土交通省「防犯に配慮した共同住宅に係る設計指針」(2001年3月)が示され、周囲からの見通しの確保などによる自然な犯罪防止が促されている。こうした議論は今後より高まっていくことが予想されるが、本書における指摘は、コミュニティ重視の当否は別におくとしても、集合住宅の保安確保のためにもっぱら物理的設備の充実を唱える言説に対して有力な反証となるに違いない。

　訳者は『プライベートピア』に引き続き、わが国の今後の社会運営や住宅地開発を考えていくうえで意義深いと思われる本書を翻訳、発刊できたことをたいへん嬉しく思う。また、ゲーテッド・コミュニティから派生する問題が、社会学、都市工学、建築学、政治学、経済学、法学など多岐の分野にまたがるものと想定されるため、本書が研究者や実務家のみならず幅広い層の方々に読まれることを期待したい。

　なお、訳出にあたっては著者の意が損なわれないよう万全を期したつもりだが、ありうべき誤訳等については、すべて私の責に帰すことを申し上げておく次第である。

2004年5月　竹井隆人

まえがき
（ペーパー・バック版）

　ゲーテッド・コミュニティは多くの北米都市において新しい「激しい議論の契機(ホット・ボタン)」となっている。ボストンからロサンゼルスに至るまで、またマイアミからトロントに至るまで、部外者による侵入や査察を妨げるため、近隣住区(ネイバーフッド)を外壁で取り囲みゲートを設置することの是非を問う議論に多くの市民が参加しているが、この論議は、本書が1997年にハード・カバーで出版されて以来、さらに激しくなりつつある。またそれ以降、ゲーテッド・コミュニティの数は顕著に増加してきており、実際に、米国の西部、南部、南東部では、新規に開発された計画型住宅地の40％以上はゲート付きである。
　しかし、同様にこうした現象に反対する勢力も増えつつある。マサチューセッツ州ウースターにある小さく比較的同質的なタウンでは、ブラウン大学とシカゴ大学から来た学生の一団が1998年11月ウェックスフォード・ヴィレッジでピケを張り、「ゲートによる分断をやめよ」というプラカードを振り回した。これらの学生は、コミュニティの一部を他から分断しているゲートの必要性と社会的価値に非常に大勢の市民が疑問を唱えていることを象徴して

まえがき

いる。カリフォルニア州サン・ディエゴ、ヴァージニア州レストン、その他の国中の都市の市議会では、ゲーテッド・コミュニティおよび市街路との進入口におけるゲートの設置を禁止または制限する条例の可決が求められた。デベロッパーがその権利があるとして都市の一部を外壁とゲートで切り離してしまう以前に、ゲート設置に対してよく考えねばならない厄介な問題がある証拠として、本書がしばしば実際に引用されている。

もちろん本書が全米中で関心を集め衝撃を与えていることは我々にとって悦ばしいことである。さらにゲーテッド・コミュニティは国際的な関心をも呼び起こしており、スイス、スウェーデン、フランス、英国、ドイツ、日本、オーストラリア、ニュージーランドの諸国では、ゲートを設置する気運に歯止めをかける指針を探している。こうした国々でもまた国外からの訪問滞在者や犯罪の増加、成長する都市における経済的格差の拡大といった問題に直面しているのである。

論議が沸騰してくると、学界やメディアの関心だけを呼ぶ以上のものとなり、市民間の論議も同様に激化してくる。1999年4月、カリフォルニア州オレンジ郡のコミュニティ、コト・デ・カザは全国でも有数の超富裕層の独立住区(アンクレイヴ)であるが、そこでは公立学校をその頑丈なゲートの内側で建設することの是非をめぐって激しく、かつ苦渋に満ちた議論があり、本問題の是非に関して興奮が異常に高まった。学校建設支持者は、コミュニティ内で増加中の新しい家庭のすぐ近くによい公立学校が必要なことを説き、また子供たちを遠くの既に定員過剰の学校に車で連れて行く安全性の問題と、同時に住宅価値にとっては地元の学校があることの好影響を指摘した。しかし、小さな子供を抱える家庭の多くからなる反対派は、本書を引用して公共スペースがこうした外壁の内側にできるなら、ゲートはかえって役に立たなくなるという心配が、その第一の理由であるとして反論した。最終的に「反ゲート派」が勝ち、学校建設委員会は解散したが、それでも議論は終息しなかった。オレンジ郡出身の州議会議員は、一般公衆に用役権がある限りゲートの内側に公共スペースをつくることを許可できるとの法案を提出している。カリフォルニア州裁判所は今までのところ、公的スペースは「二重性格」を有しえないことを理由に、このような意見に反対を示してきている。

まえがき

ノース・カロライナ州では、ゲーテッド・コミュニティを市として独立法人化することを許可し、その内側の街路を維持補修することを目的として居住者に対する課税を認める同様の州法案が提出されている。この理由は、ゲーテッド・コミュニティにおける一部のHOAが道路維持補修のための十分な費用負担に消極的だったり不可能だったりしたことによる。これは新しい市政府が、道路やその他の市有設備の経費としてさらに増税しうるかという単純な疑念ともなる。一方、カリフォルニア州における我々の調査では、HOAは最終的に市の資格を勝ち取り、外壁で囲まれた地区に、税や州その他の負担金の賦課を制限していることを示唆している。この一例として、パーム・スプリングス地区の幾つかのゲーテッド・コミュニティでは、彼等の屋敷町内コンパウンドで再利用サービスと、中流所得階層に購入可能な住宅提供を強制しようとアフォーダブルする州の試みを失敗させた。ほかの事例では、市官吏がゲートの内側でのスピード違反や駐車違反の罰金を増額しようとして追放されたこともあった。

本書は、いくつかの論争を巻き起こし、また論議のレベルを引き上げたが、それは我々のかねてより意図したところであり、また現に望むところでもある。我々はゲートや外壁に一部の批評家がいうように反対しているわけではない。事実、ゲートは我々が本書で指摘したように、犯罪阻止や安全確保といった、より広範な市民の問題や要求に応えている。都心の過密地区では何インナーシティらかの方法で出入りを制限することが安全保障に必要であろう。

一方、商業用兼住居用の地区に対する設計は、安全性のために進入路と循環路の要件に十分な注意を払う必要がある。ゲートがもたらすトータル・セキュリティの概念は、見せ掛けのみである。殺人事件は外壁で囲まれた住宅地内でも起きているし、強盗や破壊行為の問題も相変わらず続いている。こうした問題の多くは、ゲーテッド・コミュニティの人口動態上の変化に関連するのではないかと我々は考えている。避難所として外壁に囲まれた安全なコミュニティを探す家庭が増えるにつれて、自分たちの子供が大きくなり、いったん自分たちが逃れてきた問題の直接、間接の原因となるティーンエイジャーを、結果的に引っ越し先のコミュニティに連れてきてしまう例が多くなった。米国人として我々が正面から取り組むべき問題は、法律で規制できず、壁で閉じ込めることも、その外に押し出すこともできない。もし我々がすでに決

まえがき

意している通り民主制を選択するのなら、外壁やゲートを通してではなく、我々が生活するすべての街路でお互いに手を伸ばし協力し合わねばならい。

本書のハード・カバー版の前書きに記したように、ゲートの如きコミュニティの外見のみでなく性質さえ変質させる居住システムを選択する際、国中の人々が困難な決定に直面しなければならない。こうした問題は解決するのは容易でなく、また自分たちの近隣住区や都市の発展にかかわる公共政策を単なる偶然に任すこともできない。こうした事項に決定を下すあらゆる市やタウンは、国家社会構造全体について小さいが重要な決定を下しているのである。市民がコミュニティ居住区の形態について下したいかなる決定も、最終的にコミュニティと国家全体の性質に影響を与えるのである。

本書はマサチューセッツ州ケンブリッジのリンカーン土地政策研究所、ならびにジョン・H・サイモン・グッゲンハイム記念財団の財政的援助がなければ、到底世に出すことはかなわなかったであろう。リンカーン土地政策研究所のスタッフとして、その調査段階でプロジェクトを指導していただいたデボラ・マイネス、ロザリンド・グリーンスタインにまず感謝を申し上げたい。また、出版局長であるアリス・インガーソンには、いただいた支援と有益なるコメントに特に感謝したい。

リンカーン土地政策研究所は、ケンブリッジでのある終日の会議に対して支援をしてくださったが、そこで我々は本プロジェクトの初期段階における多くの有益なるコメントや示唆をいただいた。とりわけ、その会議のメンバーであった次の方々に謝意を表したい。リンカーン土地政策研究所のベン・シニッツ、ダラス・モーニング・ニュースのディビッド・ディロン、リンカーン土地改革研究所のロバート・アイエンスワイラー、ファースト・アメリカン・タイトル・カンパニーのエリー・ラング、アメリカ計画協会のシルヴィア・ルイス、ワシントン大学のゲイリー・パイボ、セドウェイ・アンド・アソシエイツのリン・セドウェイ、ジョージア工科大学のディビッド・セウィッキ、ヨーク大学のゲルダ・ウェカール、デンバー大学のジェームス・ウィノクアー。慎重に原稿を読み本書の最終稿をまとめるもとにもなった価値あるコメントをいただいた、ブルッキングス研究所のアンソニー・ダウンズと匿名の3人の評者にも感謝の意を伝えたい。

まえがき

　さらに、新聞記者たちにも非常にお世話になった。彼らは真に価値ある計り知れないほどの情報源であり、新聞のリードと記事内容は、ゲーテッド・コミュニティがどこにあるのか、またその地方に於ける社会的、経済的な問題などについて知らせてくれ、我々の研究を立ち上げさせてくれた。我々は何百人ものジャーナリストや編集者の方々に、その全員のお名前までとても列挙できないが、深甚なる謝意を申し上げたい。

　さまざまな都市での現地視察を手助けしてくださった、エリー・ラング、セルジオ・ラミレス、リック・ザイマンスキー、フラン・トスカーノ、ジョン・チュイット、フランク・ターナー、ポール・ワッデル、の諸氏にも感謝を申し上げたい。また、カリフォルニア州サクラメントのアプライド・デベロップメント・エコノミクス（ADE）のジム・キングは、我々のフォーカス・グループにおける議論をはかどらせ、彼の洞察力で我々を助けてくれた。また、カリフォルニア大学バークレー校都市地域開発研究所のスタッフ、クリスチャン・アマド、マーサ・コンウェイ、ミホ・ラーム、の諸氏、ならびに特に原稿を読みコメントをいただいたマネージャーのバーバラ・イデンフェルドに感謝したい。エドワード・J・ブレークリー（1999年当時、南カリフォルニア大学）の管理助手たるウェンデ・グリーン、エリ・トステードの両氏には、数限りなく途切れなく助力をいただいた。また、ブルッキングス研究所の編集部のナンシー・デビッドソン、ジャネット・モワリー（ともに編集）、インゲ・ロックウッド（校正）、カール・リンドブロム（検証）、デボラ・パットン（索引作成）、の諸氏にも感謝したい。

　最後に、全国にわたる現地視察、フォーカス・グループ会議、において何百もの人々から貴重な時間と見解をいただいたが、多くの方々の名前を伏せたまますべての方々にあまねく謝意を伝えたい。さらに本書を、我々のコミュニティを生活と仕事にとってよりよくより安全な場所にしようと日夜つとめておられるすべてのよき米国人に捧げたい。

1999年5月
エドワード・J・ブレークリー
メーリー・ゲイル・スナイダー

ブルッキングス研究所

　ブルッキングス研究所は超党派の調査、教育、および経済、政治、外交政策の出版、さらに社会学全般に専念する民間のNPOである。その主要目的は健全なる公共政策の開発、発展に寄与し、また国家的重要問題に関する一般の理解を深めることにある。研究所は1916年創設の政府調査研究所、1922年創設の経済研究所、1924年創設のロバート・ブルッキングス経済・政治大学院の事業を併合して1927年12月8日に設立された。

　研究所は職員の知的自由を守るため公共政策問題については常に中立の立場を堅持する。ブルッキングス研究所の刊行物の解釈、結論は個々の著作者によるものと諒解されたい。

リンカーン土地政策研究所

　リンカーン土地政策研究所は1974年に設立されたNPO、かつ免税措置を受けた教育機関である。その職務は土地経済、土地税制など土地政策の研究、教育の錬成の場である。研究所はクリーブランドの実業家ジョン・C・リンカーンによって1947年に設立されたリンカーン財団の支援を受けている。リンカーン氏は19世紀の米国政治経済学者であり社会学者たるヘンリー・ジョージの考えに感化された。

　多岐にわたる調査、教育プログラム、出版プログラムの助力を得て、研究所は多様な見解を取りまとめ、次の三分野に有益な知識の主要部を拡張している。すなわち、土地使用と規制、土地建物の税制、および土地の価値と所有権である。研究所の目標は一般市民、政策立案者、学者にその知識を理解させ、また伝達して、公共あるいは民間の意思決定を改善することにある。

第1章
要塞の構築

　境界を設けることは常に政治的な行為である。境界はメンバーを決定する。すなわち、ある人間は内側に居るべきとし、ある人間は外側に居るべきとするのである。また、境界は、スペースをつくり線引きして、政治的、経済的、社会的生活の活動と目的の達成をいっそう促進する。物理的スペースを利用して、社会的地位をつくり出すことは、米国における永年にわたって深く根ざした伝統である。

　居住境界線をよりはっきり示す形態の一つであるゲーテッド・コミュニティは、1980年代初期から現在に至るまで米国中に出現してきた。何百万という米国人が、以前はより多くの人が共同で平等に利用していた一般市民のスペースを、外壁で囲いフェンスを張り巡らした特定の共同住宅スペースとして、そこに居住することを選択した。一般市民のスペースは政治的概念、あるいは司法の概念以上の存在である。それは社会、文化、および共有された政治形態の表明である。

　人口動態、経済、また社会において、劇的な変化が生じているこの時代に、

第1章／要塞の構築

　米国では将来に対して、不安が増えてきつつある。多くの人が急速な変化に直面して、自分たちの居所とその近隣住区(ネイバーフッド)の安全が、ぜい弱で攻撃されやすく、不確実であると感じている。これは実際の犯罪傾向や場所とは関係なく犯罪が増加する懸念に反映され、また物理的および経済的安全を図るために物理的環境を管理すべく利用されてきた多くの手段に、反映されている。外壁で囲われた都市とゲーテッド・コミュニティの現象は米国で増大しつつある新たな要塞心理の明瞭な表明である。排他的土地利用政策、開発規則、その他の各種計画ツールの組み合わせと同様に、ゲート、フェンス、民間警備員は、住宅地、商業地、公共スペースへの進入を制限あるいは抑制するために利用されてきた管理手段である。

　米国人は、自分たちの私的領域内への侵入を防ぐために、常時作動の保安設備を備えた外壁の内側に居住することを選びつつある。すべての階層の米国人は、自分たちの住宅価値を確保し、犯罪の衝撃を減じ、また犯罪から逃れ、豊かな生活に対する自分たちの感覚を共有できる隣人を見いだそうとして、要塞を構築している。新たな要塞団地は、都市のインナーシティに対抗するものとして増えつつある、郊外で顕著な現象である。しかしながら、これらは単に壁で隔てられた地区以上の意味を有し、都市の暴力犯罪と急速に変化している社会からの避難所でもある。また、これらは社会的住空間の探求、すなわち清教徒(ピルグリム)が米国に上陸したとき以来、米国人が探し求めてきた理想的コミュニティを模索することでもある。

　ゲーテッド・コミュニティは通常の公共スペースが私有化され、出入りが制限された住宅街区である。これらは非居住者による侵入を防ぐため、通常、壁やフェンスによって囲われ、玄関口(エントランス)が管制(コントロール)された、安全な住宅地である。これらは新規の住宅地の他、ゲートとフェンスをあとで備え付けたより古い街区のものをも含み、そして都市の過密地区(インナーシティ)から郊外のさらに奥にあるものまで、最富裕層による近隣住区から最貧困層による近隣住区にまで見いだせる。これらのゲートには、24時間警備員が配された設備の整った2階建ての警備所から、単純な電子腕木式によるロールバック式の錬鉄製のゲートまである。警備所は通常、訪問客用の1車線と、電子カード、暗証コード、あるいはリモート・コントロール装置によりゲートを開閉できる住民用のもう1

本の車線を備えて建設されている。住民の車には身分証明ステッカーを支給し、すべての車が警備所を通過することを求める、24時間セキュリティを備えたコミュニティもある。その他、自動車のナンバー・プレートや、時には通過するすべての人の顔を記録するビデオカメラを使用するものまである。警備員の居ない玄関口には、住民が訪問者を識別できるようにインターホンシステム、あるいはビデオモニターまでもが備えられている。

我々が論じている住宅は、ゲートあるいは警備員がロビー、廊下、駐車場に一般が出入りすることを防ぐ、セキュリティ・システムを備えた、あるいはドアマンの配備された、多住戸・高密度型のアパートメントやコンドミニアム・ビルディングではない。ゲーテッド・コミュニティが特異なのは、ゲートあるいは壁がなければ、その地区のすべての市民に開放され、共有されるべき資源たる街路、歩道、公園、ビーチ、川、小径、運動場に対して一般の人が出入りすることを、壁とフェンスで妨げていることである。

我々は3百万以上の米国人家庭がすでに都市問題から逃れ、この新たな避難所を探し求めていると推定している。[1] 1985年の時点では、ゲーテッド・コミュニティはほんのひと握りの地域でしか存在しなかったが、今日、それらはすべての主要大都市圏で見いだすことが可能である。これらの住宅地は、一つの島としての、また都市の社会秩序の一般的退廃に対する社会的防波堤としてのコミュニティの概念を一部反映しており、さらに、公的組織を我々すべてが参加する市民民主主義の共同責任として、私的管理組織に代替しようという、ますます増大する試みを反映している。ゲートと壁は、これらの社会的傾向がもたらす必然的結果でも自然の結果でもなく、またこれらの原因でもない。しかし、これらの非常に目立った表明ではある。

我々の近隣住区の周囲にあるゲートおよびフェンスは、単純な物理的障壁以上の多くのものを象徴している。ゲーテッド・コミュニティは多くの緊張関係、すなわち、特権に対する不安とその保全に根ざした排他的願望と市民としての責任との関係、公共サービスの民営化（プライヴェティゼーション）に向かう傾向と公共の利益および社会福祉の理想との関係、環境に対する個人およびコミュニティの管理の必要性と同胞市民を疎外する危険性との関係、を明示している。

ゲーテッド・コミュニティの現象は巨大な政策的帰結をもたらす。ある市民

第1章／要塞の構築

に対しては、他の一般市民から離脱することを許容し、彼らの経済的、社会的特権を他の人たちと共有することを除外する。この帰結によって、対立する見方を顕在化させるイデオロギー問題が表面化する。ゲーテッド・コミュニティは市民の間に壁を築く排他的要塞の比喩であろうか、もしくは家族や経済的安全、生活の質に脅威を与える勢力からの避難所であろうか？

　我々の研究の基礎にあるのは、米国でゲーテッド・コミュニティがコミュニティと市民権をいかに反映しているのかという問題である。真の問題は実際のゲートと壁ばかりでなく、なぜ非常に多くの人がこれらを必要と感じるのかについてである。近隣住区間にある仕切りが警備設備とフェンスにより他の市民を締め出す場合、国家としての尺度はいったい何であろうか？公的サービスや地方政府でさえが民営化(プライヴェティゼーション)される場合、コミュニティとしての責任が分譲地のゲートの地点にとどまる場合、社会のまた政治の民主主義の崇高な理想と機能に何が生じるのであろうか？この国家は社会的接触が欠如した状態で、その社会契約を果たすことができるのであろうか？

ゲーテッド・コミュニティの発展

　ゲートが設置され外壁に囲まれた都市というのは、都市そのものの出現とほぼ同時にはじまった。英国における最古のゲーテッド・コミュニティは、紀元前約300年に英国を占拠していたローマ人によって築かれた。ローマの軍人は兵役を終えた後に、広大で防御の手薄な辺境にローマ的秩序を強化し安定させるため、現地部族の領域内に土地と財産を与えられた。ローマ人家族は、領主所有地の近くあるいはその領地内に集団をなして住み、外壁やその他の防御物を建設した。一般に信じられていることとは逆に、定住地の周りにある外壁は、外部からの侵略者から防御するためというよりは、むしろいつ何時襲い掛かってくるかも知れない地元の村人からローマ人自身を守るためのものであった。部族民は現実の、あるいは単なる想像上の不満によりしばしば自分たちの領主に反抗した。後代においても同じく要塞は侵略者あるいは内部の敵対勢力から防御するために築かれたのである。

ゲーテッド・コミニュティの発展

そのため外壁の設置と社会階層分離のシステムは英国社会に深く根付いた。ヘンリー1世、リチャード2世、チャールズ2世、と続く歴代の国王たちは、反抗的な貴族あるいは敵対的で危険な村人に対して自分自身を守るためにロンドン塔に立て籠もった。ロンドンには18世紀まで警察力が無かったために、資産家たちは自分自身と自分の一族を凶暴な地元住民から守るために要塞を構築した。このシステムの遺産は、外壁で囲われた大修道院、大領主邸、城塞として、未だに英国の風景に見ることができる。[2]

また新世界たる米大陸でも外壁で囲われゲートを設置した軍事基地が建設されたが、最古のものはカリブ海におけるスペインの要塞町である。19世紀後半に至って初めて、すべてが居住用建物であるゲート付き近隣住区が出現した。すなわち、ニューヨークにおけるタキシード・パークとセントルイスにおける私有街路のような、富裕層向けのゲーテッド・コミュニティは、急速な都市の工業化から生じる厄介な局面から富裕層が自らを外部と絶縁するために、1800年代後期に建設された。[3] 20世紀に入って、ゲートを設置して、フェンスを張り巡らせたいっそう多くの屋敷町(コンパウンド)が、プライバシー、安全威信を目的として東海岸とハリウッドの上流階層によって構築された。しかし、これらの初期のゲート付き保安住宅地は今日のゲート付き分譲地と異なって、稀少な人々のための、稀少な場所であった。

ゲーテッド・コミュニティは、1960年代後半から1970年代に築かれた総合計画(マスタープラン)による退職者向け住宅地が出現するまでは、依然として稀少な現象であった。レジャー・ワールドのような退職者向け住宅地は、平均的な米国人が自分自身を外壁で隔離することができた最初の場所であった。ゲートは、直ちにリゾートやカントリークラブの住宅地に、そして今度は中流層の郊外分譲地へと広がった。1980年代に、高級不動産への投機と派手な消費へと向かう傾向は、排他、威信(プレステイジ)、レジャーを目的に設計された、ゴルフコースを取り囲むゲーテッド・コミュニティの急増につながった。大衆がますます凶悪犯罪に恐れおののくようになるにつれて、主に恐怖から逃れるべく構築されたゲーテッド・コミュニティがこの10年間に多く出現した。ゲートは、郊外の単一世帯住戸の住宅地や高密度の都市のアパートメント群においても設置された。1980年代後半以降、ゲートは国中の多くの地域に遍在するようになり、今や警備員

英国大修道院の外壁

付き玄関口を特徴とする全体が独立法人化した都市までが存在する。
　これらの現代版ゲーテッド・コミュニティは、リゾート地や退職者向きの区域で最初に始まったため、米国南東部と南西部のサンベルト諸州で最も普遍的である。その後全国の大都市圏に出現し始め、さらに北東部、中西部、北西部に伝播し、今やゲート付きに進む傾向は急速に拡大している。絶対数において、カリフォルニア、フロリダの2州がゲーテッド・コミュニティの最大の基地であり、大きく差をつけられてテキサス州が3番目に続いている。また、ゲーテッド・コミュニティは、ニューヨーク市、シカゴ周辺やその他の主要な大都市圏でも普遍的な現象であるが、それらはオレゴン、ワシントン、アイオワ、ミネソタ、ウィスコンシン、ペンシルベニア、アーカンソー、マサチューセッツ、ハワイ、カンザス、ミズーリ、ミシガン、ネバダ、およびバージニア、メリーランド郊外のコロンビア特別区などのほとんど全域で見いだせる。これらは主に大都市化による現象であるため、ダコタ、バーモント、ウェスト・バージニアのような概して田舎の諸州には稀有な現象である（図1-1参照）。
　初期のゲーテッド・コミュニティは退職者向けヴィレッジと超富裕層のた

ゲーテッド・コミニュティの発展

図1-1. ゲーテッド・コミュニティの分布

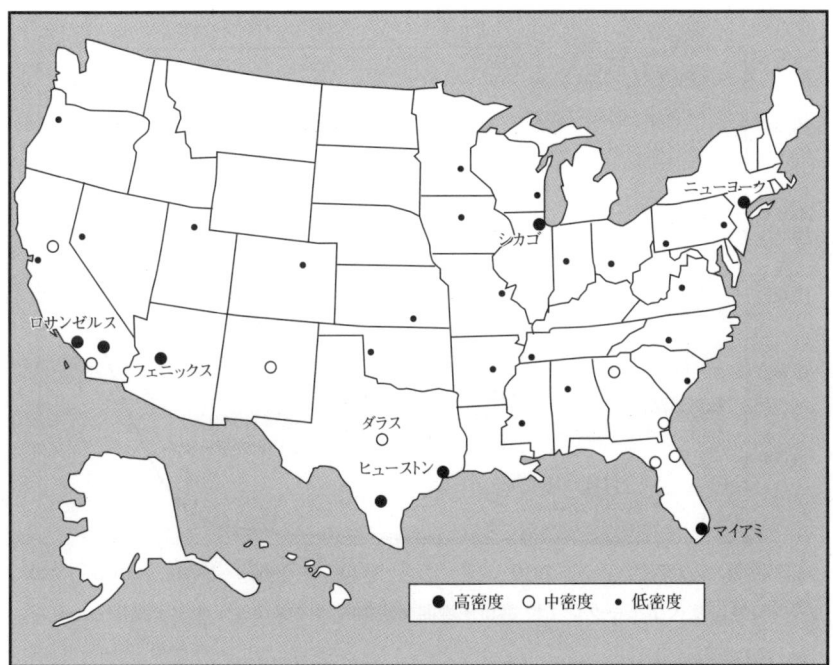

カリフォルニア大学バークレー校 都市地域開発研究所 マーサ・コンウェイ提供

めの屋敷町に限定されていたが、1970年代から1990年代にかけての新規住宅地の大多数は中流階層から上級中流階層を対象としている。計画型コミュニティの中における高級地区では、今やゲート付きが一般的である。より大きな住宅地では、外壁で囲いゲートを設置し、また警備所を設けてそこに警備員を配置するための費用を、より多くの住戸に配分できるために、ゲートはいっそう普遍的となる。また同様の理由により、一戸あたりの単価が中産階級の手の届く範囲でゲートを設置できるほど低くなることがよくある。タウンハウスやその他のより高密度な住宅地においてもいっそう普遍的であるが、カリフォルニア州においてさえ、所得分布の最低層にとっては、ゲートはまだありふれたものになっていない。

第1章／要塞の構築

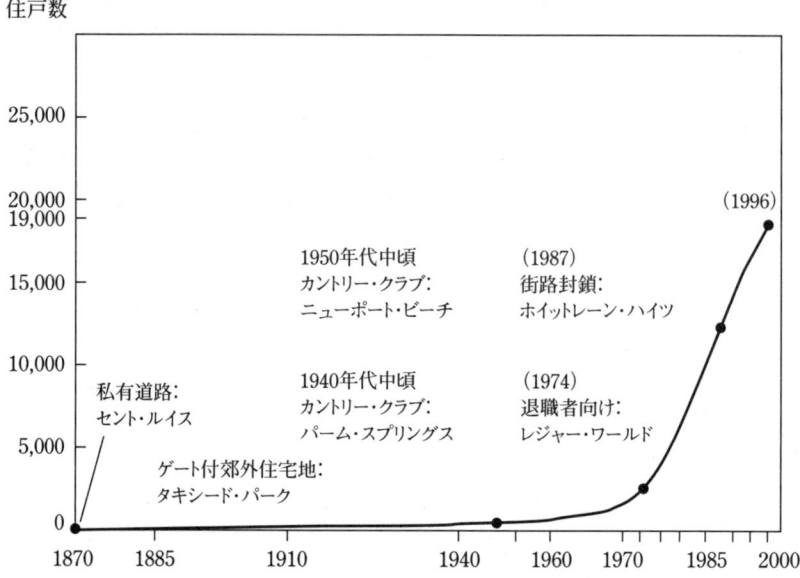

図1-2. ゲーテッド・コミュニティの増加 1870〜2000

カリフォルニア大学バークレイ校 都市地域開発研究所 クリスチン・アマド提供

　ゲート付きでつくられた住宅地の3分の1が富裕層と上位中流階層のための高級住宅地であり、またおそらくもう3分の1は退職者向けのものと推定される(図1-2参照)。残りの3分の1は、ほとんどが中流階層向けであるが、労働者階層向けのゲーテッド・コミュニティもその数を増やしつつある。
　我々は、1997年の時点で3百万以上の住戸からなる、およそ20,000のゲーテッド・コミュニティの存在を推定しているが、こうしたコミュニティは数字の上で、すべての地域、すべての価格帯で急激に増加している。(4) ある全国展開する大手不動産デベロッパーは、新しい都市プロジェクトの10のうち8つはゲート付きと推測している。(5) また、郊外での要塞化された住宅地も同様に急増している。1988年にカリフォルニア州オレンジ郡の住宅地における140のプロジェクトのうち、3分の1はゲート付きであり、わずか5年前の倍にも相当する。1989年には、ある地域の建設会社がゲーテッド・コミュニティに対する

ゲーテッド・コミニュティの発展

需要は、ゲートが設置されてないコミュニティの3倍にもなると報じた。[6] 近くにあるサン・フェルナンド・バレーでは、1980年代の終わりまでにおよそ100に及ぶゲーテッド・コミュニティが存在したが、そのほとんどが1979年以降の建設であった。[7] 南カリフォルニアの住宅購買者に関する1990年の調査は、その54パーセントがゲート付きの外壁で囲われた住宅を希望していることを見いだしたが、それはひと昔前にはまったく考えられさえしなかったことである。[8] ロングアイランド(ニューヨーク州)では、ゲーテッド・コミニュティは1980年代半ばではまだ珍しい存在だったが、1990年代半ばまでに50戸以上からなるコンドミニアム住宅地のほとんどが警備所を備えたものとなった。[9] シカゴ、アトランタ郊外やその他のほとんどすべての米国大都市も同様の傾向を報告している。[10]

　経済的および社会的差別は新しい現象ではない。実際、ゾーニングと都市計画とは、建築規則と密度規制の巧妙な変更によって、特権的地位をある意味で維持するよう意図された。しかし、ゲーテッド・コミュニティは、いくつかの点で他の排除の手段よりもさらに上を行くものである。それらはそこへの出入りを阻む物理的障壁をつくっている。また、それらは単に個々人の空間だけではなく、コミュニティ空間をも私有化(プライヴェタイズ)している。また多くのゲート付きの区域は、警察による保護のような市民に対する責務と、道路維持管理、リクリエーション、娯楽施設のようなコミュニティ・サービスとを私有化(プライヴェタイズ)している。新たな住宅地は、その隣人たちにあるいはより大きな政治システムに、ほとんど貢献する必要がない私的な世界をつくることができる。

　この私的な世界を創成する第一歩は、この世界への出入りを管制することにある。発足当初から郊外住宅地はその住民を、始めは都市から、そして後には住宅地相互からさえ、分離する意図をもっていた。長い時間をかけて、デベロッパーは出入りを管制する多くの手段を考案した。郊外で排他性とプライバシーを提供するために、街路設計は独特となり、かつ重宝された技術となっている。マイケル・サウスワースは、デベロッパーが街路パターンを古い格子状のものを変更し、格子から途中で切断された並列線や環状線、曲線に替えて、いかに郊外の住宅地を次第に封鎖してきたかを記述した。[11] これらの街路パターンは、自動車の安易な出入りを妨げ、住民が自らのスペース

第1章／要塞の構築

の管理をより容易にするよう各戸独立型、自己中心型の、他との接触を断つ分譲地をつくるのに成功している。格子状街路からの離脱は、今日のゲートと同様な意図的な方策であった。螺旋状の行き止まりの街路は、出入りを制限し、犯罪者と不意の訪問客を含む非居住者のすべてを抑止する役割を務めて、その区域に入る者を限定するのである。(図1-3参照)

街路設計ほど明白なものではないが、出入りおよびスペースを管制するその他の多くの形態は、数十年にわたって開発されてきた。これらには単一用途のゾーニングと公共路線への非接続とを含んでいる。郊外住宅地という形式が開発されるにつれて、街路パターン以外に最も重要な変更の一つとなったのは、公共建物と公共用地とがもはやタウンの中心部におかれなくなったことであった。新たな、純粋に居住用のための住宅地は、公共スペースよりもプライベートを強調し、内側に焦点を合わせるよう設計された。私有の裏庭とフェンスに囲まれた区画は、隣人間を相互から遮蔽した。カーポートあるいはガレージは、住宅の前面にあるポーチに取って代わり、住居部分をその背後に据えて、街路、近隣、他の人々から離れさせた。公共スペースの減少とともに、ますます洗練され、完全に私有化されたアメニティ施設は、通常の街頭でのコミュニケーションや、玄関越し庭越しでの気楽なコミュニケーションを代替するものとして登場した。この内側に焦点をあてた住宅地におけるゲートの設置は、コミュニティ相互間や、コミュニティ内でのコミュニティーションの継続的減少による、自然で予見できた進展であった。

今日、ゲートと外壁は、街路パターンよりも、いっそう強固で固定化された障壁であり、国中の郊外分譲地や都市の近隣住区の玄関口を管制している。郊外住宅地におけるゲート設置の傾向とともに、同じく都市の近隣住区も障壁とゲートとを利用する頻度が増している。古い格子状パターンで築かれた近隣住区では、街路封鎖によるアクセス変更によって郊外のパターンを真似ようと試みている。ゲートの背後にある意図は、最初から警備所を設置して建設された新たな分譲地よりも、ゲートを設置するように改造されたより古い近隣住区において、いっそう明らかに、また最も露骨に見出すことができる。ゲートの設置は、より昔の、より精緻な郊外住宅地設計よりも、いっそう強烈で、明白な出入りの管制手法ではあるが、全く新しい現象ではない。こ

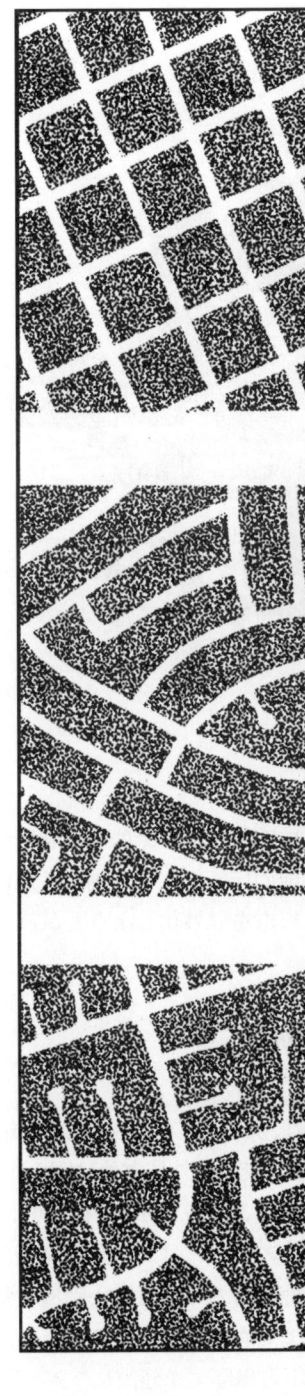

図 1-3. 街路パターン：都市の格子状型から郊外型へ

マイケル・サウスワース提供「街路と都市おおびタウンのショッピング」(ニューヨーク：マグロウ・ヒル 1997年)

典型的なゲート

れらは数十年にわたる郊外住宅地設計と公的土地利用政策による当然の帰結である。ゲートは郊外住宅地の伝統の中で確固たる地位を占め、郊外の特性を拡張かつ強固にし、また都市を郊外化しようと試みている。

ユートピアとしての郊外

　ゲーテッド・コミュニティは、郊外化の傾向の一部であり、その源流は同じ都市デザインの伝統に根ざしている。郊外住宅地は明らかに米国での形態だが、その源流は19世紀の英国に遡ることができる。我々が計画的一体開発（PUD）に見いだす人工のヴィレッジの特徴には、産業革命期における英国の田園住宅地の痕跡を残している。地所持ちの田舎紳士階層と張り合って、商人や実業家がジョージ3世時代にできた新しい舗装されたハイウェーに沿った遠隔地の村落内や周辺に小さな田舎風邸宅を建設した。[12] これらの町々は、将来に

ロサンゼルスのインナー・シティにあるバリケード

つながる最初の鉄道を敷設してもらった。時を経て、輸送機関のより高速化は、田舎の地所所有による富と世襲した社会的地位とを有する人々だけではなく、単なる金持ちの人々がそこで生活する門戸をも切り開いた。(13)

　米国では、輸送機関の改良による同様パターンが、歩行による都市の終息をもたらし郊外の成長を促進した。(14)新世界では貴族階層こそ姿を消したが、階級と地位という儀礼的装飾品は残存した。富裕で高い地位の市民だけが、都市に通勤することが許された。デベロッパーによって計画された最初の郊外住宅地であるロングアイランドのニュー・ブライトンは、今でも郊外デベロッパーが利用する広告「仕事の労苦、心配から逃れ、わが家の静謐さに帰る手段」を提案した。(15)

　郊外住宅地は市場に主導されたデベロッパーによる近時の新機軸ではない。それは良き生活、良き社会をつくろうと試みた著名な設計者や未来学者による長きにわたるユートピアの歴史である。その意図的なコミュニティ・デザインは、18世紀後期のロバート・オーエンに遡ることができる。オーエンと

第1章／要塞の構築

　同時代のフランス人であるシャルル・フーリエは、立地の形状が人間の感情に影響を及ぼし、社会システムに機能しうると示唆して「完全性、秩序、同胞愛、心体の融合、未知への実験、コミュニティの独自性、といったコミュニティのライフスタイルを知らしめるすべての考えは、自然との調和、人々の間の調和、精神と肉体との調和などの第一のテーマたる調和により、それが意図した性質を示している」と述べた、西欧の伝統における最初の人物であった。[16] その後19世紀に入って、フレデリック・ロウ・オルムステッドとフランク・ロイド・ライトのような設計者達は、曲線の街路や袋小路(クルドサック)を使ってユートピア的環境をつくりだし、慎重に組み立てられたアイデンティティのある自給自足型で、かつ分離された住宅地を建設した（図1-4参照）。[17] 最初期の郊外住宅地は、今日でも住民を引き付けてやまない特徴と同じく、良質な住宅、セキュリティ、都市アメニティの代替、排他性を提供した。

　米国の郊外住宅地形式について、フランク・ロイド・ライト以上に大きな影響を与えた建築家はいない。彼の設計による、一階建てで、洗練されて優雅な、使用人のいないことを前提にした住居という住宅の形式は、郊外住宅の原型をつくり、米国の中流階層の住宅形式として好まれ、うらやましがられるほどのものとなった。フランク・ロイド・ライトはそれを設計し、ノーマン・ロックウェルはそれを極めて明瞭に表現して建築し、そして映画とテレビはそれを普及させ、人々を魅了した。この住宅形式は快適さと効率性とにより中流層による住み替えを許容し、総合計画に基づく大規模での区画の集合を容易にした。ライトによる郊外住宅形式は、カリフォルニア州バークレー、ニューヨーク州タリータウン・ハイツ、イリノイ州リバーサイドにおいて、オルムステッドたちが設計した「近代的コミュニティ」へと向かって前進していった。こうした市街電車の郊外住宅地は、レヴィットタウンの自動車郊外住宅地、現代のベッドタウン・コミュニティへと順を追って発展して行ったのである。

　中流階層という階級と地位の印しである郊外住宅地は、最初から都市を嫌っていた。英国商人、米国実業家、そして後の中流階層の米国勤労者は皆、都市から逃れようとしていた。英国の場合、郊外への離脱は、工業地帯で、不健康で不快な埃と混雑にまみれたロンドンからの逃避であった。しかし、た

ユートピアとしての郊外

図1-4. 古い郊外街路計画：イリノイ州リバーサイド
オルムステッド・ボウ・アンド・カンパニー（1868年）

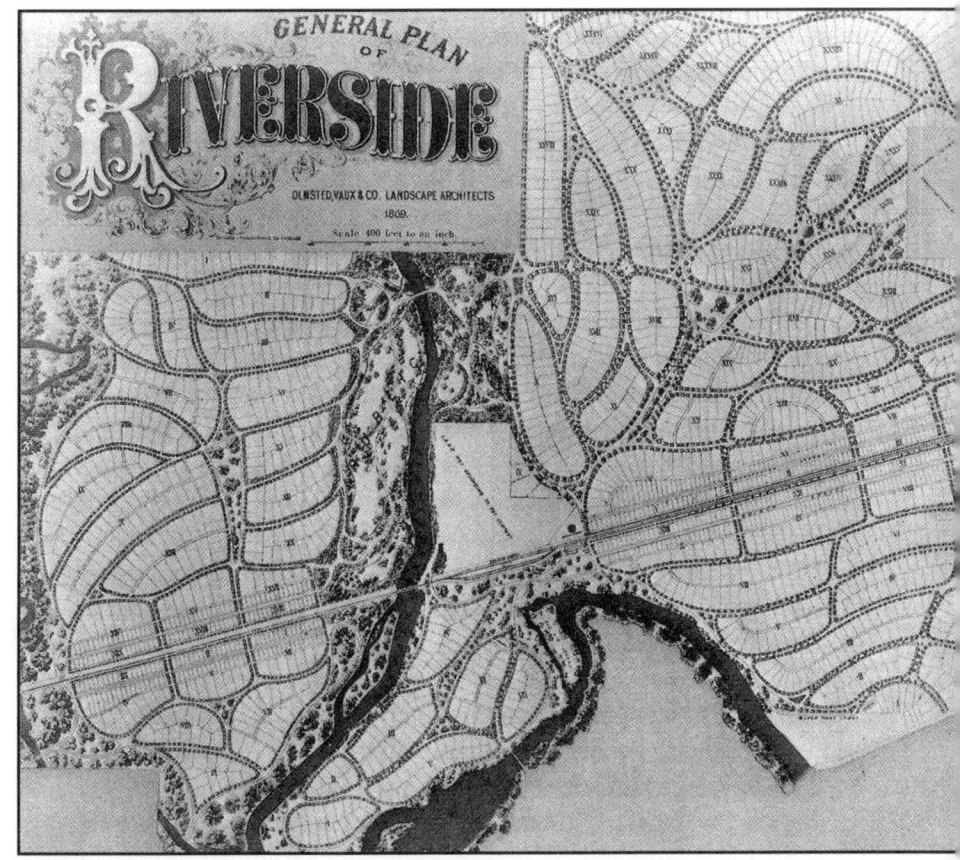

国立公園サービス提供：フレデリック・ロウ・オルムステッド国家史蹟

とえ郊外が逃避あるいは休息の場であるとしても、ロンドンは依然活動の中心地と認識され、郊外の住宅は、週末と夏期休暇のために利用されるセカンド・ハウスであった。サミュエル・ジョンソンは「ロンドンに飽きた人は人生に飽きたに等しい。なぜならロンドンには人生を楽しませてくれるすべてのものがあるからだ。」と言った。[18]

第1章／要塞の構築

　米国の郊外住宅地の特徴と意図はこれと非常に異なっている。英国での前例とは異なり米国では工業化の過程において、郊外は非常に早くから住宅の主要な位置を占めていた。
　米国の実業家たちは2戸の住宅を買う余裕がなかった上に、この国の土地は安価で広大な空き地がたくさんあった。それ故に産業発展は都市化を生んだ一方で、都市化に至る過程の一環として郊外化をも生み出したのである。1815年頃にはすでに新しい中流階層が出現し、都心部から逃れる手法を見いだした。例えば、ブルックリン・ハイツは、当時マンハッタンから外の郊外住宅地であり、ブロンクス、ロングアイランド、ヨンカーズの大部分と同様の地であった。フォードによる最初の大量生産が始まって3年後の1911年には、既にニューヨークの弁護士の38パーセントがマンハッタン区の外に住んでいた。
　郊外住宅地の建設者は都市から自分たちの開発地を切り離すよう、できることはすべてなした。開発住宅地の名称は、通常「パーク」、「フォレスト」、「リバー」、「ヒルズ」、「ヴァレー」のような建設周辺地の語句をベースとして、「ビュー」、「パーク」、「エステート」を織りまぜてつくられた。結果としてフォレスト・パークやグリーン・ヴァレー・エステートという名称は、牧歌的な田舎のイメージを魔法のようにつくりあげたが、実際の風景を反映するのは偶然そうなったときだけであった。
　ケネス・ジャクソンが記述してきたように、郊外への離脱は都市の境界内に郊外を併合していく攻撃的な併合戦略によって覆い隠されたことも時にはあったが、これまで数十年にわたって継続的に進行してきた。[19]このことを明らかにしているのはロサンゼルスで、ハリウッド、サンフェルナンド、ピコ、ウェストウッド、スタジオ・シティといった昔の都市の名称は、郊外を併合した都市ロサンゼルスの名称よりも、それぞれの市のアイデンティティをはっきりと映し出している。しかし、郊外が成長する都市へと併合された時代はとっくに終わり、都市と郊外の間の物理的、社会的、経済的な差異はかつてなかったほど尖鋭化している。大多数の米国人は今や郊外に住んでいる。より低いコストと、（犯罪者と同一視される）低所得の少数人種や他の都市問題を回避したいという願望によって駆り立てられた郊外住宅地の拡大は、周縁都市（エッジ・シティ）が新たな経済的中心になることによって支援され、あるいはまたそ

れをも飛び越えることによって、住宅地が絶えずより遠くに広がっていくことを加速している。[20]

郊外住宅地は多くの念願を満たすことを意図しており、自然との近接を提供し、安全を保証し、良い教育と良い学校を供与し、あらゆる種類の社会的逸脱行為から住民を防御し、清潔と友好を付与し、地理的形態や建築様式から外れた如何なるものをも排斥し制限している。しかし郊外住宅地はもはや同一様式ではなく、あるいはその理想としていた人種的、民族的に不毛の地でなくなっている。人口動態的、社会的、文化的な変化が社会に浸透し、郊外住宅地は変容して多様化しつつある。郊外住宅地が年を重ね、いっそう多様になるにつれて、かつては都市の問題と考えられていた、犯罪、破壊行為、資本の撤退、大気汚染に遭遇しだした。

「郊外住宅地」はもはや自動的に安全で美しく、あるいは理想的であることを意味しない。自動車とアジア系、スペイン系（ヒスパニック）、アフリカ系米国人などマイノリティ中流階層の増加、住宅取得機会均等法は、白人の中流階層が郊外遠隔地ということだけで安全な避難所を見つけることを難しくした。また本当に安全な場所はどこにもない。セキュリティが立地条件のみでは見いだすことができなくとも、おそらくある住宅地の種類、すなわちゲーテッド・コミュニティのような住宅地に見いだすことは可能であろう。境界がはっきり定められた近隣住区において、お互いに顔を合わせて接触する、心から願っていたコミュニティもまた、たぶん壁の内側に見いだすことが可能であろう。

夢をつくり、現実を否定する

ゲーテッド・コミュニティは近代のユートピアに先例を有しているが、それはまったく新たな商品に変換されたうえで、もっと良いコミュニティ・システムを探求するというより、むしろ現代の課題に対する解決策としてつくられ販売された。ゲーテッド・コミュニティの増加を説明する一端としては、ゲーテッド・コミュニティが販売の道具となり、特定の副次的市場を目標と

ロサンゼルス市役所のそばにあるゲーテッド・コミュニティの広告

するいま一つの方法となり、あるいは一部の地域においては、需要を満たすための必需品となる、デベロッパーの論理がある。

　デベロッパーは多くの場合、流行の追従者として知られている。確かに競争相手が成功裡にゲートを利用しているのを見れば、どんなデベロッパーでも少なくとも新製品を若干でも含むように、自らの開発戦略を修正する可能性が高いであろう。この勝ち馬に乗る現象は、ゲーテッド・コミュニティがいったんある地域に導入された途端に、その数が速いスピードで増殖することを意味する。またしばしば設備の整った警備所や玄関口の建造物があるゲートは、重なり合うように大勢が競争している郊外の新規住宅市場において必要とされる決定的な商品差別と明確なアイデンティティを提供する。ゴルフコースあるいは湖沼のような大きなレクリエーション施設が開発地に含まれているときは、必ずゲートが出入りを管制し、購買者にアメニティ施設を自分たち単独で使用できるように保証している。加えて、多くの建築業者はゲーテッド・コミュニティの売れ行きの相対的な速さを報じており、その結果迅速な資金回転が多大な利益の追加をもたらす。[21]

　ゲートの内側にある住宅は、近似したゲートのないコミュニティの住宅価格にプレミアムを乗せられるかどうか、デベロッパー間には両論がある。同

夢をつくり、現実を否定する

図1-5. 価格比較：ゲート付きおよびゲートなしコミュニティ、カリフォルニア州オレンジ郡、1991-95年実施

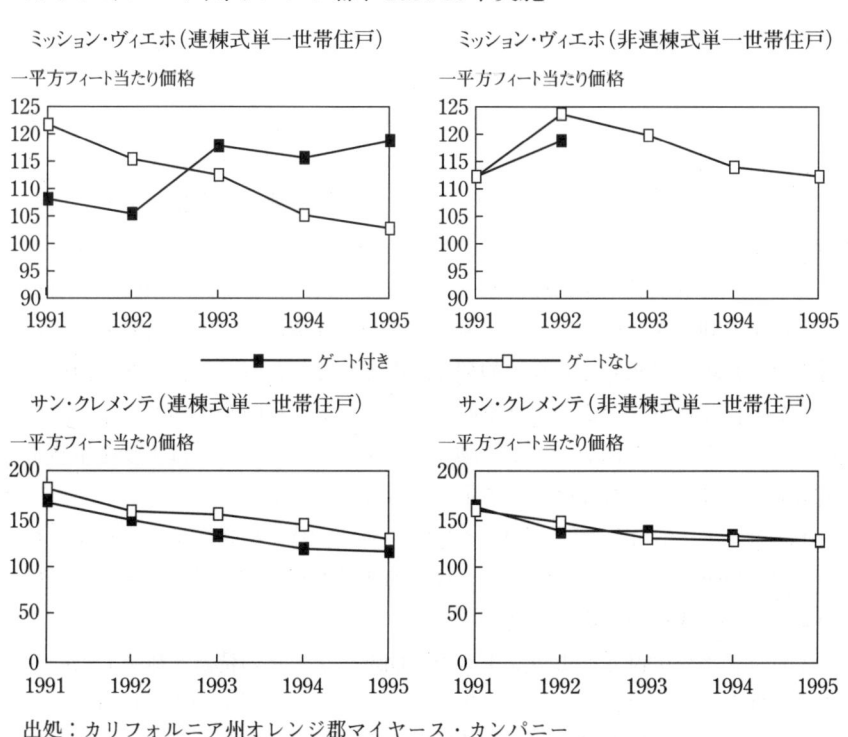

ミッション・ヴィエホ（連棟式単一世帯住戸）
一平方フィート当たり価格

ミッション・ヴィエホ（非連棟式単一世帯住戸）
一平方フィート当たり価格

■ ゲート付き　　□ ゲートなし

サン・クレメンテ（連棟式単一世帯住戸）
一平方フィート当たり価格

サン・クレメンテ（非連棟式単一世帯住戸）
一平方フィート当たり価格

出処：カリフォルニア州オレンジ郡マイヤース・カンパニー

様に、ゲートは住宅価格に含められるか、あるいは不動産価値の維持に役立つかどうか、不動産業者間にも意見の一致が見られない。我々はロサンゼルス沿岸部のゲートで重装備した郊外住宅地である、カリフォルニア州オレンジ郡の半径2マイル内で、ゲート付きとゲートなしとの近似した住宅の販売価格を比較した。我々は学校のようなアメニティ施設や販売に関係ある地理的差異の如き他の地域的要因から、ゲートの効果が切り離されるように小さな区域において分析をおこなった。また、オレンジ郡のこの地域は広範な種類の住宅があり、非常に高い割合でゲート付きがあるので、比較する住宅を上手く組み合わせることができた（図1-5参照）。

第1章／要塞の構築

　1991年から1995年までの5年間に、販売データからは一貫したパターンが出ていない。概して価格差は小さく、ゲーテッド・コミュニティが価格面ではわずかながら低いことさえあった。これらのデータをすべての地方の住宅市場に当てはめることはできないが、我々はゲートが住宅価格に自動的にプレミアムを上乗せするわけではないと結論づけることも可能である。興味深いことに、下落している市場では、ゲートは不動産価値を維持するのに役立ちはしなかった。ミッション・ヴィエホにおける連棟式単一世帯住宅の場合のみ、価格が下落している期間に、ゲートのないものよりもゲーテッド・コミュニティの方が高い不動産価値を維持していた。より迅速な販売が明らかに金銭上の利益をデベロッパーにもたらすと同様に、住宅所有者も彼らの財産のより迅速な販売から経済的利益を得ている。これらのデータは価格を反映しているだけで、このような販売のスピードは反映していないが、それでもこうしたデータはゲートが不動産価値を増やす、あるいは不動産価値を維持するとは想定されないことを示していると言えよう。

　ゲーテッド・コミュニティのデベロッパーは、特に特定の副次的市場においては、自分たちをセキュリティと社会的親交の双方を提供する主体と見ている。1970年代以降、高齢者はゲーテッド・コミュニティのターゲットとなっており、ゲート付きのセカンドハウス団地もまたその位置を確立した。今やその他の人々がゲーテッド・コミュニティのマーケットのように考えられていて、その中にはしばしば長い休暇で家を離れる可能性が高い、子供が巣立ってしまった老夫婦や、日中誰も家にいない夫婦共稼ぎの若い家庭がある。セキュリティは、単に犯罪からだけでなく、訪問販売員や選挙運動員、いたずら好きなティーンエージャー、悪意の有無に関わらずあらゆる見知らぬ人の訪問といった迷惑ごとからの解放と見なされている。一方、ゲートは部外者の侵入を許さない防御された共有スペースを提供している。

　このようなセキュリティへの強い意欲は、もちろん住宅市場に反映されている。我々が1994年にインタビューしたデベロッパーは、ゲーテッド・コミュニティが、増加する犯罪と減少する公共サービスの結果として、このわずか数年間に一般的となったと答えた。[22] 住宅建設業界、不動産産業界の多くは、不安定な経済と犯罪への恐怖がゲーテッド・コミュニティと住宅セキュリテ

ィ・システムの急速な成長に拍車をかけると予測している。人々は心もとなさを感じとって、自分の家が要塞となることを望んでいるのである。

しかしながら、デベロッパーはセキュリティや安全性を際立たせて広告することはなく、またそれを自分たちの販売促進用のパンフレット上で約束することもしていない。最先端技術によるセキュリティ・システムでさえまったく犯罪のおそれのない分譲地を保証することはできないし、デベロッパーは万一そういったクレームがあった場合に責任を負わねばならぬことを恐れている。ゲートは住宅購入者がもちたいと思うライフスタイルのイメージを売り込むことによって住宅を販売するという、設計とのアメニティとの組み合わせの一部なのである。フロリダ州においてゲーテッド・コミュニティを手がけるあるデベロッパーは次のように話した。「住宅の販売は人々の感情を追いかける一種のショー・ビジネスです。広告ではゲートを自らすすんでは見せません。広告でゲートを見せますが、それを遠まわしにうまくほのめかすだけです。広告では住宅すら見せないでヨットを見せたりすることもあります。つまり想いつのりを見せるのです」。[23]

デベロッパーは、販売促進用の資料で自分たちの商品を宣伝する際に「コミュニティ」をあたかも芸術用語のように使う。販売パンフレットは、住宅地区を「都市の中の新たなコミュニティ」、「まったく新たな生活様式」、「古き良きコミュニティ環境」、あるいは「あなたの新たな故郷」とまでうたい、コミュニティ感覚を伝えるように書かれるのである。言葉こそ住宅の販売戦略において不可欠なものと言えよう。またあるデベロッパーは、ゲートがコミュニティに入るという帰属意識と、積極的な感情を強固にし、高めると信じている。ある全国的デベロッパー兼コンサルタントは、ゲートがコミュニティ感覚を育成し、分譲地販売の助力になると信じて、次のように語った。「あなたが家に向かってドライブしている際、団地の街路に入るときか、あるいは家に向かうドライブウェイに入るときか、二つのうちの一つでは、もう家に帰り着いたように感じるでしょう。団地内の玄関口にゲートを設ければ、非常に強い家の感覚をそこまで延長することができ、信じがたいほどの効果があります。家からゲートが遠ければ遠いほど、その感覚を延長できるのです」。[24]

デベロッパーは長期にわたって、単に道路と住宅の設計においてのみでな

第1章／要塞の構築

く、社会制度の設計においても、革新者であった。コミュニティが物理的設計によってのみ達成されることはありえない。エベネザー・ハワードはこのことをよく理解していた。19世紀に重要な田園都市(ガーデン・シティ)が設計された際、彼はスペースの形状と同様に、統治(ガバナンス)のシステムに多くの力を注いだ。彼は内部組織を通して住宅地の建設と資金調達の双方を行う計画を立案した。彼によるコミュニティ組織は、公共サービスの使用賃料を集めようとした。住宅地は公的政府から独立し、地方政府の政治利権から解放されるようにしたのである。(25) ハワードは自らの憲章に「評議会(あるいはその被指名者)は田園都市における唯一の地主としてコミュニティの権利と権力が付与される。…(中略)…準公共団体として個人の地主の権利の中に踏み込むことによって、他の地方機関によって所有されているもの以上に、人々の意思を遂行するためのはるかに大きな権力をただちに持つことになり、それがため地方政府の問題の大部分を解決することになる。」と書いた。(26)

　ハワードの構想は弁護士から都市計画家に転向したチャールズ・スターン・アッシャーによって改良された。アッシャーは、私的政府の概念を拡張し、1928年にニュージャージー州ラドバーンに総合計画による郊外住宅地を開発した。(27) 彼はコミュニティによる私的所有権に立脚したエベネザー・ハワードの構想に魅せられていたが、制限約款を利用することによって、彼の構想した住宅地をより私有化し防御する必要を感じた。私的政府をこれらの制限約款と結びつけることによって、彼は今日の住宅地において最も支配的になっている近代的な住宅所有者組合(HOA)という制度をつくりあげた。

　ラドバーンの成功という理由も一部あって、確立されたモデルは大規模な住宅建築業者にとって選りすぐりの事業手法となった。約款は住宅の譲渡証書に編み込まれ、最小住宅規格や家並みの統一などを規定した。また、この約款は時折非白人とユダヤ人による購買を禁じた。制限約款を利用し、その遵守を監視する住宅所有者組合(HOA)を設立することによって、デベロッパーは住宅地の質を長期にわたって管理し、将来価値を保証し、コミュニティの支持を得ることができた。これらのデベロッパーは、住宅を建設するのみではなく、それを越えて新たな生活様式をもつくった。ゲーテッド・コミュニティは長い歴史の潮流の中において、かつてなく管理され、また私有化さ

れた住宅環境へと向かう最新の改革に相当する。

社会的接触でなく法的契約による統治

　ゲーテッド・コミュニティにおけるいっそう重要な特徴の一つは、ゲートそのものではなく、それが要求する基礎的な統治システムである。ゲーテッド・コミュニティは住宅所有者組合（HOA）の自治によって運営され、住宅団地内の私有街路を共有するのが特徴である。[28] 新しい住宅地として全国的に支配的な形態となったこれらの分譲地においては、住宅所有者各自が彼らと同じく住宅所有者である人々と、街路、歩道、ゲートを含めた共有施設について法的所有権を共有する。居住者から選出された理事会は、この共有資産を保護、監視し、それぞれの住宅は譲渡証書の一部である約款、規則、制限（CC＆R）によって拘束されるようになる。CC＆Rは規則を共有資産についてのみでなく、個々の住宅についても適用される。CC&Rによる管理の程度はゲートのない住宅地においてでさえすでに目立っているが、このような住宅地の周囲にゲートとフェンスが配置された場合は、管理がさらに強いレベルに引き上げられる。

　デベロッパーは多くの目的のためにHOAを利用する。HOAは住宅地における統一性を保証することにより、また当初の基準が永久に残ることを保証することにより、不動産価値を保全するのを手助けする。[29] これは個々の住宅所有者によってだけではなく、地方政府によってなされる変更からも保護する。デベロッパーは、集合住宅、商業施設、グループホームを許可するゾーニング変更のような、地方政府による不要な介入から彼らの投資を保護するために住宅所有者の生来の本能に訴えかけている。したがって郊外の近隣住区は、一部は政府規則と社会的責任とを回避するために、集団所有資産に変換されてきた。

　また地方政府は、デベロッパーが新たな道路、下水道、その他インフラストラクチャーにまず支出したうえで、住宅購買者にコストを転嫁するので、多くの場合HOAを有する住宅地開発に好意的である。インフラストラクチャ

第1章／要塞の構築

ーの維持管理経費も同様に民間負担となり、なけなしの市の予算からその経費が除かれる。カリフォルニアのようないくつかの州では、HOAは開発時に設立された準政府機構を通してインフラストラクチャー税を徴収することもできるようである。[30]

HOAは自らの規則をつくることができる私的機関である。これらの規則は連邦憲法上の私有不動産権利の中で大切に扱われている。集団財産権は個人の権利と同様に論争の余地のない堅固なものであり、最高裁判所によって支持是認されてきたのである。著名なリベラル派判事ウィリアム・O・ダグラスは以下のように意見を述べた。「庭が広く、人が少なく、自動車が制限されている静かな場所は、家庭が求めるところの土地利用プロジェクトの法的ガイドラインとなっている。この目標は当然許されるべきものである・・・・。警察力は、不潔、悪臭、不健康な場所の排除のためのみに存在するのではない。ここには、家族が大切にし、若者も大切にする場所、また閑静な土地ときれいな空気という神の恵みが人々のサンクチュアリとする場所を設計するには十分の広さがある」。[31]

しかしながら、HOAはその名前ほど共同社会的でも民主的でもない。あるHOAでは、成人一人一人にではなく、各世帯ごとに一票の投票権を与えており、別のHOAでは、票数は不動産の価格によって決まる。加うるに、HOAは住居の内外において驚くほどずらりと並んだ事項に対して適用するCC&R（約款、規則、制限）をもっている。たとえば、民間パトロール員が住宅地構内における駐車違反や速度違反に対してチケットを切る場合がある。いっそう押し付けがましいHOAでは、窓から見える家具に対する規制や、住民がその時間後は社交のために自宅の外に出られない門限までがある。

これらは過激な例であるが、一般に行われている規則でさえ、それに慣れていない人たちにとっては極端に思えるようである。外面の維持管理とデザインに関する規則は一般的であり、庭の景観が全体計画に合致することや、住宅や玄関の扉のペイントさえ限定された色にすることが要求される。ある重量限度以上のペットが禁止されることが時々あり、特定の年齢以下の人々が入居できないこともある。潅木には高さ制限があることもあり、花も認可制でリストにまとめられたり、フェンスとデッキのデザインを限定すること

社会的接触でなく法的契約による統治

もある。窓型エアコン、裏庭のブランコ、パラボラアンテナは一般に禁止される。通常、規則では戸外に洗濯物を干すこと、ガレージ入口を開いたままにしておくこと、ドライブウェイにトラック、キャンピングカー、商用車を駐車すること、決められた時間の前に街路にゴミ箱を出すことを禁止している。引っ越して来る前に、住民はCC&Rに記されたすべての規則を知ることはないであろうし、あるいは、CC&Rを理解したり受け容れたりすることを拒むかも知れず、HOA内で争いが起こるかも知れない。図1-6は、近時の調査におけるHOA理事会が回答した、いくつかの問題のリストであり、すべてが規則あるいは方針違反に基づくものである。

HOAは常に監視を怠らない存在でありえ、その存在を監視主義として非難する人たちさえもいる。HOAを介して近隣住区は、ゾーニング、住居制限、駐車制限を行い、また隣人の行動を管理する手段として近隣警察を用いている。その目的は純粋な相互のコミュニティ意識を再確立することがすべてであるが、その利用する手段は、しばしば管理的であってコミュニティにふさわしいものというにはほど遠い。

HOAとゲートのある私的に統治された分譲地の魅きつける力はそれほど驚くべきものではない。しかし、たとえばその規則は、不動産価値あるいはその美しさの保護以上に、利益を付与する。その規則は、隣人がどんな小さな口論でさえもお互いに好まないなら、争う必要がないとし、その代わりに、彼らは違反を裁定し執行する第三者的機関に委ねることができるとする。近隣住区の規則は、それぞれの譲渡証書の中に編み入れられ文書化され、違反行為に対処するために管理マネージャーと警備会社にしばしば対価を支払い、反抗する住民を退去させるために法廷を利用することさえ可能である。

社会の相互交流や協力を回避することを好む点において、HOAの住民は総じて他の社会と違わない。我々はかつては自分で行っていたサービスを、今はよりいっそう他から購入するようになっている。我々は子供を育て教育するために乳母や家庭教師を雇い、高齢者の世話のために「老人ホーム」を利用し、ロビイストを使って我々の意見を議員に対して代弁させている。普通の日常生活から、家庭生活、市民生活、社会生活、あるいは近隣住区生活やコミュニティ生活へと次第に進むに従って、人々はますます専門家に比較的

第1章／要塞の構築

古い形式の社会責任を譲り渡していく。ゲーテッド・コミュニティはこの傾向の単なる一部に過ぎないのである。

ミクロ・ガバナンスと市民の離脱

　ゲーテッド・コミュニティについては連邦レベルでの全体リストがなく、また国勢調査以外にリストをつくる可能な方法がないため、我々はその最もありふれた性格についての何らかの指標を得るべく、HOAの利用可能なデータに依存した。利用可能なデータの多くは、HOAの全国的組織である、コミュニティ団体研究機構（CAI）の会員に対する調査から抽出されている。

　1992年の時点で、CAIは米国中におよそ150,000のHOAがあったと推定した。その会員に対する最新の全面的調査によれば、HOAにおける住戸数の平均は291である。全体の11パーセントだけは500以上の住戸を有しているが、そのほとんどは非常に住戸数が少なくて、全体の半分近くは150以下の住戸を有しているに過ぎない。およそ52パーセントは、専門の管理会社によって管理されており、29パーセントがボランティアによる自己管理、また19パーセントは直接HOAによって雇われた現地マネージャーによる管理である。[32]

　HOAはその住民に幅広い一連のサービスを提供している（表1-1参照）。半分近くは、セキュリティまたは犯罪防止の方策で、犯罪防止ゲート、フェンス、警備員、あるいは電子モニターシステムを含んでいる。その他共通のサービスとして、庭の手入れ、ごみ収集、街路維持管理、スイミング・プールがある。大多数のこれらのサービスは、民間企業との契約により提供されている。

　CAIはHOAが年に全国で10,000という驚異的な割合で増加していると推定した。これは政府の数が増加することに等しい。連邦および州のレベルにおいて、一般市民がより小さい政府を求めている一方で、地方レベルにおいて市民はより多くの統治機関をつくっているのである。これらの数は、セキュリティの追加、公園、その他従来までは公共サービスであったものを提供するために事業会社や不動産所有者グループが居住者に課税することを許容する住民による政府の新しい民営化と、また事業地区への改造の増大を反映してい

図 1-6. HOAにおける諸問題

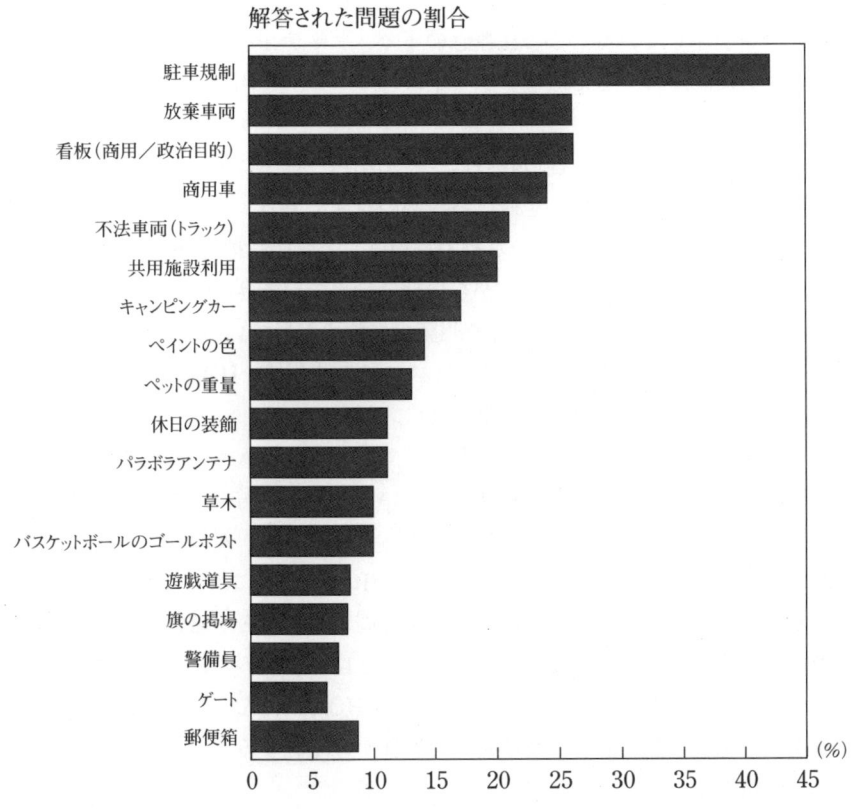

解答された問題の割合

項目	割合(%)
駐車規制	42
放棄車両	26
看板(商用/政治目的)	26
商用車	24
不法車両(トラック)	21
共用施設利用	20
キャンピングカー	17
ペイントの色	14
ペットの重量	13
休日の装飾	11
パラボラアンテナ	11
草木	10
バスケットボールのゴールポスト	10
遊戯道具	8
旗の掲場	8
警備員	7
ゲート	6
郵便箱	9

出典：ドリーン・ハイスラー、ウォレン・クライン著『住宅所有者コミュニティ組合における内部観察』(コミュニティ団体研究機構、1996年)

る。多くの観察者がこれらの私的な政府がロバート・ライシュの言った「成功者の離脱」が指す公共の領域の放棄に相当するのかどうか問題としてきた。[34]

　HOAを調査している多くの学者はHOAを私的な政府だと記述してきた。[35] 法学者であるデイビッド・ケネディは、HOAが行うサービスとHOAが住宅地内で行使する権力とが地方政府のそれと同様であるとの理由により、HOAが「州の行為をなす者」であると考えられるべき、と論じた。ケネディは道路、公園、リクリエーション、公衆衛生、警察防備、歩道、街灯が、政府によって供給

第一章／要塞の構築

され維持された伝統的なサービスであるという司法上の認識に着目し、HOAが公的機能を果たす場合、州の行為者として私的代理機関の取り扱いを受けた先例を引用している。この法概念の下で、ケネディは私的なコミュニティから非会員を除外するために、ゲートやバリケードを用いることは違憲と見なされるべきと論じている。

これらの新たな地方の疑似政府は、統治を再び地方に分与し、そして地方の資源に対する中央の介入を避けるための試みである。ジョン・ピーターセンが言うように、これらは強大な権力を構成し、「一般に地方課税に抵抗する。彼らはそれに対し支払いをしながら自分で行っているサービスの補償を求めて、とりわけ、固定資産税の還付を州議会に働きかけている」。[37] ニュージャージー、テキサス、メリーランド、ミズーリの諸州は、HOAの自給によるサービスの対価として地方税の調整を既に許可している。[38]

常に、同じ都市やタウンの中においてでさえ、他の人々の問題を解決するために「自分の」払った税金が使われていると不平を言う人たちがいる。その力は、こうした私的なミクロ政府によって行使され、新たなレベルに引き上げられた厄介な古くからのものである。HOAの普及によって、よりいっそう米国人は賦課金のかたちで自分の税金を固定し、自らが選択するサービスのためにその税金を使って、その利益を彼ら自身と彼らのごく近い隣人に限定することができる。そこから、自分たちのHOAに住んでいない人々に対する支払いを避けるために、都市あるいは郡から離脱することへの小さなステップが始まる。

市民の離脱は、国中の多くの場所で起きている。寛大な行政組織法を有しているカリフォルニア、フロリダ、その他諸州では、デベロッパーが既存の管轄区域である都市や郡から切り離して一つの都市をつくるため、住民と共同して運動している。人々は、離脱によってつくられたこれらの新たな都市が多くの理由で魅力的であることを見いだしている。住宅建築規則と成長規制を利用して、新たな管轄区域は新規参入者を限定する法令を可決採択することができる。さらに、彼らは公的に徴収した税金をより大きい地域での使用を認めず、代わりに小さな政府の特定目的にふり向けることができる。

法人化していない郡域に新たな都市をつくることが難しくないカリフォル

表 1-1. HOAの提供サービス

サービス	提供サービス
造園	86
除雪	84
ゴミ拾集	65
水泳プール	61
街灯	58
街路掃除	57
クラブハウス	38
テニス	34
遊技場	21
公園	16
バスケットボール	15
図書館	12

出典：ドリーン・ハイスラー、ウォレン・クライン著『住宅所有者コミュニティ組合における内部観察』（コミュニティ団体研究機構、1996年）

ニア州において、新たな離脱者による都市の大部分がレイクウッドの契約都市モデルに準じている。レイクウッド体系の下で、新たに独立法人化された都市は警察、防火、下水道、上水道のような伝統的な政府サービスを郡政府あるいは他の自治体政府と契約する。新しい都市はサービスが提供されるのを監視しなくてはならないが、これらのサービスを自ら提供しなくてもよい。レイクウッドのモデルでは、都市の役割は、都市の利益を代表し、すでに多くのHOAが行っているように、民間業者あるいは他の地方政府からサービスを買い入れる、私的な組合となることである。

公共サービスに不満足で、かつ都市や郡の全域にわたるサービスの対価の支払いによりその一般財源に貢献することに消極的な、一部のゲーテッド・コミュニティの住民は、独立法人化することで都市の命令下から離脱したのである。少なくとも六つのゲーテッド・コミュニティは完全に独立した法人組織の都市である。人口1,812人のヒドン・ヒルズ、人口2,076人のローリング・ヒルズはともに、ロサンゼルス市外における富裕層のゲーテッド・コミュニ

カリフォルニア州ラグナ・ニグエルのラグナ・スルにある共有地区への出入り制限を知らせる掲示板

ティである。カリフォルニア州キャニオン・レイクは、ロサンゼルス東部のリバーサイド・カウンティーに位置しており、14,000人の種々の所得層のゲーテッド・タウンである。114人の住民がいるゴルフ、同じく612人を抱えるゴールデン・ビーチはフロリダ州マイアミの近くにある。[39] ボカ・レイトンの郊外にある、アトランティスというごく小さな町は、その1,125の住宅の周囲にゲートと有刺鉄線を上に張り巡らせた外壁を1980年代半ばに設置し、予算の70パーセントを警備員とゲートに対して拠出し続けている。サン・ルイス・オビスポ郡のヘリテージ・ランチや、ラグナ・ヒルズにある21,000人の住民を擁するレジャー・ワールドのような、カリフォルニア州における他の住宅地は法人化を検討してきている。シカゴ郊外にある既存の都市、イリノイ州ローズモントは、主要な住宅地域に向かう公共街路に警察官が配置された警備所を設けた。そのためホテル、商業ビル、いくつかのアパートメントビルからなるフリーウェー出口にある商業地域は、外にとり残されてしまった。[40]

　法人化は多くのゲーテッド・コミュニティに特有の排除、私有化、離脱を強固にしまた増幅する。白い杭のフェンスが強制されているヒドン・ヒルズ

フロリダ州プランテーションのジャカランダ・ポイントの入口

なる都市は、いかにタウン政府が壁の内側で機能しているかの興味深い様子を見せてくれる。近くのタウンの町長は、ヒドン・ヒルズが他の地方政府に協力や参加をしてくれないと非難している。例えば、地方の市長・町長たちが会議を開催するとき、ヒドン・ヒルズはただの事務職員を派遣してくるという。ヒドン・ヒルズの内部では、市長選立候補者がロサンゼルス・タイムズに、市の政治が「ちょうど高校でクラス役員に立候補しているようで、人々はよく知っているか、あるいは好きな人物に投票しがちである。選挙で争う焦眉の問題は存在していないようだ。」と語った。[41]

コントロール・ポイント

　米国はますます不平等な国になっている。ゲーテッド・コミュニティは不安定な大都市システムの中に解き放たれた、より広い社会的権力の表現である。ゲートはそれ自体では不平等や他の社会的問題を引き起こさないが、社

第1章／要塞の構築

会におけるより幅広いパターンや傾向を反映しかつ実証する。ゲーテッド・コミュニティの私有化と物理的なコントロール装置は外部世界からの影響を制限するか、あるいは少なくとも和らげることを試みる。

　近年、いく人かの都市計画家がゲーテッド・コミュニティの増加を、他の計画的な建築の新考案に結びつけた。すなわち、フルサービスによる囲い込まれたモール、保安設備で一杯の公共建物、公共広場、公園、クッキー・カッターのようなホテルとコンベンション・センター、観光客やダウンタウンの労働者が決して市の歩道に足を踏み入れることのできないようなスカイウェイと歩道などである。[42] これらのすべてがゲーテッド・コミュニティのように、望ましくないと思われるものをほとんどそこから排除できる、切り離されて安全な、慎重に管理された環境を提供する。トレヴァー・ボディーは、これらの新しい環境の効果を「『外部に居る』者は常に危険にさらされ、孤立し、ぜい弱で攻撃されやすくなるのに対して、内部に居る者は保護され、強力に支えられ、甘やかされる、という強いシンボルになる」ものだと記した。[43] 米国人はよりいっそう保護されたスペースへと向かい、公共のスペースから離脱しつつある。ゲーテッド・コミュニティの増加はこの傾向の一端である。

第2章

コミュニティの探求

　「コミュニティ」という言葉が、ゲート付き住宅地を話題にする際、しばしばデベロッパー、官公吏、住民によって使用される。彼らは良いコミュニティをつくること、すなわち、個人と不動産の安全、交通量及び騒音の削減、街路での子供の遊戯、に貢献すると思われる実際的なことがらを話す。また、彼らは気持ちよく感じるコミュニティ、あるいは触れあいのあるコミュニティ、隣人たちが「自分の家に居る」と思わせるようなコミュニティについて話し合う。一方ほとんどすべての人が、自らの近隣住区(ネイバーフッド)、他の近くの場所、広くは世界中における厄介な問題について話し合う。彼らはゲートがこれらの問題を排除、あるいは減らしてくれることを願っているのである。

　多くの米国人は自らの近隣住区が脅威にさらされてはいるが、最悪の貧困と犯罪の重なるインナーシティ地区におけるそれと同じではないと信じている。犯罪がいっそう偶発的で、いっそう悪質になるように思われる。カージ

第2章／コミュニティの探求

ャックと誘拐が静謐な郊外で起き、麻薬取引が田舎の郡でさえ頻発し、ギャングは都市の大小にかかわらず活動している。青少年犯罪は重要な国家問題となり、メディアは、ティーン・エンジャーや子供さえが善悪の観念も良心の呵責もない「とんでもない悪人(スーパー・プレデター)」になっていると報じている。

　また、非常に多くの人が感じる脅威は、拡大する収入格差と経済の不確実さと軌を一にして増大する、多様性や移動性、家族構成の変化といった環境の移り変わりを反映している。生活に影響を与えるこうした要因の急速な変化そのものが、危険に見えるのである。不確実と不安定が不安に導くのである。住宅は心理上の価値の中心的存在であり、それはたいていの家庭にとって単一のものとしては最大の投資であり、将来のための資産確保の最も重要な源泉でもある。住宅の安全をはかるためには、玄関への施錠だけでは十分でない。その周辺の近隣住区の街路と、それが位置する都市と地域の双方ともが安全でなければならぬのである。

　ゲート、民間警備員、バリケードはその環境をコントロールし、生活の質を改善することに資する。同様のことを、近隣監視活動、自分の裏庭には邪魔物を置かせない利己主義住民活動（NIMBY）、近隣住区グループ、HOAも行うのである。より大きな規模になると、より多くの警察、より厳しい刑罰、より多くの刑務所の如く法と秩序による解決に回帰することや、広場と歩道の如き公共スペースをショッピング・モールのような私有施設にて代替することが、またより優れた保安と管理を求めることにつながる。こうした行動のすべてが、地元住民に地域の社会的、物理的管理を行わせることによって、犯罪から保護することを意図している。コミュニティをより強く、より良くし、脅威をかわせるように、コミュニティを合同させることでその機能強化と団結を図ろうとする人もいる。その他破壊的あるいは安定を阻害すると考えられる人や活動を制御しようとする人もいる。またこの双方ともを為そうとする人もいる。

　ゲーテッド・コミュニティは、地域の管制(コントロール)に物理的社会的手段を行使しようとする趨勢の一端である。人々を引き留めることを意図する壁もあれば、人々を締め出す壁もある。地域とそのアイデンティティ示すものもあれば、排除を示すものもある。ピーター・マーキューズは都市における壁について、物

理的なものから、社会的、象徴的、心理的、法的なものについてまで異なったタイプが存在することを記述した。彼は住宅地域におけるフェンス、ゲート、壁、バリケードにいくつかの異なった目的があることに着目した。貧困層による近隣住区では、ゲートとバリケードは「防護、団結、連帯」の壁であるかもしれぬが、他方、高級都市近隣住区では、より高所得の新居住者の優位性を確保し、また保護する。郊外においては、ゲートは「社会的地位と社会的管制のため排除を行い、物理的侵入という脅威から特権と富を守っている」。[1]

多くの場合、都市の建設と新しい住宅形態の開発は部分的にはより良い生活様式の探求でもある。そして常に、こうした努力の一つの側面はコミュニティの探求である。もちろん、ゲーテッド・コミュニティの住民は、さまざまな期待と動機をもっている。彼らは安全とセキュリティを望み、また多くの人はプライバシーや社会的地位を追求する。多くの人は、ゲートの内側にある封鎖された私有街路が、より開放的で触れ合いがあり、結束力のあるコミュニティにつながることを希望している。

ゲーテッド・コミュニティの調査において、我々はコミュニティが人々にどのように影響を与えたのか、すなわち、ゲートの内側にある生活に人々はどういった期待を抱いたのか、そこに住む人々はどのような体験をしたのか、人々は近隣住区の活動にどのように参加したのか、人々がゲートの外部の社会とどのように関係を保ったのか、を尋ねた。ゲートとその周りを取り囲む壁の存在は、近隣住区について住民が感ずることに影響を与えたのであろうか。また、住民の役割について影響があったのであろうか？

我々が住む場所の形態と性格は、我々の経験、我々の相互交流、我々の態度に対して大きな影響を与えている。この章で我々は、まず最初にコミュニティの論点を探り出し、コミュニティが何を意味するのか、我々が居住する場所とコミュニティがどのように関係するのかといった問題を探究する。こうした研究に対する調査計画と方法論を討議した後に、我々はゲーテッドコミュニティの三つの主要なタイプとその特徴について述べようと思う。

第2章／コミュニティの探求

コミュニティの定義

　アレクシス・ド・トクヴィル以来、現代の社会学者や政策立案者に至るまで、コミュニティやその内部での人間関係は、米国人であるがための重要な要素だと思われてきた。しかしコミュニティとはそもそも何であろうか？
　19世紀後半にフェルナンド・テニエスがゲマインシャフトとゲゼルシャフトとの二元論を編みだしたが、それは今日でも依然として我々がコミュニティについて考える道を先導している。[2] ゲマインシャフトは「真実の」コミュニティで、人間同士の自然で、情緒的で、相互依存の関係である。ゲゼルシャフトは社会であり、我々がつくる近代的、理性的、機能的な関係である。ゲマインシャフトは、昔からの村落共同体のキャッチフレーズとなり、同質性、相互依存性、緊密性を表し、ゲゼルシャフトはゲマインシャフトの特徴をそのまま逆に置き換えて非人間性、疎外性、移動性、現代的社会を表している。
　二十世紀初頭の数十年間に、社会学のシカゴ学派はコミュニティ、特に近隣住区の研究を、社会を理解する手法として発展させた。ロバート・パークと共同研究者たちは、シカゴの都市の近隣住区が、住居の近接によって地域性のある情緒が産み出されるコミュニティであり、また近隣住区を混乱させてコミュニティを弱める社会的圧力の存在に関心を駆り立てるコミュニティだとした。[3] 彼らは都市化と近代化から生じるコミュニティの衰退を観察した。移動性の増加、工業化、職場と家庭の分離、大衆文化の興隆は、血族関係を稀薄化させ社会的結束を密かに浸食しているものと考えられた。経済的、契約的紐帯に基づく二次的社会接触は、血族関係、文化、コミュニティに基づく一次的社会接触よりもいっそう重要になっていった。[4]
　後に社会学者は、こうしたコミュニティに対する考え方が近代では失われてしまったのかと疑い始めた。ジェラルド・サットルスはコミュニティの衰退という考えは、一度たりとも存在しえなかった「黄金時代」に根拠を置くものであると論じた。ある者は、彼らが見てきたものはコミュニティの喪失ではなく、コミュニティの変容であるとする理論を立てた。研究者たちは、理想的なゲマインシャフトの証拠を求めようとするより、むしろ社会生活用品の生産、分配、消費や、公式非公式の社会的管理、グループ活動、社会的参

コミュニティの定義

加、相互支援、といったコミュニティが供する機能を考察してきた。[5] 彼らはこうした機能がコミュニティによって多くの異なった形式で供されるのを見いだしている。出入りが開放され、個人の必要性を満たす場としての有限責任のコミュニティ、[6] その周囲の環境に対立するものと定義される防御のコミュニティ、[7] 教会、家庭、近隣住区といった個人と社会の間を橋渡しする団体としてのコミュニティ、[8] がある。これらすべての形式はそのメンバーのためにコミュニティとして機能し、すべてが「コミュニティの感覚」を引き起こすことが可能である。ある学者は、近隣から逃れ、地域から離れて個人的なつながりの上に構築された、流動的な現代社会における「新しい」種類のコミュニティを確認した。[9] 他の学者は現代コミュニティを主要な社会的紐帯としての複雑で多様なネットワークと見て、こうしたつながりを推計し、数量化した。[10]

　コミュニティは歴史、道徳的観念、郷愁、ロマンティシズムを含む、はっきりしない用語である。また、ここで簡潔に触れた研究の範囲は、コミュニティの研究者が必ずしも同じことについて述べていたわけではないことを明らかにしている。それにもかかわらず、こうした定義はいくつかの共通点をもっている。コミュニティは通常共有される地域、確実に共有される経験や相互交流、同じく共有される慣例、制度、共通の目標や到達点、共通の政治的あるいは経済的な構造といった共有を意味する。[11] 地域的なコミュニティ内で将来の運命を共有する感覚があるために、コミュニティは単に感じることにとどまらず、社会生活の場や、多くの場合、政治的で経済的な場にも参加することを意味するのである。

　表2-1は、コミュニティとしてのいくつかの重要な要素を要約している。共有される地域は、物理的あるいは社会的な境界線によって決定される。もし境界線が象徴的なものか、無形であるなら、住民は自らのコミュニティを違った形で決定し得よう。通常、物理的な目印となるのは、住宅形式、主要な街路、ゲーテッドコミュニティの周囲の壁である。その次の要素は、共有される価値、すなわち人々がコミュニティの他のメンバーとの共通性をはっきりさせ、それにより自分のアイデンティティと、そのコミュニティのアイデンティティとを部分的に形成する方法である。これらには人種や階層、宗

第2章／コミュニティの探求

表 2-1. コミュニティの構成要素

要素	機能	例
共有地域	コミュニティの境界線の決定	歴史的名称、住宅タイプ、分譲地の名称、外壁、ゲート
共有価値	アイデンティティと共通性の定義	人種／民族的背景、所得水準／社会階層、宗教、歴史的伝統的祝祭典
共有公共領域	相互交流の共通地盤	公共公園、公開空地、街路と歩道、私有分譲地、施設
相互支援構造	相互支援と組合	慈善及びリクリエーションの自発的コミニュティ組織、教会、専門管理会社
共有される運命	将来を保護し、かつ先導するメカニズム	市民連合、自発的近隣住区グループ、規則とCC&R、HOA

教的特徴や共通の歴史も含まれるであろう。すべての地域コミュニティは、住民が接し相互に交流することのできる公共スペースを含んでいる。これらには街路と歩道、公園、プライベート・カントリークラブがあろう。共有支援構造は、コミュニティが相互支援の提供と、行動における会員の一体性を維持する制度である。共有支援構造には、教会、慈善団体、ジュニアリーグやリトルリーグといった社交やリクリエーションのクラブを含むであろうし、いくつかのHOAでは、プロの監督団が共有支援構造の一部となっている。最終的に、共有される将来の運命は、コミュニティが住民たちを保護、あるいは先導する構造に関係する。これらはボランティアによる近隣改善グループ、

| コミュニティの定義

市民連合、HOAやCC＆Rを含むであろう。

　本書で我々は、例えば住宅開発地の地域に根ざしたものという、コミュニティの場所に基礎を置いた概念を取り扱う。近隣住区もまたコミュニティであるならば、それは集団的に一体とみなされた地域内の住宅群に居住する友人や隣人以上の存在の人々から成り立っている。またコミュニティとしての近隣住区は、相互責任、意義のある相互交流、協力精神といった感覚をもっている。

　本書で我々の扱うコミュニティ概念は、場所を起点とする社会的紐帯とその地域内の人々によって表現される共通価値の強度を表している。こうしたコミュニティの考えは二つの側面を持っている。一つはコミュニティとしての「私的」側面であり、たいていの米国人がコミュニティに言及する際に念頭におく感情や「良き感触」である。それはある場所やその場所の人々に対する帰属意識やつながり、また一体性の感触と、さらに相互扶助と共有される社会的関係という地方的な文化を含んでいる。二つ目はコミュニティの「公的」側面である。これは相互の義務、共有される運命や目標、直接民主制、コミュニティ問題におけるかかわり合い、をもったコミュニティをさす。それは相互依存、すなわち我々の生活の質が環境とそこに居住する人々に依存していることを認識することである。それはまさに同じ場所に住む以上のことで、それは隣人愛を超えたものである。

　また、HOAを調査している学者は、コミュニティの意図と私的なミニ政府の設立がコミュニティにおける体験と実行に意味するところを綿密に考察した。ゲーテッドコミュニティがHOAとともに発展しているために、本書ではゲートとコミュニティの問題に多少光を当てることが可能である。理論上、HOAは強い地域コミュニティにとっての優れた推進力であろう。これらは疑似政府として、また参加とコミュニケーションのための装置としての役を担う、制度的構造をもっている。この意味において、HOAは直接民主制の形式、すなわち、共通の利益に住民を結集させうる地域的管理と自己決定の手段である。

　しかし、実際はこの理想が満たされることはめったにない。HOAに関する文献は、無関心、対立、参加の欠如といった嘆きでいっぱいである。HOAに関する研究は、いっそう高いレベルの参加と自己統治を涵養している証拠が

第2章／コミュニティの探求

まずないことを見いだした。[12] ロバート・ディルガーはこれはHOAの構造における欠陥と、ただ乗りの問題に原因があるとし、それは参加が強制でなく任意であり、少数の個人が業務の大部分を行い、目を引くような問題がない限り、大多数の人はそれら少数の人にHOAの運営の負担を委ねて安心しているからだとしている。[13]

キャロル・シルバーマンとスティーブン・バートンはHOAに存在する対立と参加の欠如は、私有財産権と公的な役割との間にある不一致に原因があるとしている。住民はHOAを自分たちの私有財産を守り、家庭の個人的な楽しみへの邪魔を防止するための手段と見なしている。HOAがこうした個人の目的に基礎をもち、私有財産権と所有権に根拠をおくために、人々はHOA組織における義務を公衆により、共有されたコミュニティに及ぶべきものとは考えない。グレッグ・アレクサンダーは個人が単に「直接参加の意識」が欠けることになりがちなだけであると論じた。[14] アレクサンダーは米国の生活におけるコミュニティをとり巻く緊張を、契約主義者とコミュニティ主義者とのコミュニティ理論に関する対立として見ている。契約主義者は合理的な選択理論に関連づけ、個人の利益のために結合に同意する場合を除けば、個人はお互いに結合することのない原子の如きと考える。コミュニティ主義者の理想においては、個人は共通する人間性を通じてのみでなく、共同して創造し、かつ利益を得る社会構造を通じて結合し社会にはめ込まれていくのである。[15]

コミュニティは都市の一画と同じく狭小なものであることも、地域と同じほどの大きなものであることもあり得る。我々は全国的あるいは国際的コミュニティについて話していることさえあり得る。我々はすべて多重の同心円や重複するネットワークのように、多くのコミュニティにおける会員である。コミュニティは米国の一連の地域的社会関係以上の存在である。また政治的な建築用資材(ブロック)であり、ある場所ある地域内で形成された一連の社会的理想型でもある。場所とコミュニティが商品化され、環境がつくられるよりむしろ購入されるものとなり、我々の近隣住区は社会制度というより経済制度によって形成される側面がますます強くなっていくのである。米国都市における最も近時の現象は、人間関係に基づく場所という古い権威から不動産所有権に基づく場所という新しい権威へと我々を動かしている。本書で記述される

外壁とゲートは、進入に対する障害以上のものであり、国家自体に甚大な影響を与えかねない新たな社会パターンの象徴である。

研究手法

　学者たちはコミュニティの形式、効果、機能を調査するために広範囲の手法を用いたが、個々のコミュニティの研究には、中心的方法として主に参加者に対する観察を用いた記述人種学的な傾向がある。都市のコミュニティ研究は民族的独立住区(アンクレイヴ)、ゲットー、近隣住区に焦点を合わせてきた。ハーバート・ガンスの業績はこの点で特に影響力があり、最近では、エリジャー・アンダーソンたちがそのテクニックを駆使した。[16] 他の研究者たちはニュース・レポートから統計上のデータや歴史記録にまで及ぶ二次的情報を用いて、参加者に対する観察を拡大させた。

　個々のコミュニティの社会学上の問題より社会的、政治的問題にいっそう関心をもつ学者は、主にインタビューに依存する方法を採用することが多くある。例えば、ウィリアム・ジュリアス・ウィルソンはコミュニティの価値、目標やそれ以外のものについての住民自身による話を引き出すために集中的にインタビューを行い、その結果、単にその中に落ち込んだ人々だけではなく、社会的に孤立した貧しいコミュニティそのものを調査できた。[17] ロバート・ベラーと共同研究者は、米国のコミュニティ、誓約(コミットメント)、個人主義の古典的研究である『心の習慣（Habits of the Heart）』において、「公共哲学としての社会科学」と自らが呼称したものの基盤として国中の人々とインタビューを行った。[18]

　本書における研究はこうした方法論の多くを取り入れた。ゲーテッド・コミュニティは新規に発生した現象であり、それに対する学術的な研究が事実上存在しないために、我々は調査という点から検証を始めた。我々は新聞や雑誌といったリアル・タイムでの情報源から資料を取り入れ、ゲーテッド・コミュニティの住民、不動産デベロッパー、官公吏、加えて市民グループや全国的団体からも情報を収集した。我々はゲーテッド・コミュニティへと向か

第2章／コミュニティの探求

う傾向に関連する物理的特徴とパターンを検証することから始めたが、我々の第一の関心はそれらを取り囲む社会的問題である。中でも中心となるのは、近隣住区としての内部的なものと、それらがある都市、郡、地域に関連する外部的なものとの双方における、コミュニティとしてのゲート付きの住宅地の機能である。我々はゲーテッド・コミュニティの出現が我々の社会に何を意味するのか探求しようとしてきた。

　―ゲーテッド・コミュニティについて、その内側と外側の人々はどう感じているのであろうか？彼らはゲートと壁が地域住民の必要を満たしていると認識しているのであろうか？住民はどういった意見を持っているであろうか？デベロッパーは？都市計画家は？都市行政官吏は？

　―コミュニティの中でゲートで囲まれた住民はどういった経験をしたのであろうか？こうした独立住区内で住民はコミュニティ精神や市民参加をどの程度に示すのであろうか？住民は壁の中で人々との結合とか絆を感じるのであろうか、あるいは場所との結びつき、絆のみしか感じないのであろうか？如何なる意味でゲーテッドコミュニティは真のコミュニティであるのであろうか？

　―ゲーテッドコミュニティは市民権の概念に対して何を意味するのであろうか？住民は身近で、より大きなコミュニティ内で占めている自らの場所をどのように理解しているのであろうか？住民はゲートの外の都市に親近性を感じるのであろうか、あるいは壁で囲われた住宅地にのみ親近性を感ずるのであろうか？住民はゲートの外の都市と、どのようにまたどれくらい十分に結びつきを保っているのであろうか？

　我々は、現地訪問と観察、フォーカス・グループ、インタビュー、ゲーテッド・コミュニティの調査、二次的なデータなどをまとめて、人種的記述のデータと統計上の証拠の双方を収集した。ゲーテッド・コミュニティの普及や他の特徴について全国的、地方統計がないのみでなく、同様に、いかなる大学、研究機関、職業団体もその現象を研究していないことを見いだした。結局、我々の第一歩は可能な限り多くのゲーテッド・コミュニティを検証することとなっ

研究手法

た。最初に、新聞の全紙面の蓄積データをオンライン検索し、我々は何百というゲーテッド・コミュニティを検証し、この現象の輪郭を描き始めた。

メディアについての調査と並行して、我々はジャーナリスト、都市計画家、さらに他の情報提供者と接触したが、彼らは非常に重要な価値があり、我々を国中の近隣活動家、都市計画家、デベロッパー、不動産業者、官公吏、職業団体、保安コンサルタントたちへと導いてくれた。こうした情報源から我々は検証した住宅地の主要な特徴のデータベースを作成した。カリフォルニア州で最初の現地訪問をした後に、我々はゲーテッド・コミュニティの実用的類型と主要なテーマと論点に関する作業を進展させた。

我々はゲーテッド・コミュニティが高度に集積している6大都市圏、サンフランシスコ湾岸地区、ロサンゼルス、カリフォルニア州リバーサイドからパームスプリングスまでの住宅地、カリフォルニア州オレンジ郡、ダラス、マイアミ、にていくつかのフォーカス・グループとの会議とインタビューを実施した。フォーカス・グループの参加者は、ゲーテッド・コミュニティの住民、官公吏、不動産業者、デベロッパーであった。フォーカス・グループの住民参加者は、我々による分類のすべての範囲を反映するように選ばれ、ニュース記事検索によって、また学界やジャーナリズムの地元情報提供者によってその身元が確認された。実業界からの参加者は住宅地造成やゲーテッドコミュニティの販売に活躍していた。官公吏は、計画、防火、警察の各部局の代表者およびゲート政策設定に関して選ばれた職員であった。また、いくつかの場所では、我々が短期間の各地訪問の間に可能な限り多くの見方が確実に含まれるように個人インタビューを行った。

論点のすべてがカバーされ、我々の先入観と偏見が議論を支配しないように、フォーカス・グループ会議は外部の第三者エキスパートによって主導進行された。それぞれの会議は、一連の一般的トピックとその地方における重要な特定の問題を網羅した。

すべてのフォーカス・グループ会議と現地訪問は、ゲーテッド・コミュニティの最も密集している地区であるサンベルトにおいて行われた。我々はバージニア州アレクサンドリアのコミュニティ団体研究機構（CAI）と協同で行った調査により全国的データを収集した。調査アンケートはおよそ7千ある

第2章／コミュニティの探求

CAI会員の組合理事会に送付された。約30パーセントの回答率で、およそ2千の回答が寄せられたが、これらのうち、19パーセントがゲーテッド・コミュニティからであった。我々による調査アンケートは、コミュニティに関する文献や、我々の研究過程の初期段階に入手したゲーテッド・コミュニティに対する知識に基づいていた。我々の質問は、動機、隣人愛、コミュニティ内部における参加の程度、コミュニティ外部に対する参加の程度、ゲートに対する有効性の認識に関係するものであった。

ゲーテッドコミュニティの類型

　壁で囲われ警備員が配備された住宅地や近隣住区のすべてが同じものには見えず、また同じ方法で同じ市場に供給されるわけでもない。1994年初めのゲート付き地域に対する最初の視察によって、我々はまったく異なった住宅市場に供される住宅地にも明白な差異のある型式があることを見いだした。すべてが出入りを制御するため、何らかのシステムを有していたが、それらが壁の内側でコミュニティの感覚を如何に育成するかについては大きく異なっていた。

　我々は市（ニュータウン）とゲーテッド・コミュニティが三つの主な類目に分類されうることを見いだした。我々はそれぞれをライフスタイル型コミュニティ、威信型(プレステイジ)コミュニティ、保安圏型コミュニティと名付けて分類した。これらの類目は排他的かつ不変的な区分に基づいているわけではない。むしろ、これらは確固たる分類学としてよりも理解するのに役立つように意図された、観念的なタイプの分類である。実際の住宅地は多くの場合、複数のタイプの特徴を示している。三つのタイプは居住者の異なった物質的特徴と、異なった動機を代表しており、その特徴と動機の双方ともが市場の要素と密接に関係している。

　非常に大きな住宅地には、所得とライフスタイルを優先させたゲート付き地域の階層区分を含む、複数の市場要素を満足させるよう設計されるものがある。今後の住民のためというより、現住民のためにバリケードを後で設置

した地域は、世代の混合を時には受容するので、結果的に多数の住宅需要に適合しているが、もしそれがなければ高級化か衰退かのいずれかの方へ急速な変化が訪れたであろう。都心のインナーシティと郊外住宅地は、市場や新規持家層の要求に適合するように改造されていくのであろう。全国にわたって我々が見つけた住宅地の大部分は、意図的に特定の顧客層のために設計された、比較的新しい分譲地であったが、その狭い範囲を対象とした同質的な住宅地でさえ、その特徴は多様であり、その住民は各々異なった動機により居住していた。

ライフスタイル型コミュニティ

　ライフスタイル型コミュニティにおいて、ゲートは住宅地内でのレジャー活動とアメニティ施設の保安と外部からの分離を提供している。ライフスタイル型住宅地はサンベルトで最も普遍的ではあるが、国中に見いだせる。ライフスタイル型コミュニティには、退職者向けコミュニティ、ゴルフとレジャーのためのコミュニティ、郊外のニュータウン、という三つの異なったタイプがある。最初の退職者向けコミュニティは、建物の構造、レクリエーション、退職の初期に組み込まれた社会生活を、求める中流層と上級中流層の退職者用に開発されている。こうした住宅地の多くは、セカンドハウスとして始まり、その所有者が退職して終の棲家となる。結果として、これらの住宅地は多くの場合、一年の特定時期のみ居住する住民と、一年中居住する住民の双方を含むようになる。こうした事例には全国的に展開するレジャー・ワールドやサン・シティがあり、その名称は退職者向けである意図を表している。

　ゴルフ・レジャー向けコミュニティは、サンフランシスコ近郊のブラックホーク・カントリークラブのような住宅地がその例であるが、そこではゴルフコースとテニスクラブが呼び物の中心となっている。サウスカロライナ州沿岸のヒルトン・ヘッドやその他のレクリエーション地区は、何年もの間、退職者とレジャー向け住宅地として注目されてきた。雪に覆われることの多

ライフスタイル型コミュニティ：カリフォルニア州バニングのサン・レークス

い北部諸州でさえ、ゲート付きカントリークラブ住宅地はいっそう普遍的になってきつつある。

　ニュータウンは郊外のライフスタイル型コミュニティという新しい種類である。それはアンドレ・デュアニー、ピーター・カルソープたちの新都市生活主義者によって宣伝された都市型ビレッジ住宅地ではない。[19] 郊外のゲート付きのニュータウン住宅地は、数千の住戸から成る大規模なもので、住宅地内かその隣接地に、住居用、商業用（産業用）、店舗用などすべてにわたる施設を包含する試みである。ニュータウン自体は新しいものではないが、その住宅地域をゲート付きとすることは新しい試みである。最初の最も成功したニュータウンの一つが、カリフォルニア州オレンジ郡のディズニーランドの近くにあるアーバイン・ランチである。この複合住宅地にはゲートの付いている区域と付いていない区域の双方がある。アーバインの成功以来、この形式の住宅地はカリフォルニア、アリゾナ、ニューメキシコ、テキサスといったサンベルト諸州全体で急成長した。

プレイステイジ
威 信型コミュニティ

プレイステイジ威 信型コミュニティ

　威信型コミュニティは全国で最も急成長している住宅地形式の一つである。そのゲートは、格差と威信を象徴し、社会階層という梯子に確固たる場所をつくり、保全している。それはライフスタイル型コミュニティが有するレクリエーション施設がなく、ゲートがあることを除けば、標準的な住宅分譲地とほとんど異なるところがない。イメージを映し出し、現実に為された投資を保証し、住宅価値を保全するといった願いによってゲートは動機付けられている。それには超富裕で著名な人たちの独立住区(アンクレイヴ)があり、また上位5分の1の所得階層である富裕層のための住宅地があり、さらに中流階層向けの経営者用住宅地もある。

　超富裕で著名なコミュニティは、米国における最初のゲーテッド・コミュニティであり、すでに何十年間にもわたって存在してきたものである。それは名士たちの小規模屋敷町であり、超富裕層のゲート付き独立住区であって、

第2章／コミュニティの探求

ハリウッドの丘から北東部海岸に至るまで随所に見られる。高度に排他的で、また多くは人目に付かず、厳重に防御されたこうした住宅地は、全国的に急増しているゲーテッド・コミュニティのすべてにとってのモデルである。

　上位5分の1の所得層のコミュニティと経営者のコミュニティは、超上流ではない人々にも超富裕かつ著名な人々の独立住区の威信をいく分授けることを意味している。また、物理的安全と社会的安全が住民の同質性と出入りの管制によって高められた模造の同質近隣住区で、人為的にコミュニティをつくることもその意図の一部である。上位5分の1の所得層の住宅地は上級経営者、幹部管理職や、その他成功した専門職向きに設計されている。これらは、設備の整った警備所、モニュメントのような玄関口(エントランス)、人工湖のような威信を高める施設や、あるいは海岸や河川敷、また森林といった丁寧に保全されている天然の特徴を呼び物にしている。これらはたいていの大都市圏で見つけることができるが、テキサス州ダラスの如き1980年代の新興都市の周辺で最も目立っている。

　経営者向けコミュニティは、こうしたコミュニティのせめて親戚になりたいと熱烈に望んでいる。この上位5分の1の所得層の住宅地の縮小版は、「経営者向け」としてデベロッパーにより販売されているが、実際は中流階層向け分譲地に過ぎない。これらは、カリフォルニア州のロサンゼルスとオレンジ郡、ヒューストンの郊外、ダラス、マイアミ、シカゴ、ニューヨークなどの多くの大都市圏における住宅地の、成長しつつあり、過去に例のないほど目立つ形式である。

保安圏型コミュニティ

　保安圏型コミュニティにおいては、犯罪と部外者に対する恐怖が、防衛要塞化に向かったのが第一の動機である。この種類には、都市型砦、郊外型砦、バリケード型砦、の三つのタイプがある。我々がそれを砦と呼ぶのは、ゲートをつくるのがデベロッパーではなく住民であり、住民がその近隣住区を必死に維持しそこに留まろうと努力しているためである。住民は、ゲートやバリケードで自らの近隣住区を改造し、外部の脅威をかわし、管理能力を取り戻すために要塞を構築する。住民は自らの境界線をつくり出入りを限定する

保安圏型コミュニティ

ことによって、自らの近隣住区におけるコミュニティの感情と機能とをつくり強固にしようと試みている。保安圏型のゲートを設置することと街路封鎖はすべての所得階層、すべての地域で生じている。住民が恐れる犯罪や交通による破壊は、現実に起こるのか、また思っているだけなのかも知れず、あるいは身近で起こるのか、また遠くのことかも知れない。重要なのは住民が自分たちの街路に対する出入りを遮断する必要があるか否かではなく、そうしなくてはならないと彼らが思う点にある。ロサンゼルスからニューヨークに至る主要な大都市圏では、こうしたタイプの住宅地の急増が見られた。

都市においては、最も豊かな階層から最も絶望的に貧しい階層に至るまで、近隣住区はゲートのことを周辺で見られる都市の混乱無秩序を防ぐ手立てとして期待している。脅威は時には自らの玄関口にまで迫っており、時には数区画先に来ている。都市型砦の創造者たちは、犯罪や交通から自らの身を守ることに意をつかい、自宅を守り街路を安全に歩けるようにし、子供を猛スピードを出している車や拉致者から守ることを望んでいる。郊外のなだらか

第2章／コミュニティの探求

な丘に逃避することを望まないか、それが不可能な人々は現に住んでいる場所で要塞を構築する。とりわけロサンゼルスにある富裕な近隣住区や、ワシントンD.C.の公営住宅団地はゲートを設置してきた。

　以前は都市の問題と考えられていた問題の多くがますます都市の近郊や比較的小さなタウンでも起こるにつれて、郊外型砦はいっそう最近の増加しつつある現象となってきた。ある場合には、都市近郊が年月を経て、都市化するにつれて、その住民がかつて享受していた生活の質が劣化することがある。時には、いっそう古い郊外の分譲地の住民は、次は自分たちが被害者になるとおそれ、現実のトラブルが自らの玄関口に至る前に、入口にゲートを設置すべく行動する。都市型砦と同様に、住民が住宅地街路に対する過度な費用負担が生活の質に影響を与えることを懸念しているので、危険は犯罪よりむしろ交通にあるのかもしれない。

　バリケード型砦は保安圏型コミュニティ類で最も急速に成長しているタイプである。バリケード型砦は完全ではないゲーテッド・コミュニティであり、壁やフェンスで完全に囲われることがなく、すべての出入口がゲートで守られているわけでもない。その代わりに、いくつかの街路を遮断するためにバリケードを使用している。本書で論じた他の形式のように、バリケード型砦が通常の公共スペースへの出入りを限定した保安型居住区を意図して設計されているため、この類目に含めている。出費も理由の一部だが多くの場合、近隣住区が公道にはさまれて存在することが理由で、その完全な封鎖は不可能となっている。バリケードは都市の格子状の街路に、郊外型の袋小路（クルド・サック）のパターンをつくり、近隣住区に一つか二つの進入口のみを残しておくのである。実行されると完全なゲートの設置と効果に差はない。マイアミ、ヒューストンやその他の都市において、近隣住区の多数がこの解決手法に頼ってきた。いくつかの都市ではバリケード計画の承認を待つ近隣住区が長い行列をつくっている。

社会的価値

　ライフスタイル型、威信型、保安圏型というゲーテッドコミュニティの三

社会的価値

表 2-2. 住民のゲテッド・コミュニティ選択に関する社会的価値の重要度

価　値	ライフスタイル型	威信型	保安圏型
コミニュティ意識	3次	3次	2次
排除	2次	2次	1次
私有化	1次	3次	3次
安定性	2次	1次	2次

　つの主要な類目と、九つの特定二次分類のすべては次の四つの社会的価値の程度の差異を反映している(表2-2参照)。すなわち、①コミュニティの意識、あるいは近隣地区の紐帯の維持強化、②排除、あるいは外部からの分離と保護、③私有化(プライヴェティゼーション)、あるいは公共サービスを私有化し、コミュニティ内部で管理する願望、④安定性、あるいは同質性および予見可能性。これらの側面は前に記したコミュニティの五つの要素に関連している。コミュニティ意識が住民にゲーテッド・コミュニティを動機づける第一の価値である場合、共有する地域、共有する価値、共有する公的領域と支持構造、共有する将来の運命、という五つのコミュニティの面すべてが反映される。コミュニティメンバーを部外者から分離することによって、排除は共有する地域を定義するのに役立つ。私有化はコミュニティ管理の増大を通じて共有する運命を守る願望が反映される。安定性は共有する価値と支持構造を示唆し、また安定性を維持することは共有する運命を守る手段でもある。
　ライフスタイル型コミュニティは一般から分離された私的なサービスとアメニティを望む人たちを引き付けるのであり、またそれは同質性と、予見可能な環境を求めているのである。威信型コミュニティはその不動産価値を保全しようとする同類の人たちによる安定した近隣住区に人々を惹き寄せており、彼らの関心はサービスの分離や私有化については二の次である。保安圏型近隣住区はコミュニティの感覚を強くし、守ろうともしているが、その第一の目標は安全性や生活の質に対する脅威と思われる場所や人々を排除することである。次の三つの章で、我々は三つのタイプのそれぞれを詳細に調査する。

第3章

パラダイスへのゲート
ライフスタイル型コミュニティ

　ライフスタイル型コミュニティは多くの人にとって理想型のゲーテッド・コミュニティであり、最初に心に浮かぶイメージのコミュニティである。それは多くの地域で最初に出現したゲーテッド・コミュニティのタイプでもあり、また、それは最初に普及し、急増したものでもある。それはフロリダ、南北カロライナ、南カリフォルニア、アリゾナといったサンベルトの退職者の多い地域における最初のデル・ウェッブ退職者型住宅地や、ゴルフやレジャー向け分譲地として出現した。デベロッパーがこうした居住地を設計する第一の動機は、成長するレジャー消費社会に乗ずることにあった。多くのものは「のんびりした生活」「活動的ライフスタイル」やメンバー限定のゴルフ・カントリー・クラブ施設を看板に、ゴルファー、退職者、子育ての終わった老夫婦に対して売り込まれた。
　ライフスタイル型住宅地は、アメニティ施設を強調することによって他のタイプのゲーテッド・コミュニティとは区別される。これには三つのタイプがある。第一は退職者向けコミュニティであり、ゴルフコースやクラブハウ

スが中心に位置するものもよくあるが、多くは広範囲のレクリエーション施設と社交活動を組み込んだプログラムをもっている。第二のタイプはゴルフ・レジャー型コミュニティで、物理的には退職者向け住宅地に類似しているが、若い世帯から子育ての終わった世帯までの勤労年齢層の人々に向けて販売され、また管理されている。ゴルフ・レジャー型コミュニティには、ゲート付きのカントリークラブやゴルフ場住宅地、セカンドハウスのリゾート地がある。第三のタイプはニュータウンである。ニュータウンは、ゲート付き分譲住宅地から学校、ショッピングセンター、商業オフィス、公園やレクリエーション施設に至るまで、実際の生活に必要なものすべてを完備してその住民に提供することを目標とした大規模総合計画型住宅地である。

　これらの住宅地の共用公共スペースは私有化され、管理されているが、これらは安全装置としてというよりは、社会に対する意思の表明として存在する。保安手段は犯罪からの保護というよりも、望ましくない訪問客を遠ざけ、湖沼やゴルフコースのようなアメニティ施設を管理することを主に意図している。実際、我々のフォーカス・グループの富裕な郊外居住者は、ほとんど大都市の騒動に巻き込まれた体験が無く、また彼らは富裕な郊外や都市地区からこうした住宅地に引っ越した人たちであった。彼らは共通のライフスタイルの好みを持ち、コミュニティ活動を通して共通の運命を背負い運んできた。

新たなレジャー階層への応対

　ライフスタイル型コミュニティは幅広い全国的な社会経済的転換の一環である。こうした特殊化された住宅地を理解するためには、最初にそれが出現した背景を理解しなくてはならない。米国人は富める者はますます富み、貧しき者はますます貧しくなってきつつある。第二次世界大戦後、1970年代中期まで米国の中流階層は断え間なく膨張した。もっとも生産性の高い製造業を基盤として、また西ヨーロッパ諸国の生産力の衰退に加速されて、米国は事実上の世界経済の覇権を満喫していた。その急速な経済成長が、特に国家の社会秩序に対して広く深く影響を与えた点では、世界史上に比類がなかっ

第3章／パラダイスへのゲート

た。米国人の所得は急速に上昇し、実質的な富も上昇した。米国人の65パーセント以上は、住宅ローンに対する寛大で豊富な政府助成金により自宅を所有した。自動車は大戦のほんの10年前まではすばらしい富の象徴であったのが、中流階層の象徴となってしまった。さらに、激しく争われた労働交渉と社会保障年金の誕生により、米国人は退職後の貯金を十分蓄えることが可能になった。上昇する実質賃金と、公私の雇用からの定年退職金や退職手当による二重の経済保障という要素が、中流階層に前の時代には考えられなかった方法でその可処分所得を使うことを可能にした。米国の勤労層の成人は老齢期になっても自分たちの子供に支援してもらう必要がなくなったので、彼らはどこに住むか自分で決めることができ、どこにでも誇りをもって退職して住むことができるようになった。

　1973年以降、世帯所得の増加は緩やかになり、高所得層に不均等に配分されるようになってしまったが、生活水準の変化向上は依然として大きかった。1973年から1993年の間に個人の税引き後平均所得は、ドルの価値を不変とすれば、ほぼ2倍となった。[1] こうした変化は今や当然の如く考えられているが、その効果は深甚であった。可処分所得が単に劇的に増加しただけではなく、いっそう多くの金を所持することが常態化したのであり、いっそう長生きし、いっそう多くを消費して、いっそう健康的な人生を過ごすことになったのである。米国の中流階層は皆ある程度レジャー階層となり、世界中のどんな人々よりもレジャー活動を楽しむことが可能となった。住宅デベロッパーは、ガレージ、仕事部屋、ゲームやテレビの部屋を普通の住宅に組み込んだレジャー向けモデルをベースとして、住宅の大量生産をすることができるようになった。同時にステーションワゴン、バン、ボートを引っ張るトラックといった特殊目的用自動車が、レジャー時のドライブ用に設計されるようになった。

　レジャー生活の爆発的増加はやがて郊外の住宅地開発に取り込まれ、デベロッパーは人工湖、植林、人工河川のある緑豊かなスペースをつくった。レジャー・ライフスタイルは生活拠点となる本宅から離れたセカンドハウス団地に対する需要を生み出した。この動きはスノー・バード族とスキー・ウォーター・バニー族という二つの新たなパターンを生んだ。スノー・バード族はカリフォルニアやフロリダのレクリエーション地域で最初に見られたが、中

西部や東部の老年層が厳しい北の冬期に暖かい地へ移住したのを言う。またスキー・ウォーター・バニー族は週末に冬はスキー、夏は水上スキーをするのでそう名づけられた。彼らのセカンドハウスは、中年の時期には休暇で使用され、引退後には多くは彼らの常時の棲家になった。一時使用に設計された住宅は、1年中生活できるようにリフォームされていった。

　デベロッパーはこれらの変化の潜在可能性を見いだすことに敏速であった。ますます中流階層が富裕化するにつれて、セカンドハウス団地やさらには退職者向け団地さえもが南部、南西部、西海岸のいたる所に現れた。こうした住宅地は市場対象によって区別された。ある住宅地は、一時あるいは年間を通じて居住可能で、まだたいして年をとっていない増加しつつある退職者だけを対象にアピールするよう設計された。別の階層向けの住宅地は、ゴルフ、ボート、釣り、といったレクリエーション施設の近くに住む余裕のあるスポーツ志向、中流、ホワイトカラー勤労者用につくられた。単なる防護施設(シェルター)ではなくライフスタイルが住宅地の主要な呼び物となったのである。

　勤労中流階層全体が衰退している期間でさえ、上位中流階層の増加は継続した。この転換の規模は推測することが難しい。しかしそれがつくりだす住宅地と住宅地のタイプによって、米国の地図にその転換の存在が既に確認されている。都市全体やその市内の区域全体が、新退職者や新富裕層の意を迎えることに専念している。こうした住宅は、人々や場所に対する居住者の選択を反映して意図的に同質化されている。ゲートはこの新たな階級意識のある住宅地の付属品である。

退職者型コミュニティ

　退職者型コミュニティは、「レジャー・ワールド」のような全国的に展開する住宅地から個々に経営される住宅地に至るまで、中流階層用の排他的生活の原型となってきた。1994年時点で65歳以上の人口は3千3百万人、すなわち米国人の8分の1にあたっていた。こうした高齢者の多くは自分一人で生活している。退職時の平均年齢は低下し、平均余命は上昇した。今や65歳にな

ライフスタイル型コミュニティ

った米国人はあと17年を生きると予期できる。また、所得は1957年から1992年までに1992年時点のドル価値で2倍以上となり、男性は6,537ドルから14,548ドルへ、女性は3,409ドルから8,189ドルへと上昇した。高齢者たちの間には人種、民族、婚姻、職歴やその他の要素に基づく差異はあるが、すべてのグループが1980年代を通じて経済状態は改善した。[2] 退職者はかつてないほど長生きし、より良い生活を楽しんでいる。退職者は選り好みをする階層であり、またその選択の能力を有する階層である。彼らは、米国退職者協会（AARP）のように、自らの手による定期刊行物や組織を持っていて、巨大な政治的社会的勢力を行使する。彼らは国中のいたる所に住み、時には一戸以上の住居を持っている。しかしながら、彼らは低い税金と高い安全性を有する温暖な地域を好み、その多くは、カリフォルニア、アリゾナ、ネバダ、テキサス、フロリダといった比較的温暖な気候のところに居住している。各州や多くの都市は、退職者たちが経済的恩恵をもたらしてくれるために、退職者に向けて広く自己宣伝している。年齢制限、保安パトロール、ゲートと壁は、ほぼ自

退職者型コミュニティ

足できる高齢者住宅の独立住区（エンクレイヴ）を形成する。

　メリーランド州シルバー・スプリングのレジャー・ワールドでは、住宅地を巡回する公共バスに警備員が乗り込み、「望ましくない人物」がバスに乗って進入しないよう念を押している。境界はゲート、壁、フェンス、外溝、バリケードによってはっきり示されている。レジャー・ワールドのような退職者向け住宅地では、一定の範囲の所得層やライフスタイルに対応して設計された住宅に、何千もの住民が住み、多数の社交クラブやレクリエーション活動を楽しんでいる。こうした住宅地は、あたかもバカンスのクルーズ船のような居住施設であり、すべてが規格化され何の驚きもなく一揃いのものがパッケージとして提供されている。ある住民によれば「私はいろいろのものが上手く組み込まれ管理されて、そのうえ、組織化されたライフスタイルが好きです。あなたも私の年齢になったなら、何もかも昔の名残りでやっていけるといいなと思うでしょう」。[3]

　ジョージア州海岸沖にあるスキッダウェイ・アイランドには、高級志向の退職者用に設計されたいくつかの住宅地がある。スキッダウェイ・アイランドのランディングスはニューヨーク・タイムズ・マガジンでの広告を通じて、活発で富裕な高齢者に対して販売されたゲート付きのゴルフ場住宅団地である。多くの高級退職者用住宅地と同様に、そこには高い割合でセカンドハウスの購入者がいる。また、多くの広告がそうであるようにランディングスの広告も、保安よりむしろレジャー活動について述べている。保安問題を切り出す退職者型住宅地は、シカゴ郊外の退職者型住宅地クリスタル・ツリーの次の広告のように婉曲にそれを言っている。「あなたが警備所まで車を運転して行き、親切な警備員によって歓迎された瞬間に、あなたはそれを感じるでしょう。ここはすべてが安全で何の悩みもないという感じです」。[4]

これは気楽な道：カリフォルニア州ランチョ・ミラージュ市、ミッション・ヒルズ・カントリー・クラブ

　ミッション・ヒルズ・カントリー・クラブは青々と草木の茂ったゴルフコースの隣に広がる住宅地であり、狭い住宅地内街路のほとんどすべてから豊

第3章／パラダイスへのゲート

かな緑とヤシの木が眺められる。ランチョ・ミラージュはパーム・スプリングスからわずか1マイルか2マイル離れたカリフォルニア州コーチェラ・ヴァレーの小さなつながったタウン群の中の、比較的裕福なタウンの一つである。

壁で囲われた住宅地には、それぞれに警備員の配置された警備所を備えた、三つのゲートがある。正面玄関口(エントランス)の街路は、ゴルフ場のいくつかのフェアウェーを迂回して、派手さはないが贅沢な地区を通り抜けている。その街路は高い円柱とそれよりさらに高いヤシの木に面した派手で殺風景な化粧漆喰の建物のミッション・ヒルズ・カントリー・クラブに到る。ロビーは上品で豪奢に飾られてはいるが、上位中流階層用ホテルチェーンの平凡なスタイルである。

我々はダイナ・ショア・ルームでいく人かの住民に会ったが、その長い木製テーブルとキャスター付き肘掛け椅子のある部屋は、重役会用の部屋を感じさせるものであった。この感じは出席した住民自身がすべて白人、男性、60代か70代であったことによってさらに高められた。彼らは、ゴルフやテニスのシャツとプレスされた膝丈のショートパンツで身をつつみ、健康そうで日焼けしていた。すべてがデベロッパー用語で「フェーズ」と呼ばれる開発段階毎の地区におけるHOA理事会で、過去に理事であったか、今も理事になっている人たちである。MHCC（ミッション・ヒルズ・カントリー・クラブ）には中心的なHOAはなく、代わりに個別の地区を管理統治している15の独立した理事会がある。集中化がなされていないにもかかわらず、またMHCCが大規模であるにもかかわらず、男性陣のほとんどはお互いを見知っていた。我々がそこに着いたとき、彼らは自分の健康上の問題やゴルフのことをお互いに話し合っており、感じが良く思慮深いグループであった。

ほぼすべての人が、ミッション・ヒルズに引っ越した第一の理由はセキュリティ、すなわち保安であると答えた。退職者として彼らは、特に休暇で離れている時や別の本宅にいる時などに犯罪を心配していた。彼らは維持管理が不要なライフスタイル、住宅地の美しさ、特にゴルフクラブのようなアメニティ施設を好む。レクリエーション的なアメニティ施設が住宅地の肝心要めであることに皆が同意する。その場所に対する評判は、こうした男性たちに対しても考慮の対象となっていた。ある人は「出世をしてミッション・ヒ

ルズ・カントリー・クラブに住んでいると口に出せたとき、格式の上でさらに恩恵が増えるのに気づいた。」と言った。

　ある男性だけが保安はあまり考えなかったと言う。「ここは決して住んでみようとは考えなかった場所でした。私は仮にもゲーテッド・コミュニティに住もうとは考えなかったのです。それは私の社会的政治的な哲学のすべてに反していました。」しかし今や彼は「私はここの生活様式が好きになりました。私はそれが健康と長生きに貢献していると思うのです。」と言う。彼はミッション・ヒルズに引っ越して以来、いっそう多くの運動の機会を得たことに気付いた。「運動を敬遠できません。強要されてやるのではなくて、他にすべきことが何もないからやるのです」。

　こうした砂漠のリゾートで生活する短所について尋ねられた際、このグループは皆いっせいに黙ってしまった。ためらいがちに誰かが、CC＆Rは一定量のプライバシーと個人の管理を断念させていると述べた。残りの人はこれに賛成したが、論議はすぐCC＆Rの長所についてへと向かい、さらにミッション・ヒルズの長所についてへと切り替えられた。そして彼らはレクリエーションと質のよい医療施設が近いことについてさらに話を続けた。

参加：MHCC（ミッション・ヒルズ・カントリー・クラブ）で外部を見る

　これらMHCCの住民は、あらゆる意味で依然活動的である。彼らは自分たちの以前のコミュニティやビジネス生活でも活動的であったし、その同じエネルギーを自分たちの新たな住宅に持ち込んできている。いく人かがMHCC住民が内側に引き込んでいるとの懸念に異議を申し立てて、比較的若い男性の一人が「我々は外のコミュニティにも関心を抱いている。」と大声で言うと、グループから熱心な相槌の声が起こった。「我々は皆、何がコーチェラ・ヴァレーで起きているかよく知っていると思います。また、食事の場所、娯楽施設やその他のものについてもこのヴァレーにある多くの施設を利用しています」。賛同の声が一斉にあがった。

　市政について尋ねられ、ある男性が次のように論じた。「我々住民はここランチョ・ミラージュ市について、また我々の代議員が誰であるか、彼らが如

第3章／パラダイスへのゲート

何に物事に対処しているのかについて、外部のほかの誰よりもよく知っており深く関与し、かつ関心を抱いていると思います。我々は自分たちをこのコミュニティから孤立させようとは思っていません」。別の人が、自分たちはゲートから道路で隔たれた場所で生活する人々と、保安官も同じ、消防署も同じ、その他もろもろすべてが同じであると付け足した。彼らの郡との関係については、「そうだなあ。税金を支払っていますよ」。

自分たちの関係は政治の範囲以上に及んでいる、とある男性が言う。「私の推測では、我々はそこらにある他のどんなコミュニティよりもいっそう活動的だと思っています。我々は皆退職者であり時間をもっています。そのうえ私はここの人たちのグループを考えると、大半は何か一つに熟達した専門家であり、いままでの人生でやったことをすべてうまくやりとげてきた人々です。ここの人々は多くのエネルギーをまだ残しており、何かをやり抜くことに興味をもっています」。彼は文学講師として地元でボランティアをしている。テーブルにいる他の男性はいずれもこのような仕事はしていないが、住宅地の多くの人がボランティアをしていることを知っていると言う。

自治：MHCC（ミッション・ヒルズ・カントリー・クラブ）で内部を見る

彼らのエネルギーの大部分がミッション・ヒルズ自体の維持管理と統治に注がれているように思われる。これは住宅地の最も活動的なグループの中でも特別なグループであり、すべての人が種々の組合に対して長年にわたって献身している。これは楽な仕事ではない、と彼らは我々に言いたがっている。「もし何らかの責任ある仕事にたずさわるなら、本当に何百時間もの長い時間、種々の委員会や理事会で身を粉にして働かねばならないのです」。

概して参加の意味はいろいろ広く異なっている。「すべての組合で、理事であるか否かにかかわらず、会合に出席して多くの時間を費やしたい人が一人か二人います。タウンには触れまわり役やすべての問題への関与を望む人がおり、また一方では、退職してのんびりここに住みたい人々がいます。本当に理事会で働くことは報われない仕事ですよ」。多くのHOAにおいていえることだが、ボランティアによる自治の問題は居住者の興味と関与を維持すること

にある。「継続性が問題なのです。なぜならここに住む人々の多くは退職した人たちで、彼らは住宅所有者の会合やゲート委員会の会合、さらにこの会合とあの会合と一度に2年以上拘束されることを望まないのです。たとえ少しでものんびりした退職者の生活の邪魔になるためですよ」。

グループは理事会や委員会のメンバーとして直面する問題について議論することを熱心に希望している。大多数は上部の組合による仲裁のない、異なったHOA間での分裂にかかわりあっている。その地区の開発されてからの年月とサービスを基礎としているビザンチン式の複雑な会費構成は、常に憤慨と競争を引き起こしている。「それは難しいだろうし、また誰に話をするかにもよるが、如何にインフラストラクチャーが管理されているかという点では相当不公平でしょう」。古くからある地区は「インフラストラクチャーに関係のあることには参加しない」。例えば、ある新しい地区は団地の中間点にあるにもかかわらず、カントリー・クラブの近くのゲートの費用を全額支払っているが、それは単にゲートが建てられたときに建設中であったその新しい地区に費用を押しつけることが、たまたまできたという理由による。

まず第一に、数ある組合を共同して作業させるには困難がある。ある一つの警備会社が住宅地全体をパトロールしているが、不動産管理から庭の手入れまでの他のすべてのサービスは地区毎に別々の会社から提供されている。「もしあなたが皆に関係がある何かをしようとするなら、あなたは15の組合すべての同意を取り付けなければならないのです」。彼らはケーブル敷設契約をするだけで2年を要した。隣接する地区が同じ会社に樹木の手入れを請け負わせる時のように、時折、互いに境界を接する3ないし4の組合による小さな連合が形成される。「しかしここの人々は組合の自治にこだわる傾向があります。彼らは仕事で成功した人々であり、彼らは自分たちの小さい船をどのように走らせるかをよく知っていると考えていて、他の人たちが彼らの船をどのように走らせるかには注意を払わないのです」。

数年前に組合は住宅地全体に対する唯一の統治機関として、ゲート委員会をつくった。しかしながら、それは関心を抱く組合理事会の代表者だけで構成されている、まったく特別なものである。委員会は会計報告書を綿密に検査し、警備会社における問題や争点を再検討している。[1] 会合は冬の間は2週

第3章／パラダイスへのゲート

おき、夏の間はまったく開かれないという不規則さである。

ゲート委員会だけが夏に休暇に入る唯一のものではない。一時居住のセカンドハウス所有者の割合が高いことは、多くの仕事がいくつかのサービスさえ含めて夏の間は止められることを意味する。通年居住の退職者は、その地域を維持するのに比較的少額の権利しか持っていないと思われる一時居住者が、季節的に関与してくることに憤慨している。ある住民は「彼らは夏にここにいないのに『夏に咲く花はまったくひどい』」とでも言うようなものと不平を鳴らす。

ランチョ・ミラージュの住民は、米国の所得では全都市の上位15パーセントに入る平均42,000ドルの所得があるが、それでもミッション・ヒルズのライフスタイルの経費がかろうじて払えるという住民も時折いる。いくつかの組合にとってはこれは問題をつくるグループであるが、少なくとも一つの組合では、隣人としての配慮がその答えとしている。「我々が負担金を議決するとき、それにたぶん気軽に応ずることができない地区内のあるグループを常に考慮に入れており、そして皆のためになるように我々は調整を試みます。それは考慮に価する重大なことなのです」。

通年居住者と一時居住者との間の分裂、また組合間の分裂は、ミッション・ヒルズの社会生活には及んでいない。「はっきりいって人々は隣人同士がだんだんわかり合わねばなりませんが、人々がHOAによって決して縛られてはいけないと思っています。HOAに関係なく我々は皆がお互いにたいへん親密なのです。」とある男が説明している。ある住民にとっては、ミッション・ヒルズは小さな世界である。「あなたがここで数年を過ごせば、私の意見だが、ここがペイトン・プレイスのようになり始めるでしょう。すっかり打ち解けるようになって皆がしていることを知るようになるでしょう」。グループの残りの人はそのたとえを笑ったので、彼は素早く「私がそう言うのは、批判しているわけではないのです。」と付け足した。別の一人は「それはタウンの中でのタウンということのようですね」と同意した。

コミュニティと親しい交わりがライフスタイルの選択を中心に回っていると別の人が言った。「それはレクリエーションの関心に関係があることだと私は思います。ゴルフをする人はその仲間同士で集まる傾向があり、テニスを

する人はその仲間同士で集まる傾向があります」。

　結局、こうした男性たちは小さなタウンのコミュニティを見いだすためにミッション・ヒルズに来たのではない。彼らは刈り込まれた芝生、つくり付けの社交生活、多くのアメニティ施設を目当てにやってきた。それは豊かな退職者のリストであり、「ゲート、ゴルフ、テニスがあり、ゴルフカートで近所を回れてしまいます。私の日常使う自動車にまったく乗らない日が何日もあります。それは異質なライフスタイルであり、私はそのライフスタイルを買ったのです」。

ゴルフ・レジャー型コミュニティ

　多くの退職者向け住宅地がゴルフコースとレクリエーション施設を含むが、それらは高齢者用に設計された社会的環境を焦点にすることによって特徴づけられている。一方他の郊外の住宅地には、ゴルフコースやその他のレクリエーション施設を支持しうる可処分所得と興味をもつ、比較的若年層市場に狙いを定めたものがある。多くはリゾート用住宅地で、休暇に適した地にセカンドハウスを供給しているが、こうした住宅地を買う余裕のある米国人の数が増えつつある。

　エリート層向けのゲート付き邸宅地や巡回パトロール付きの退職者向け住宅地を見習って、これらのレジャー志向住宅地では狭い共有領域の考えをもたらすゲートを設置するものがますます多くなり、価値の共有を皆でするよりもむしろ自分たちだけの独占にしている。これらは、1980年代の高級志向の不動産ブームで生まれた、ゴルフ・レジャー型コミュニティである。最初にサンベルトで建設されたゲート付きのゴルフ・コミュニティは、次第に広がりシカゴや他の北部都市の周辺でも一般的となり、アイオワとミネソタでさえも開発されつつある。ゲートがカントリー・クラブ型ライフスタイルに向かう大きく堂々とした装飾つきの玄関となり、社会的地位と威信を演出している。

　排他的な住宅地に住むこと、あるいは休暇用住宅を所有することは今や豊かなライフスタイルの一部である。1992年には、全中流米国人のほぼ35パー

カリフォルニア州オレンジ郡のダブ・キャニオンにあるゴルフ・レジャー型コミュニティの入口

セントが、休暇用住宅を持つことを欠かせないライフスタイルの特徴として考えたが、これはその10年前より10パーセントも上回った数字である。[5] デベロッパーは平均的米国人にとって購入可能な住宅を建設することが難しくなっているとわかりだしているが、リゾート物件の市場には今でも需要の不足はない。この一つの理由は上位中流米国人が毎月2,000ドルから8,000ドル近くという非常に多額の可処分所得をもっていることである。

　結果的に、40代前半のまずは富裕な人々が、一年のほんの一時期だけ居住する高級不動産を買う余裕ができている。いくつかのより特化したゴルフ・レジャー型コミュニティには、セカンドハウス購買層向きに設計された、リゾート住宅地がある。こうした住宅地は、レジャー活動のための大規模アメニティ施設を備えて、通常はサンベルトに位置しており、長期間、住居に誰もいなくてもその間不動産を保護すべく設計された安全性を売り物にしている。サウス・カロライナ州ヒルトンヘッド・アイランドの住宅地はこの種のものであり、カリフォルニア州のランチョ・ミラージュやパーム・スプリン

ゴルフ・レジャー型コミュニティ

グス地区にある住宅地と軌を一にしている。別の種類に、フロリダ州ボカ・レイトンのポロ・グラウンドのような、スポーツ用独立住区がある。こうした住宅地にはトーナメント競技施設を備え、選手権試合に適したコースやフィールドがあり、住宅地自体が全国チャンピオン競技の主催者となることを誇りとしている。これらは価格帯の最高位にあり、念入りに仕上げた建物、警備所、保安システムを誇りとする傾向がある。

　緑地、クラブ、街路の出入りがすべて管理下に置かれる場合、「メンバーズ・オンリー」という異なる次元に入る。こうした住宅地の多くはゴルフクラブの他にテニスクラブ、複合スイミング施設、その他のレクリエーション施設を用意している。こうした住宅地を購入するのはゴルファーもいるが、それ以外の人たちはただ単にゴルフコースが提供する広大なスペースや豊かな緑を高く評価しいるのである。多くの場合、豪華なクラブハウスは特別な呼び物であり「まだ子供の頃特別な感じがして、誰でもが入れるわけではない特殊な限られたクラブに入りたいと思っていた頃を思い出しますよ。それはすべての始まりになるもので、あなたがこのようなクラブの話をするにせよ、あなたの大好きな近所のバーの話をするにせよ、すべてに役立つものです」。[6]

　カントリークラブ住宅地に居住することから派生する威信と帰属意識は、アピールの重要な要素であって、なぜこのように高い比率でゲートを設置するのかを部分的にせよ説明している。ただ少数の住民だけが実際にゴルフをする大規模な住宅地においてでさえ、クラブの雰囲気はゲートで始まり、住宅地全体を通って拡散されていく。ブラックホーク・カントリークラブはこのような住宅地の一例である。

クラブハウス：カリフォルニア州サン・ラモンのブラックホーク・カントリークラブ

　ブラックホークはサンフランシスコのダウンタウンより東に車でほぼ一時間の距離にあるマウント・ディアブロの近くの丘に横たわる4,000エーカー以上の土地に不規則に広がった、ゴルフコースを中心とした住宅地である。ブラックホークはシリコンバレーやサンフランシスコの富裕なベンチャーキャ

第3章／パラダイスへのゲート

ピタリストや投資家たちで急成長中の市場を新たに開拓するように計画された。デベロッパー、ケン・ベーリングはこの新経営者階層が自然環境を利用し、私的アメニティをさらに追加した新しい住宅パターンを必要としていると推測した。

結果は、クラブハウス、ゴルフコース、テニスクラブを備えた、美しく磨かれ衛生的な高所得層向けの環境となった。ゲートからすぐの距離にブラックホーク・センターが位置し、そこには高級ショッピング・センター、レストラン、シネマ・コンプレックス、商業オフィス、クラシック・カー博物館がある。この分譲地の住宅価格は300,000ドルから5百万ドル以上にまで及ぶ。この価格帯の最低線は平均所得が55,000ドルのこの郡では異常ではないが、住宅価格の大半は、これよりはるかに高い水準にある。警備員が配置されたゲート付きの正面玄関口のほかに、三つのより高価な分譲地ではそれら自体の警備員のいるゲートがあり、他のいくつかには無人の電子式ゲートがある。

ブラックホークについては不動産雑誌の記事になり、またジョエル・ギャローがその著書『周縁都市(エッジ・シティ)』で論じている。[7] それはプロ運動選手、芸能人、コンピューター長者、通常の上級中級経営者及び専門職のための住宅である。部外者もその住民も、これが新興成金の場所であると思っている。住民にとって、これは彼らが古くからの金持ちとカントリークラブの組合せよりも比較的高慢でなくエリートでもないことを意味する。ブラックホークの慎重につくられたイメージは排他的私的なカントリークラブのものであろうが、実際にゴルフをするのは住民のおよそ3分の1のみである。ゴルフをする人にとっては、職場に1時間かかるよりも、ゴルフコースに10分以内の方がよいのであろう。他の人たちは、スポーツやクラブ活動のライフスタイル、威信、また都市の雑踏から遠く離れているものの文化施設レクリエーション施設に近い立地、といった理由で買い入れたのである。

我々は重要な情報提供者の1人の家でブラックホークのライフスタイルを代表する人たちと会った。彼女と彼女の夫は5年以上にわたりこの住宅地に居住しており、この住宅地をよく知っていた。小さなグループが初秋の時期に居間で集まり、上衣を脱いで率直に語り合った。家は大きくなかったが、子育てが終わった世帯には、十分な家具や設備が整っていた。居間の外に小さ

ゴルフ・レジャー型コミュニティ

いプールがあったが、近くのゴルフコースを見ることはできなかった。何組かの夫婦のグループは少し遅れてきたが、皆が標準的な仕事後のカジュアルな服装だった。

　ゲートがブラックホークのすべてを支配しているように思われるにもかかわらず、恐怖と安全性は、その特徴を決定するものとはいえず、誰もがそれらをブラックホークを選択した中心的理由とはしなかった。彼らはカントリー・クラブ施設、ゴルフ、テニス、場所の外見や感覚、その評判によって選んだ。きちんとした身なりで日焼けしたゴルファーのアルが説明したように、ゲートは「私が住んでいる家とはまったく関係がないと思っているし、私はこの住宅地のもつ雰囲気と住む人々が好きなのです。それは私の個人的な好みに合っています」。彼の妻スージーはそれに同意した。「たとえゲートがなかったとしても、私たちは同じようにここを好きだと思うでしょうし、ゲートはまあ付随的なものでしょう。たぶん私たちはゲートがあった方がよいと言ったでしょうが、それが決定の要因となったとは思いません。もしゲートがなかったら引っ越して来なかったなどとはとても言えません」。

　ジョージとローラにとっては、協力なCC＆Rがもっとも肝要なセールスポイントであった。彼らは近郊のゲートの無い分譲地で何年も過ごし、庭の手入れに怠慢な隣人と、街路の自動車通行量とに悩まされていた。そのとき、既存の住宅を高齢者介護住宅として用いる提案があり、彼らの近隣住区（ネイバーフッド）がそれに反対した。彼らはそれを阻止できなかったが、また、それは彼らの我慢の限界でもあった。「それは管制（コントロール）の欠如でした。引っ越したところが自分の思っていた環境を維持することができなかったのです」。

　ゲートとそれが示す安全性に対する評価はあとからやってきた。「安全確保は、近年ますます重要になっていますが、住宅地が最初に建てられたときにはあまり重要ではなかったのです。」というある女性の言葉に皆が同意した。請負会社の経営者のある男性は、自分の賛否をはっきり言った。「私はゲートを取り除こうとは思わないし、私は出入りを制限する考えが好きです」。彼はライフスタイルと厳格なCC＆Rがあるためにここに引っ越してきたが、引っ越して来た後に、保安が「本当に重要事になり始めた」ことに気付いた。ジョージによれば、ブラックホークでの保安は「路上で誰かに会って彼らに問題

第3章／パラダイスへのゲート

がないと認知することから始まる」と言う。ローラは唯一心配するのは豹(ピューマ)だと言い、「サンフランシスコとはまったく違います。私はあそこの路上ではたえ日中でも誰とも話をしないでしょう」。

クラブハウスのコミュニティ

　我々が訪問した他の大規模ゴルフ住宅地と同様に、お互いの交流は、クラブハウス、ゴルフコース、テニスコートといったレクリエーションに集中しているように思われる。ある人々にとっては、これらがコミュニティをつくることとなっている。「私たちはともにプレーする人と一緒に人生を楽しんでいるのです。それでコミュニティの意識をもつようになるです。」と、ある女性が説明した。「私たちがブラックホークに住んでいるからこそ、コミュニティ中の人々と友人になれたのであり、[もし他の場所に住んでいたなら]こんなに多くの人と出会い、こんなに多くの人と友人となれたかどうか疑問です」。

　別のある女性はブラックホークには親しみのある隣人関係があることに同意するが、彼女の夫は異を唱え、「ここに本当の友人がたくさん居るのかな」と言った。気まずい沈黙の一瞬があった。この夫婦は、自分たちが非常に忙しく、通常週末にはここを離れてしまうと手短かに説明した。

　出入りの制限は内部に居る人すべてが事前に承認を得ていることを保証し、レジャー・アメニティ施設は少なくとも隣人同士の小グループの会合場所を提供している。またもし二つのゲートのすぐ内側で生活することに満足できないなら、もっと内側に引っ越すことも容易である。自分がどこの都市で働いているのか、自分がどんな職業についているのかさえ我々に告げるのを拒んだある男性は、明らかに最小限の接触しか望んでいない。その彼がいうように「ここは本当に独立したグループで、自分のことに集中できる仕組みになっているので、ブラックホークの中にいても、本当に何のコミュニティ活動に参加しなくとも済ませられます」。

　ブラックホークは単なる近隣グループではない。それは、自身のHOAとその理事会、自身の規則と警察を持ち、また自身のインフラの保有とその維持を行う小さなタウンと同等の組織である。そのうえブラックホーク内におい

ゴルフ・レジャー型コミュニティ

ては、厳格な制限、総合計画、高所得が、平均的なタウンにある政治の厄介ごとを回避させてくれることを意味している。組合の会合は出席率がよくなく、たいていの住民はタウン内部の政治から遠ざかっている。これらの住民にとって、この関与の欠如は一方で環境がよく管理されていることを意味している。たぶんブラックホークのような富裕なゲーテッド・コミュニティは、他のコミュニティが必要としているコミュニティの舵取りをあまり必要としないことを意味し、建築業者のジムが自ら進んで行っているだけである。住民は関与する必要をほとんど感じない。警備会社、不動産管理会社、補修会社がすべての面倒を見るために雇われ、住民は何もしなくてもよい。

　もしブラックホーク内の人々の接触が稀薄に思われるならば、隣接するダンヴィル市や他の外部社会との接触はいっそう稀薄にさえ思える。「私はいろいろの地区を含むダンヴィル市全体の一員とは感じておらず、その一部分であるブラックホークの一員としてしか感じていない。」と、ある住民が言った。子供がいる人たちはいっそう関与する必要があると皆が一致するが、彼ら自身は関与はしないし、そのことに言い訳もしない。彼らは地元の政治家や地方政府に対し深い憤りを抱いている。ある男が隣のタウンにある、目立った設計のうえ極めて高額の新しい市役所に言及して、彼はエゴと浪費についてひとしきりの激しい苦情の念を爆発させた。

　彼らは自分たちが属する郡の有用な税金や債券発行に賛成投票することを嫌であるとは言わず、そろって自分たちの投票しない権利を即座に擁護する。「それは特権だ。」と、ある男性が言う。債券発行や増税の理由の如何を問わず、彼が考えるのはブラックホークという私的な仮想のタウンがその境界線内で同等のサービスを提供する可能性である。「ゲートは私たちに選択権を与えており、私たちはどちらを選択しても罪悪感を覚えなくてよい」。

　これらの人々は立腹した有権者であり、政治を白眼視し、コミュニティへの資金拠出に嫌気がさしている。「政府がいろいろな問題の解決や、有権者から事を為すために託された権限を行使してきた方法に、人々は嫌気がさしているのです。なぜなら今迄非常に不当に金が使われてきているのに私たちは未だに実際にどのように金が使われてるのか管理できないからです。私は権利を剥奪されたように感じています。もし法廷が犯罪人を野放しにし続けた

第3章／パラダイスへのゲート

り、それらの人々を告訴しないままにしたり、いまやっているように金を費消しようとするなら、私はもう我慢できません。また、もし私がどんな管理もできないなら、キャンペーンをはって私は自分の生活の仕方をもう少し管理できるところに身を置くようにするつもりだと言いたいのです」。

連邦政府で働くある女性は同様の憤慨を表している。「私は他人に与えることにもううんざり、本当にうんざりです。これを終わらせる時が来るべきで、自分自身のこと退職のことを考え始められる時が来るべきです。昔は私も他の人のために事をするのに賛成していましたよ」。

我々の会話の後で、彼女の夫は彼女の姿勢をこう弁護している。「あなた方はより大きな場面やそれに関与することから身を引かれている上に、多分経済的に悪い環境や、たまたま起こる何かに対してはお互いに押しつけるようになさるでしょう。しかし同時に、あなた自身が投票者なら、あなたは州政府の立案と州民の立案、さらにそれぞれに対する州民投票に関与されており、税金を支払われ、スリー・ストライク・ユーアー・アウト［3度の重罪を犯した犯人を生涯監禁するというカリフォルニア州で議決された議案］をたぶん支持され、移民に反対するキャンペーンにもたぶん活発に運動されておられるのでしょう。あなたは問題の核心にかかわり合い、そして毎日それを見守らねばならぬのではないでしょうか。もしあなたがそれに気付かれるなら、選挙を介して州や地方政府に依然関与しておられることになり、あるいは、もしあなたが活発に選挙運動をしておられても、同じことをしておられることになるはずではないのでしょうか」。

不快な大都市地域から隔離されたブラックホークにいることが如何に楽しいかを繰り返して強調する一方で、このグループは依然外部の社会と接触をたち切ってもいないし、身を引いてもいないことを我々に納得させようと決めたようであった。ある人が、「私たちは勝手に日々外の社会に出歩くことで、自分を隔離させていないし、生活全体をゲートの内側にあるものを中心に廻すようにもさせていません。私たちはそれを無視できないし、また、外部を無視していないはずです。」と言った。しかしその夕方、彼女は別の場所で、外部の社会で働くことに対する彼女の反応も述べた。「私はサンフランシスコに行くことが好きではありません。私はサンフランシスコではまったく快適さ

を感じないのです。私はオフィスに着いてから、家に帰るまで自分のオフィスビルから一歩も出ません」。彼女の夫も昼食時には自分の働くビルから思いきって出ることは出るが、「ここに戻って来るとほっとして安心します。人は時折、非常に嫌な目に会うでしょう。それは古い堀のある城のようなものです。あなたは自分の場所に戻って、やっと安全に感じるのです」と彼は言った。

　主人役の女性は我々に、内側に居座ったまま、ほとんど外に出ない人がブラックホークには多くて、その人たちが思い切って外に出るのは、通常はゲートのすぐ外にある商店街に向かう時だけであると言った。また彼女は家庭に小さな子供たちがいた頃は、同質的な環境をそれほど欲しくなかったから決してブラックホークへ引っ越そうと思わなかったが、今では引っ越して来る人がたくさんいると言った。

管理

　ブラックホークの要諦は管理にある。ゲート、警備員、規則はすべて不意打ちや意外なことがない環境を作る。呼び物は「カオスのないことであり、それが構造に組み込まれている」ということである。これはすべての人が同意することである。「何が期待できるかをわかっている場所に入って来て、一日のひとときを過ごすのは素敵なことです。それは頼りになり、落ち着かせてくれるところです」。

　ある男性にとっては、その維持と外観に対する均一性と厳格な管理が彼が高く評価する快適さをつくり出している。「私はそれがゲーテッド・コミュニティにたくさんあると思いません。それは規律あるいは職業倫理を望むのと同じであり、それを何と呼ぼうとするにせよ、コミュニティ全体に一貫性があることを望むのです。それは人種や民族性に関係なく、共通の絆(きずな)をもつ人々と常に一緒にいることを自覚させます」。彼の妻はいっそう複雑な気持ちを持っていて、厳格な管理が一方では夫や彼女が大目に見てしまうことについてさえ厳格にしたい類いの人を引き付けていることを指摘した。例えば、飼い犬が吠える問題や、「不道徳」な隣人がいることである。

第3章／パラダイスへのゲート

　グループはそれら規則によって不便をかけられてはいるが、それらの規則を歓迎しているいろいろの話をして、利点が問題を上回っている、と彼らすべてが断言した。
　管理は不動産の外観だけでなくそれ以外の個人行動にまで及ぶ。ゴミ箱は特定の時間にだけ出しても良いこととなっており、キャンプカー、商用車や路上駐車は一切禁止で、選挙などの戸別訪問は厳格に禁止されている。貧困層のために食料奉仕運動があったが、それは正面入口で実施された。ブラックホーク・ガールスカウトでさえ、ゲートの外側でものを売らなくてはならず、入口で許可を待っている自動車にクッキーを売り歩く。それはプライバシー問題である、とある住民が言った。「皆が自分で独立しているのであり、相互交流をするべき人と時間を選択する権利を持っています。誰もあなたが体験したくない環境を押しつける権利を持ってはいないのです」。ゲートの内側は神聖不可侵なのである。

小さなタウンへのノスタルジア

　最近ウェストバージニアを訪問してきた住民は、そこの小さなタウンでどれほどコミュニティ精神によって感銘を受けたのか詳しく話した。彼はブラックホークが同類であると考えている。「ここは人工の施設ではあるが、昔の米国中部の小さなタウンが持っていたものを、そっくり複製した環境をつくりだした」。グループの残りの人々も熱心に小さなタウンとの類似性を拾い上げていた。
　ある人は決して玄関に錠を掛けたりせず、そこのすべての人と馴染み合っており、真のコミュニティ意識を感じる田舎のモントレー郡で育ったことを思い描いていた。もうひとりの人は、ブラックホーク地区が、郊外へのスプロール化によって変わってしまう今から25年前は、小さなタウンに居る感覚がもっとあったことを思い起こした。ゲートと総合計画(マスタープラン)を備えたブラックホークは、彼らにとってその感覚をしっかり保持する方法になっているように思われている。その成長の限界が決められており、そのクラブのメンバーは限定されているため、多くの見知らぬ人によって圧迫されたり取り囲まれた

ように感じることは決してないだろう。

　小さなタウンとしてのブラックホークのイメージは、住民の共有価値の一部である。彼らは何が期待できるかや、望むならショックを受けることができる場所までわかっている。ある住民は、彼女が前に住んでいた郊外で一度も市議会の会合に出席したことがなかったが、今やHOAの会合に定期的に出席していると説明した。「たぶんそれはほんの少し時間のやりくりがしやすくなったためと、ここでは曖昧なことは議論されず問題のありかを見つけることがすぐできるからでしょう」。

　部外者にとっては、ブラックホークは小さなタウンというより排他的なクラブのように思われるかもしれないが、その住民にとっては、それは彼らが今日の世界でやっと発見できたと考えているコミュニティに最も近いものなのである。

ゲート付きニュータウン：商品化されたコミュニティ

　大規模な総合計画型住宅地は常にコミュニティかタウン独自の風味を出そうと試みてきた。またそれは住宅購入者にいっそう「完全なパッケージ」を提供するようになってきているが、住宅デベロッパーは防護施設以上のものを売る必要に直面しているためである。彼らは慎重に計画された環境の中の単なる住居だけではなく、総合的な生活技術を売り込むのである。これがライフスタイルとしてのニュータウンとなる。広告や複雑な設計とアメニティ施設に反映されているように、彼らが売っている商品は単なる住居ではなく、コミュニティなのである。

　この大規模な建築様式は住宅市場で今や主力となってきている。南カリフォルニアにある２社、ニューホール・ランド・アンド・ファーミング・カンパニーとアーバイン・カンパニーは、この様式を見つけ都市全体に似せた住宅地を建設した最初の企業であった。ホーム・フェデラル・セービングス・アンド・ローンのような大型な公共企業が、学校、公園や、類似のアメニティ施設を含む完全なタウンを建設するために、その巨額資金の相当量を投資し

第3章／パラダイスへのゲート

ている。カリフォルニア州オレンジ郡では、主要なデベロッパーが、最大で40,000人の住民を抱える、完全な都市を建設している。ディズニーはフロリダ州オーランドの近くでセレブレーションと名付けた独自の都市を築いている。1990年代中期には、このような何百ものプロジェクトが全国で建設中であった。住宅が商品化されたが故に、コミュニティの性質も商品化されたのである。

　ゲートや壁、あるいはその他の管制地点は、多くのこうした住宅地の一部をなしており、一括販売パッケージの一部でもある。より最近のニュータウンには、最も高価な住宅に排他的地位を保証する、ゲート付き分譲地「ヴィレッジ」がある。こうした区域は三つのタイプに分けられ、一つは時折ゲートが付けられる高密度のタウンハウスによる「都市型」ヴィレッジ、二つ目はゴルフコースや湖の周りに建てられた、ほぼ例外なくゲート付きの「高級」ヴィレッジ、三つ目は、最高レベルのアメニティ施設や警備所をもつセカンドハウスの住宅地として設計された「リゾート型」ヴィレッジである。(8) ゲーテッド・コミュニティが一般的になっているカリフォルニア州やアリゾナ州のニュータウンは、中間価格帯区域においてもゲートを設置している。

　カリフォルニア州レッドウッド市のレッドウッド・ショアーズは、サンフランシスコ湾の水辺地帯にある、アパート、タウンハウス、単一世帯用住戸による総合計画型コミュニティである。広くかつ分離された街路は、ガラス張りの中層オフィスビルのそばを通って、小川や運河の周りに並んだ居住用住宅地に行き着いている。レッドウッド・ショアーズの分譲地のうち二つはゲートが設置されている。一つはレイクショアーズ・ヴィラで、中間価格帯の住宅地であり、もう一つはショアバード・アイランドで、高級タイプのもので、完全に水流で取り囲まれた私有のゲート付きの橋によってのみ出入りできる単一世帯用住戸団地である。

　ネバダ州ラスベガスの外側にあるグリーン・ヴァレーは、2005年までに60,000人の住民を擁することとなる総合計画型住宅地である。壁はグリーン・ヴァレーの全域にわたってあり、それは総合計画における入念な仕様書によって、建て方、高さ、デザインが決められている。CC＆Rは如何なる場合でも住宅所有者がそれらを変えることを禁じており、裏庭の壁に通り抜け口を設けることさえ禁止している。不動産の販売業者が「ここは安全です。清潔です。

ゲート付きニュータウン：商品化されたコミュニティ

そしてすてきです。学校は良いし、犯罪発生率は低い。まさにお客様がお探しのものですよ。」とアピールする。(9)

　グリーン・ヴァレーの最高級の区域には、壁もゲートもある。住民である10歳の少年は、「警備所の中の警官」に電話をしないと友人たちが彼に会いに入ることができないと不平をこぼす。しかしそれでもグリーン・ヴァレーの壁とゲートは住宅地を完全に安全な状態に保つことはできない。近年、このコミュニティは連続的にレイプ、強盗、家庭内殺人、学校での麻薬、近くの化学プラントから垂れ流された塩素ガス中毒といった事件を経験した。(10)

　カリフォルニア州サンノゼのシルバー・クリーク・ヴァレー・カントリークラブは、自給自足型のニュータウンの典型である。1,500以上の住戸が計画されていて、24時間体制の警備所の内側に多くのアメニティ施設がある。最終的には、公立小学校やいくつかの商業用施設を建設するが、住宅地の外部で生活する人には別の進入口を用意している。その販売に際しては決してゲートや安全性には言及せずに、レジャー・アメニティ施設のみを強調している。ゴルフコース、テニスクラブ、カントリークラブにおける株主会員権は、住民にだけ入手可能である。価格帯は30万ドルのタウンハウスから、50万ドルから70万ドルの土地付き住宅、さらには最終的に百万ドル以上と予想される注文建築住宅にまで及ぶ。分譲地のうち二つは、その区域内にさらに内部のゲートがあり、周囲のフェンスはその個別の区域と住宅地全体を取り囲んでいる。保安はほんの数十軒の家が入居した初期から厳しく、住宅を購入しようとする客は外側にある情報センターに登録せねばならず、ゲートの内側にいる間は常に通行証を所持せねばならなかった。(11)

地上の「楽園」：カリフォルニア州キャニオン・レイク

　キャニオン・レイクは南カリフォルニアのニュータウンで最新のものではないが、こうした形式の最上級の事例である。デベロッパーは、ショッピングセンターと商業オフィスビルをはじめ、多くの都市アメニティ施設を組み込んだ。それには他のニュータウンのように、一定範囲の住宅形式があり、面積、様式、特に所得水準によって区別されている。またキャニオン・レイク

カリフォルニア州キャニオン・レークのニュータウン
スコット・ロビンソン／NYTピクチャーズ提供

はその住宅用地がフェンスとゲートで完全に囲まれた内側にあり、大きな郊外住宅地において拡大する傾向の最も古い事例である。

　キャニオン・レイクは1万人以上の住民がいるゲーテッド・コミュニティであり、独立法人化されたタウンでもある。それ自体が「楽園の一部分」として宣伝されているが、人がゲート付きの都市で予期しがちな高級住宅地ではない。キャニオン・レイクは上流向けの要素をもっているが、常に一定範囲の社会経済的グループを有してきて、その住民には消防士、警官、学校教師、技師、セールスマン、退職者、大工、専門技能職、不動産業者などがいる。

　彼らは南カリフォルニアの砂漠のオレンジ郡のおよそ60マイル東方にある、15マイルの岸辺をもつ人工湖の周りの美しい環境で生活している。キャニオン・レイクは中間所得層の都会人たちがロサンゼルスから離脱する傾向に対応して、安全性の高いレクリエーション住宅地として民間デベロッパーによ

ゲート付きニュータウン：商品化されたコミュニティ

ってほぼ25年前につくられた。ゲートは後に一時居住者を引き付けるために設置されたのであり、事実、当初は住宅地は部分的にフェンスで囲われていただけであった。永住用住宅が増加するにつれて、住宅地をそのそばにある厄介な低所得層が多いエルシノア市とペリス市から分離するため、いっそう頑丈なフェンス設置と保安に対する要求が増してきた。1990年には、キャニオン・レイクはほぼ完成されたが、その居住者は地方政府にフラストレーションを募らせ、また恐れた。彼らは私的な地域コミュニティに居住しているのを信じ、また彼らの将来の運命を完全に支配していると信じて、彼らはゾーニング問題に対して郡政府が時折介入することに憤慨し、またエルシノア市やペリス市がキャニオン・レイクを編入しようと試みる可能性を恐れた。彼らの回答は自らが独立法人となることであった。

キャニオン・レイクは1991年に完全に独立した市となった。新しい市はほとんど税制の基盤となる大口納税者を持っていなかったが、それは別に必要とはしなかった。不動産所有者組合（POA）が事実上の政府であり、会費によって7百万ドルの予算を有していた、一方、市はたった百万ドルの税収をあげたのみである。市政府は政府間の関係事項に責任をもち、POAのフェンスで囲われた領域の外にある小さな法人化した土地と、エルシノア市との契約により雇い入れた小さな警察力に責任を負った。POAは、街路、公園、樹木の維持管理、スピード制限の設定、罰金の課徴、民間保安パトロールの監督、CC＆Rの執行、ゴルフコースやいくつかの小企業体の運営、といった他のすべてのことを行っている。フェンスの内側では、シティ・マネージャーのジェフ・ビューローがいったように「POAがすべて牛耳っている」のである。

ゲート付き都市での問題

我々が訪問したときは、ジョン・ギーがキャニオン・レイク市長であった。彼はある種の強烈さを発散させるが気安さが魅力の若者であり、明確な視点をもった態度でコミュニティに尽くすことを約束している。彼はキャニオン・レイクの中にある、古代の遺物かも知れぬ、50年代に流行った郊外住宅地を舞台としたTVドラマ『がんばれビーバー (Leave It to Beaver)』のようなライフス

第3章／パラダイスへのゲート

タイルを残した中規模の保護区を、市民活動家として支援しているのではないが注視していて、そのままにそのように保護区を保存していくことを望んでいる。彼はこの土地と人々が好きであり、このタウンは自分の2人の子供たちの養育にとって完ぺきな場所である、と信じている。

しかしながら、キャニオン・レイクは成熟を続けており、ギー市長は年月を経た他の郊外住宅地と同じく犯罪や青年非行の増加、高齢市民やその他に対する社会サービスの増大といった問題を抱えていることを知っている。市には数年間で4件の殺人事件があり、オレンジ郡やリバーサイド郡の中流階層の郊外住宅地とほぼ同じ強盗発生率を示している。ひどい落書きはますます増加しており、住宅地の周りのフェンスは容易に侵入が可能である。キャニオン・レイクが大きいがために、三つのゲートの通行許可証は、数が多すぎて警備員が出入者の識別を完璧に行うことを不可能にしており、無許可のドライバーの出入りも完全に阻止されているわけではない。

POAの専務理事、マーティー・ホールはゲートがキャニオン・レイク住民にとってますます重要になりつつあり、たぶん重要過ぎるほどであると指摘する。「ゲートは人々にたとえ上辺だけでも安心感を与えます。いく人かの住民はゲートを通り抜けるとリラックスするといっています」。彼はこのことを「100パーセントの安全はない」ためかえって心配している。彼は、タウンの一万人がゲートの外の場所と同じすべての問題をもっていることを認めて、この区域での殺人やその他の犯罪の発生を示した。「同様に、我々は処理すべき麻薬やその他の問題をここでも抱えています。ゲートは外の社会を完全に締め出しているわけではないのです」。

問題のこうした現実はキャニオン・レイク災害対策委員会の会合において明らかにされた。ボランティアのコーディネーターの1人で活発な高齢の女性が、二つの事前に準備した報告を行った。彼女の最初の報告は災害および緊急時の補給についてであったが、在庫と経費についての短い議論の後、彼女がそこで述べた緊急備品と食料品に対する盗難を報告した。泥棒は倉庫の錠を取りはずして、発電機、寝具、その他の材料を盗んだようで、ボランティアたちは誰が錠を取りはずしたのか探ろうとしていた。「これは明らかに内部犯行罪です。」と彼女が考えを述べた。「コミュニティのボランティア全員

ゲート付きニュータウン：商品化されたコミュニティ

にこの金具に注意するように依頼しました。我々は数名の子供たちがこの金具の材料を持っていることを知っており、両親に住居やガレージの周りに何か目新しいものが見つかれば報告するように依頼しました」。これで最初の報告を終わった。

彼女は次ぎに応急処置とボランティア訓練についての報告を行った。ボランティアによる作業と彼らの訓練に対する短い議論の後、彼女は会合に次の事実を報告した。「私たちは目下のところボランティア訓練を続けることができません。誰かがビデオプレーヤーをこの建物から持ち去ってしまったのです。私たちは訓練プログラムにビデオを利用していますが、クロゼットから盗まれてしまったのです」。彼女は後ろのドアを指し示して、「同じく応急処置のクラスも中止されます。」といった。

人々は盗難に関する二つの報告が、ゲートが設置され警備員の配備されたコミュニティにいろいろの論議とろうばいさえももたらすだろうと考えたが、報告は無視されてしまった。シティ・マネージャーは眉をつり上げ、警察署長は頭を揺すった。しかしいずれの報告にも質問をしたり驚いたりする人はいなかった。警備員が巡回するゲートの内側では、重い装具が市有施設からくすねられていたのに、何らの反応もないのである。

ゲートの内側の子供たち

バス停の中学生のグループが、自分たちのタウンの長所短所を喝破してくれた。騒々しく、元気が溢れ、ジーンズを身につけて、バックバッグを担いだ彼らはどこの郊外にでもいる子供のように見えた。彼らには我々を見知らぬ人として恐れたり用心する素振りがなかった上、彼らは話すことに好奇心を抱き、かつ熱心であった。タウンの周りのフェンスはほとんど防壁になっていないことに彼らは皆賛成した。ある背が高い少女が言ったように、「そこは穴だらけで、誰でも通り抜けられるのよ」。小さな少年は「僕はいつもそこから入ったり出たりしているんだ。」と自慢した。

黒髪の少女がPOAによる民間保安パトロールを指しながら「フェンスはあの新参のウェルズ・ファーゴの警官のようにタフではないのよ。」と言った。

第3章／パラダイスへのゲート

　彼女はウェルズ・ファーゴの警官が昔のピンカートンの警官よりずとタフ、それも不必要なほどタフであると付け足した。子供たちの全員が新しい警官を好きでないことで一致した。しかし、たとえ保安パトロールよりも怖くはないにしても、フェンスは少なくとも何人かの「こそ泥」を締め出していた。

　ほとんど皆がゲートを好いていた。彼らの視点では、それは必需品であり、住宅地内の街路を安全にしておく手段であった。「私たちはここが外の世間と同じようになるのがいいと思わないわ。」とある少女が言った。外の世間とは街路も安全ではない「ギャング地帯」と思っているエルシノア市であった。良くないことがフェンスの内側でも起きたかどうか尋ねると、子供たちは最初は一瞬当惑した後に、「もちろん」と言った。「ここでは殺人事件さえあったよ」と、少年たちの1人が進んで申し出た。子供たちはキャニオン・レイクにはギャングがいないが、「いく人かの子供たちが悪事にはまり込む」ために、依然夜間外出禁止令が行われていると答えた。

　少数の者はフェンスやゲートがわずらわしいものであると思っているが、彼らの苦情の大部分は郊外のどこにでもいる子供たちのそれと同じであり、関係が無い、たむろするところがないとか「ひどくいやな」奴であると言う。彼らは行くべきショッピング・モールを欲しがっているが、何か他のものとでもよいのかははっきりしなかった。彼らにとってはキャニオン・レイクでは安全であり、ゲートの外の世間は懐疑心と多少の恐れをもって見る別の社会であった。

近隣住区ではないコミュニティ

　ギー市長の見解では、キャニオン・レイクは近隣住区ではなく、コミュニティである。彼は理由を「ここのデザインは非常に郊外的で、隣人愛を減退させているようです。住民はいろいろのイベントを通して人々に会うのであり、裏庭でのフェンス越しの会話によってではないのです」と述べた。それは歩道もない典型的な低密度の郊外である。広くカーブした街路は、市内の移動がたとえ近くの隣人を訪問するときでさえ、徒歩でなく車での方が容易なことを意味している。それでも、市長もシティ・マネージャーのジェフ・バ

ゲート付きニュータウン：商品化されたコミュニティ

ッツラフもここのコミュニティ精神が注目に値すると考えている。

　ジェフ・バッツラフはこの屋敷町の人々が、自分たちの経歴に関係なく、容易に紐帯を築くと主張している。50以上のクラブと部会があり、コミュニティ精神はどちらかと言うと、隣人関係よりその組織や部会を通じて生成されていると言う。彼によるとその理由は、住民の多くが共稼ぎ世帯であって、ロサンゼルスやオレンジ郡あるいは遠くサンディエゴの職場へと、それぞれの方向におよそ100マイルもドライブするためであり、彼らは週末だけか、あるいは決まったグループ内でだけで相互に交流する機会をもつからである。それにもかかわらず、ジェフは「彼らはここに深く関与しようとしている人たちです。もし委員会が必要ならば、ここには大勢の活動家がおり不自由はしません。概して彼らは退職者かボランティアです。」と述べた。その多くの人はキャニオン・レイクにある広大で比較的豊かな中流階層の退職者団地からやって来ている。そしてボランティア主義は、市の歴史的基礎の一つであって、ボランティアがゴルフコース開発を手伝い、多くの街路の草木を手入れしたり、また灌木の剪定などの労役を提供した。市民としての関与が住民に常に期待されており、負担が広く割り当てられているため、人々は一般に参加することをいとわない。しかしながら、住宅の主が替わるにつれて、より最近の比較的豊かな住民は市民としての関与に対して同様の意識を共にしなくなったようである。ジェフは住宅地周辺をドライブしながら、新規居住者たちが「フェンスだけのために」ここにいることを認めた。

　POAの専務理事、マーティー・ホールは住宅地の社会的組織が最も重大な要素であると言う。「いろいろのものが物理的には皆適切な場所に配置されています。」と彼は言う。従って彼はコミュニティ精神をもっと多くの住民に吹き込むべく努力するのが自分の主要な仕事だと思っている。シティ・マネージャーも彼もキャニオン・レイクが、ボランタリー主義の強い感覚をもった緊密かつ友好的なコミュニティであるということで一致するが、どこでもあるようにいく人かの人々だけが常に関与し、いく人かは決して関与しないことにも同意している。

　またキャニオン・レイクの住民は、そのフェンスやゲートが示すものよりも周辺地区と関係を持っている。彼らはエルシノア市で買い物をし、食事をし、

第3章／パラダイスへのゲート

学区を共にし、地方政治運動に活発である。キャニオン・レイクの初期住民の多くは、市制が敷かれるはるか以前に、地方政治の場に自らの立場を確立して、より大きなコミュニティの組織に結合している。キャニオン・レイク市民と近郊の住民との間の相互交流は概ね良好であるが、上流の貯水池でのジェット・スキー、市境界線に隣接する地区の海岸でのゴミや騒々しい音楽といった事柄での対立は多く行き過ぎになりがちである。またこれらの問題はゲート内部の多くの問題と同様に、青少年に関係するものが多い。マーティーの他の主要な関心は、子供たちとティーンエージャーのためのレクリエーション活動やその他のはけ口をいっそう充実させることにある。

ゲートはすべての問題を締め出すことができるわけではなく、またフェンスの内側で起こる問題の解決には役立たないが、大多数の住民は、この出入りを管制するシステムたる物理的境界線に信頼を寄せている。しかしマーティー・ホールは本当に大事な仕事は社会的責任とコミュニティ構造を発展させることにあると知悉している。常にフェンスは十分に高くなったことはなく、ゲートも十分に強くなったことはないし、また今後もならないであろう。

ライフスタイル型ゲートの内側のコミュニティ

ゲートは、ライフスタイル型コミュニティの社会環境の満足度を高める。保安設備があるため、人々は住宅地内で見かける人は誰もがそこに住んでいると思ってしまう。隣人同士がお互いを見知っていないこともあろうが、それでも自分たちと接触する人は「隣人のうちの一人」と当然予期する。多くの回答者は、この限定された隣人意識がレジャー団地には適切であると答えた。すなわち、ゲートの内側の人々が特にブラックホークや同様のクラブ様式の住宅地においては、皆同じ社会経済グループの一員なのだという認識である。それ故に我々すべてが夢見る良いコミュニティの基礎となるものの一つである信頼を、ゲートの外側よりもゲートの内側に見いだすことがより容易にできるのであろう。

また警備員付きゲートの内側に幸福と隣人愛を見いだすこともできる。た

ライフスタイル型ゲートの内側のコミュニティ

いていのゲーテッド・コミュニティでは、住民が一般には自分たちのゲーテッド・コミュニティの組織と社会へのプレゼンテーションに満足していることを、我々は見いだした。我々によるフォーカス・グループとのインタビューでも、ライフスタイルの同質性が達成されていることが示されている。同時に、我々の調査は現存するコミュニティ意識が一過性のもので、共通の利益と所得水準にのみ基づいていることを示している。コミュニティのメンバーはお互いに強い約束をし合っているとは思っていない。彼らが目標をコミュニティとしてよりも、むしろ個人で共有するために、彼らの生活スペースを共有しているのである。退職者型、ゴルフ・レジャー型、ニュータウン型のゲーテッド・コミュニティはすべて人工の創造物、偽りのコミュニティである。それらはあらゆる点で本来のコミュニティというより、どちらかと言うと後でつくったコミュニティであるが、それでもその住民の要求の大部分を満たしている。

人々が居住するコミュニティは区画、近隣住区、タウンまたは市、地域、国といった多くのレベルに存在する。ライフスタイル型コミュニティの住民の一部は、安全な本拠地とHOAの組織化が、他に時間を費やす以上に、ゲートの外側のコミュニティに関わりあう機会を多くしていると主張する。別の者は自分たちが外側の社会をより一層簡単に無視することができるし、またそうしていると非難する。現実はこれらのいずれの見方よりもいっそう複雑なのであろう。

ランチョ・ミラージュ市の上級職員は、それを以下のように記述している。

> 私はゲートの内側に住民の少なくとも60パーセントがいるコミュニティで働いているが…、ゲーテッド・コミュニティは同質の性格を持ち、人々が相互に関係し合う理由を持ち、コミュニティにたいへん積極的に関与することを引き受ける指導者を選んできた。私はHOAを2ダースも担当しなくてはならず、議題をもち会合にやって来る人に私は毎日応答しなくてはならない。私がそこに見いだすのは、開かれた近隣住区によりも政府に多くの要求をする手ごわい人々の集団である。[12]

彼はこの関与を一部では犯罪への恐れ、一部では彼らの経済的投資の責に

第3章／パラダイスへのゲート

帰している。彼らの活動や組織にもかかわらず、住民は自分たちの間ではめったに連合を組まない。彼らの利害は彼ら自身だけのものなのである。

隣接するパーム・スプリングス市から来た政治指導者がゲーテッド・コミュニティの公民意識について少し異なった見方を以下のように表現した。

> ランチョ・ミラージュとインディアン・ウェルズにおける行動主義の理由は、住民が富裕で、彼らの声を他人に聞かせることに慣れていることと、彼らが退職していて時間を持っていることだ。またゲーテッド・コミュニティは、住民がコミュニティと一体となっているため、その要求を表明することに、いっそう強力な投資をしていることだ。近隣住区は過去にその種の忠誠心を引き出し尽くしてしまったらしい。歴史を通して個人と居住している場所の間には、常に帰属と共有される運命の感覚があったがすでに失われたようだ。ゲーテッド・コミュニティはそれに取って替わっている。私はそれが帰属の願望に対する市場の回答ではないかと考えている。ゲートと同質性は共有される将来の運命と不動産価値の［共有される利益］の意識を強固にしているのである。[13]

ライフスタイル型ゲーテッド・コミュニティの市民が、他の人たちよりいっそう広いコミュニティに参加している可能性について、多いというのと少ないというのと相反する報告を聞いた。彼らは私的レクリエーション施設、街路、公園、保安を備えたゲート付きの独立住区に住んでいるがために、参加の必要はより少ない筈である。パーム・スプリングス市での商工会議所会頭が我々に「私はゲーテッド・コミュニティがここのコミュニティ自体から住民をより遠くに離れさせていることに気付きました。ゲートの内側で起こることと、より大きいコミュニティで起こることの間の関係を少し見失ってしまっているのです。」と話した。[14]

ライフスタイル型住宅地はコミュニティの接触に理想的な基盤を提供することを意図している。キャニオン・レイクの場合、こうした接触は活発な住民管理により育まれている。ブラックホークでは、それらはゴルフコースとテニスクラブの周囲から現れ出ている。ミッション・ヒルズでは、活動とアメニティが高齢者の共通利益を中心に回転してそれらが生まれている。それ

ライフスタイル型ゲートの内側のコミュニティ

ぞれの住宅地タイプがコミュニティの理論的根拠を異なる方法で表現している。それぞれの住宅地において、ゲートは帰属と保安の感覚、そして多分排他性の感覚さえも付け加えている。それは、その内部にライフスタイルを遮蔽して守っており、一まとめしたアメニティを完成させているからであろう。

　確かに、不動産価値とコミュニティのライフスタイルにおける共通の利益は阻害されるべきではない。しかしゲートは本当に必要なのであろうか？コミュニティの接触と一定の保安を達成させることについては多くの手段がある。保安システム、壁、ゲートは集団をつくり、自宅と不動産投資を保護する手段を提供するが、それはまた分離と排除を生み、より広いコミュニティ主義に対する障壁を設けるのである。

第4章

私には夢がある
威信型(プレステイジ)コミュニティ

　ゲート付きの威信型(プレステイジ)コミュニティに共通するのは、まず完全に経済的階層とそのような地位がベースとなることである。こうした住宅地は最富裕の市民や大実業家が自分たちを大衆から隔離しようと試みた19世紀後半にまで起源を遡ることができる。最も初期の威信型住宅地の一つが、ニューヨークから鉄道で1時間、ゲートと有刺鉄線に囲まれた、1885年に建設されたタキシード・パークなる郊外住宅地であった。タキシード・パークは多くの樹木で過去まれた湖の眺望、「素晴らしく立派な玄関」を備え、「社会組織と建築物の特徴を管理するための」HOA（住宅所有者組合）があり、ゲートの外側の村には使用人たちの住宅が建てられ、また住宅地の用達をする商人もその村に住んでいた。[1] 同じ時期にセントルイスやその他の市で、私有のゲート付き街路が富裕層の大邸宅用に建設された。

　今や大金持ちだけでなく米国人の上位5分の1にあたる単なる富裕層や、

多くの中流階層さえもが自分たちとほかの人たちの間に障壁を設けることができ、決して他の人たちと同じではないアメリカン・エリートとして新たな別の階層に加わったことの印しとすることができる。

　威信型コミュニティは、排除の他、富裕と上昇志向というステータス向上願望によってはぐくまれている。ライフスタイル型コミュニティにおけると同様に、そのゲートは住民によってではなくデベロッパーによって建設されている。しかし威信型コミュニティはライフスタイル型コミュニティのような大規模なレクリエーション施設とサービスには欠け、それは総じて単純な住宅分譲地である。我々はそれを所得によって三つのタイプに分類する。最初が所得水準の最上位に位置する超富裕層や著名人の独立住区(アンクレイヴ)であり、次ぎが所得水準上位5分の1の富裕層の住宅地であり、最後が中流階層の経営者向け住宅地である。そのすべてが慎重に管理された美しさとイメージをもち、また、その多くはうらやましいほどの風景と場所を誇りとしている。湖や自然保護区を含むものもあり、河川敷や海浜を利用し設計されているものもある。古びた住宅地を除いては、威信型コミュニティはこれ見よがしの玄関と、住宅地全体にわたり派手に目立つ外観を持つ傾向がある。多くの場合、ゲートの警備員や巡回パトロール隊が排他的な雰囲気を増大させている。住民は実際に警備員たちにより提供されるサービスよりも単に彼らの存在自体をいっそう高く評価しているらしい。威信型コミュニティでは、イメージが最も重要であり、そのゲートはステータスという障壁を表している。

　ステータスは労働者階層、中流階層、富裕層の大多数の人々にとっても重要である。相違点は、ステータス・シンボルが高い値打ちがあるものか、また、それが入手可能かどうかにある。年収10万ドル以上の家庭では、そのほぼ半数が排他的近隣住区(ネイバーフッド)に住むことがステータスと成功の象徴であり、年収40万ドル以上の超富裕層では、排他的近隣住区に住むことがそのほぼ60パーセントにとって重要である。[(2)]（図4-1参照）

　しかし威信とステータスの表象が、富裕層と上昇志向の中流階層がゲーテッド・コミュニティを選択する唯一の理由ではない。他に、ゲーテッド・コミュニティはプライバシーを提供し、また、訪問販売員や見知らぬ訪客からの保護と安全確保、犯罪の恐怖からの救済を提供している。犯罪への高まる恐

第4章／私には夢がある

図 4-1. 成功の象徴：所得10万ドルおよび40万ドル以上の米国人世帯がステータス・シンボルとして考えるもの

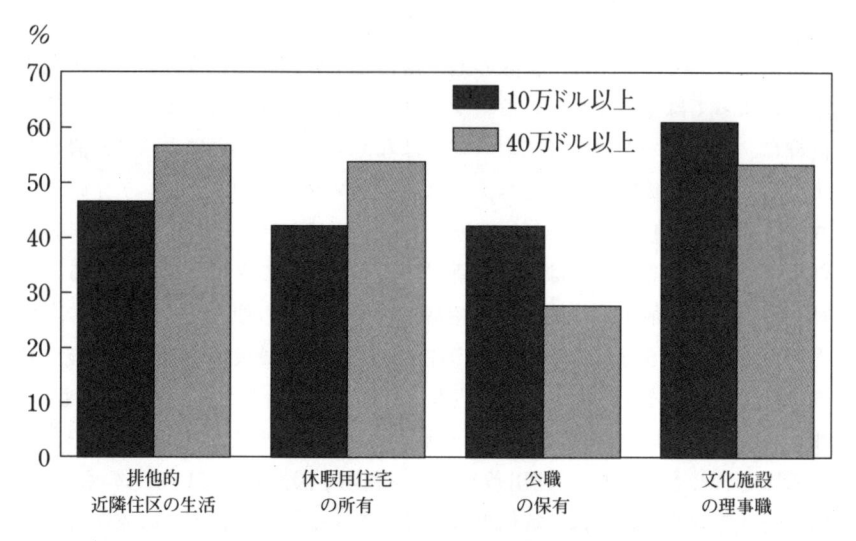

出典：「タウンと田園」『米国の富：今日の富裕層の価値観と態度の研究』1994年

怖が行動パターンを変えつつある社会では、ゲートに対する人気上昇は驚くべきことではない。南フロリダのあるデベロッパーは、今建設中の住宅の90パーセントが何らかの種類のゲートの内側にあると言っていた。彼が言うには「人々は少し神経過敏気味である。犯罪の被害者か、あるいは被害を受けた人を知っている［人々］は終日そこに居座って、空が落ちてくるのを心配するチキン・リトルのようだ」。[3] しかし、威信型コミュニティの家庭は、ゲートの有無にかかわらず、犯罪が最小である近隣住区(ネイバーフッド)に住むことができる。たとえ被害者になるというさし迫った脅威がなくても、ゲートは偶発的な犯罪の漠然とした恐怖を和らげるのに役立っている。

　ある不動産専門家が、彼の顧客はその不動産価値を守ることについて、最も心配していると言った。安全はその近隣地区の組成と住宅の類似性から生ずる。さらに大多数の顧客に旅行が多い時は、ゲートによって提供される安

全保証は彼らにさらにアッピールするのである。[4] 長時間労働、共稼ぎ、頻繁な業務出張、休暇旅行は、彼らの主要な投資対象たる自宅が長期にわたって留守になることを意味する。ゲートと警備員は彼らの不動産が不在の間も保護され、彼らの共有領域が安全であるという、それは多くの場合偽りであるが、保証を提供する。また、ゲートと警備員はプライバシーを提供し、自動車通行を遮断し、訪問販売員を禁じ、自宅の周りに管理と分離の仕切りの層を厚くするのに役立つ。

超富裕で著名な人と単なる富裕層

　米国における最初の非軍事施設のゲーテッド・コミュニティは名士や超富裕層による壁で囲われた屋敷町(コンパウンド)であった。こうしたエリート層向け住宅地は物理的に自らを周囲の環境から分離し、特権所有者と彼らの訪問客以外のすべての人の進入を禁じて、その住民に威信とプライバシーを提供した。それには東海岸の上流階級のフロリダの休暇村や、ロサンゼルス周辺のハリウッド・スターの近隣住区が含まれる。しかし、さらに新しい、富裕で著名な人のための独立住区が、急速なペースで出現しつつある。そこには年に百万ドル以上を稼ぐ少なくとも１万人のプロ運動選手がいる。彼らの他に新たな億万長者が何千人も、ウォール街やハイテク産業、エンターテイメント、法曹界、大企業において1980年代から1990年代にかけて出現した。こうした新成金たちは、自分たちの資産を恥じるどころではない。さらに、彼らは多くの地域に住んでいる。かつて超富裕層はニューヨーク市とロサンゼルス周辺に集中していたが、今やデンバー、ダラス、ミネアポリス、サンノゼ、アトランタ、マイアミ、その他、全国の大小取り混ぜた多くの場所に拡散している。

　南カリフォルニアでベンチュラの近くのヒドン・ヒルズには、ボー・ブリッジズ、トニー・オーランド、ボブ・ユーバンクスといった映画スターや著名人が居住している。1961年に独立法人化したタウンはゲートの外に市役所を移動させて、その市に用のある部外者が実質的にタウンに入れないようにした。タウン議会の審議の模様は閉鎖回線保安ビデオ・システムにより、そ

超富裕で著名な人のコミニュティ：カリフォルニア州インディアン・ウェルズ

れぞれの家庭に放映される。ヒドン・ヒルズは州法により低所得者向け住宅を供給するよう法廷命令を受けているが、それに抵抗していて非営利の高齢者向け住宅地供給さえ拒絶するほどである。低所得者住宅の闘争は、ヒドン・ヒルズにとりわけ多くのマスコミを引き付けたが、一部の住民はマスコミの批判を理解できないと言う。ある市長候補は「市のすべての犯罪や、その他諸々から単に閉じこもろうとする人々が住む高価な住宅のコミュニティがあるだけで、なぜこのような後味の悪さを残すのか？」と問いかけていた。[5]

　テキサス州ダラスにおいて、その地区を高い塀で囲んでいる排他的ゲーテッド・コミュニティを開発したある主要なデベロッパーが言った。「私が見るに一番の問題は、人々がコミュニティの感覚を望んでいるということです。それはゲートがしていること以上のもの、安全よりも大切なことのように思います。安全面はその一部に含まれますが、肝心なことは『私が大きい都市の中での小さなタウンの雰囲気を望んでいることです。私は自分と同じような

環境の人々と友人となれるコミュニティの一員となることを望んでいます』ということです」。

　全員が超富裕で超著名な人たちによる、小さく、贅を尽くした居住地には部外者はたとえ研究者でさえも進入できない。次の挿画（ビネット）では、主に全国的、あるいは地元の名士やトップ企業の経営者を住民とする、威信型ゲーテッド・コミュニティの上流社会のイラストである。

我らの群衆、我らのタウン：テキサス州アービング、コットンウッド・ヴァレー

　コットンウッド・ヴァレーはテキサス州アービングにあるニュータウンのラス・コリナスのいくつかあるゲート付分譲地の一つである。アービングは富裕層の郊外住宅地ではなく、その平均所得である31,800ドルは、境を接するダラス郡の平均より4,500ドルしか高くなく、全国平均値より1,700ドル高いだけである。しかしながら、コットンウッド・ヴァレーは、設備の整った24時間体制の警備所によって警備されている約300戸が丘の上に建てられた富裕な分譲地である。住宅はすべて非常に大きく印象的で堂々としており、各戸が異なった建築様式によって注文建築されている。ニューイングランドのレンガ造りの隣に近代的なサウスウエスト調の化粧漆喰造りがあることなど、その効果は多少調和を欠いてはいるが、それでも単なる郊外住宅地を受け入れ難い非常に富裕な人々がここに住んでいることを明らかにしている。コットンウッド・ヴァレーはひと握りのプロ運動選手やその他の名士のための住居もあるが、住民の大部分は著名でなく、多くの人は有名な隣人の名前をそれとなく口にすることを嫌ってはいない人たちであろう。

　我々は不規則に広がったレンガ造住宅の広い居間で、ある夕方にコットンウッド・ヴァレーの住民グループと会った。大部分が子供が巣立ってしまった老夫婦であった。ある者は共働き世帯であり、また、そうでない夫婦もあり、そして多くは大会社の役員として働いている人たちである。彼らは自信にあふれ、はっきりものを言い、身なりが良く、明らかに豊かであり、男女を問わずほとんど皆が、ダイヤモンドの宝飾を身につけていた。彼らは非常に住宅地の活動に関与の度合いが高いグループであり、9人すべてがHOA理

第4章／私には夢がある

事会の過去にメンバーであったか現メンバーである。

多くの人はゲートがあるためコットンウッド・ヴァレーやラス・コリナスを選んだわけではなく、空港の近くの便利な立地、印象的な住居、厳格な約款、約定、規定（CC&R）による不動産価値の確保への期待といった理由で選んだのであった。また、著名な隣人による威信を欲した者も、単に排他的で富裕な近隣住区ということを望んだ者もいる。それにもかかわらず、すべての人は住宅地にゲートがあることを評価していると言った。

部屋にいる半数の夫婦は、以前はダラスやその他の場所でゲーテッド・コミュニティに住んでいた。ある若い夫婦のベスとジムは、両名とも弁護士で、ラス・コリナスのゲーテッド・コミュニティに昔、住んでいた。「私たちはここをいったん引っ越して、オースティンのゲートのない住宅地に住みました。そこで、人々が私たちを訪ねて来ることができないのに慣れてしまったことに気付いて、結局、『私たちはゲーテッド・コミュニティに戻りたい』ということになりました。プライバシーと安全は私たちにとって本当に重要だったのです」。

他には、自分たちはことさらにゲーテッド・コミュニティそれ自体を探していたわけではないが、その保安が自分たちにとって重要な問題であったと言う者もいた。住民の大半は会社の都合によってダラスに転勤した成功した会社経営者であり、ラス・コリナスで同類の人々が集結していて近隣づきあいをしていることに気付いた。大企業で働くリンダが説明したように、「ボストンでは、あなた方にはそのコミュニティでまったくの新参者になります。そこの人々は非常に素晴らしいが、彼らは皆、150年間もあそこに住んでおり、あそこでくつろぐことは本当に難しいのです。あそこはこことまったく違っています。私たちはこのラス・コリナスに来た最初の年だけで、おそらく今までニューイングランドで会ったよりも多くのニューイングランド出身の人々に出会いました」。

他の場所で一度もゲーテッド・コミュニティに住んだことがなかった人たちは、ダラスでの住宅購入に行動を開始したとき初めてゲート見せられたが、見てもあまり印象づけられなかったと言い、ある人は「それは決して私たちの目を覚ますものではなく、大切なものではなかったのです。私が安全を求

めていたとは思えません。」と言った。理事会で活発に働くビルが同意した。「今や国中に、素晴らしい住宅、少数のコンドミニアム、そしてゴルフコースを備えている多くの場所があります。そこにはゲートがないかもしれないが、コミュニティがあることは確かです。我々は皆そのような場所に今住んでいるのです。それでゲートを建設して、『OKかね。今度は組合費が少々高くなるが』ということが、それほど重要ではなくなったのです」。

しかし、コットンウッド・ヴァレーで生活してみて、人々はゲートに対する態度が少々変わってきた。富裕な北ダラスでの殺人事件の衝撃によって、自分たちが「ある種のオアシス」に住んでいることを住民にいっそう自覚させた。ラス・コリナスでは犯罪率が低いが、それでも保安意識が高まった。しかし青少年の悪行や破壊行為が今でも唯一の犯罪問題であり、凶悪犯罪などはほとんど聞いたことがない。

「壁の向こうの群衆」の取扱い

しかしながら、彼らはそのオアシスが孤立していることを直ちに否定する。多くの住民は、アービングの周辺都市で、交響楽団から病院に至るまでのボランティア活動や市民行事に関与している。同時に、いく人かはラス・コリナスほど裕福ではなく、かなり多くのマイノリティー人口を抱えているアービングから、自分たちを切り離そうとしているとも言う。特にラス・コリナスの住民にとって不安になるのは、学校の芳しくない評判で、標準学力テストの得点の低いこととバイリンガル教師の不足に悩んでいることである。

どの家庭にも子供がいないにかかわらず、グループのすべての人が地元の学校の問題、地方債の格付け(レーティング)、税金問題に精通している。彼らが言うようにその不動産価値がアービングの健全度によって影響を受け、また彼らは依然、消防、警察、図書館、その他のサービスをアービング市に依存しているが故に、彼らは関心を持たざるを得ないのである。こうした住民の知識や関心にもかかわらず、彼らはそのコットンウッド・ヴァレーが最新の市議会選挙で非常に投票率が低かったと言い、さらに彼らはラス・コリナスの住民の投票率も他とほぼ同様のレベルのようだったと主張する。

第4章／私には夢がある

　コットンウッド・ヴァレーの住民は、排除や分離といった非難に敏感である。ビルが、「私はゲートの外部の人を意味する『壁の向こうの群衆』なる言葉をたびたび耳にしました。いつもその言葉を用いる弁護士がここにはいます。私は彼に、それが人々の間の分裂を永続させかねないので、これから口にしないよう求めました。」と言った。ジムは「自分が壁の内側に居座って、自身を隔離させることを望んでいるように思われるのはいやです。なぜならそんなことは実際にはできないからです。一方であなたが保安やプライバシーを望んでも、あなたはより大きな世界の一員であることを忘れてはならないのです。あなたが商店に行ったとき、取替えができないときもあります。学校が良くないからといっても、またそれがいやだと言っても、あなたに代わりのものをくれる人はいないのです。我々はこの場所でのみ生活し、外部の世界を完全に無視することはできないのです。」と言った。

コミュニティの内側

　住宅地の内側のコミュニティはもう１つの問題である。グループ活動が家庭の主婦たちによって始められ、維持されている。友達を作ることと、コミュニティを築くことは、彼ら皆が移住者として共通のものがあるという事実のために比較的容易になされている。HOA主催のバーベキューやクリスマスのパーティーがあり、新規に引越してくる人たちのためのコーヒー・パーティがある。それぞれの街区では、時折そのブロックだけのパーティーを催している。しかしながら、彼らは皆忙しく、企業の都合によって住宅地の住民の入れ替わる率が高いことは、隣人間の関係を発展、維持することが困難なことを意味する。
　しかし、コミュニティはこうした人々の全員が本当に住宅地で望んだ第一のものではない。こうした住民は、その市や国の将来について皆が活発に運動し、関心をもち、心配している。また、コットン・ヴァレーは彼らにとってのオアシスであり、保安とプライバシーという二つの重大な要素を提供している。もし同様に隣人関係も見いだされるなら、それは非常に良いことではあるが、個人のライフスタイルの保護と不動産価値の安全が、彼らの第一

の関心事である。

若い弁護士のジムが「1984年という早い時期に、私はゲーテッド・コミュニティを将来性のあるものと考えていました。その当時、『もし金があるなら、私はこうしたタイプのコミュニティに投資する。』と言っていました。言うのも嫌だが、今は犯罪がたいへん悪化しており、私が今一番気にしているところです。」と述べた。さらに保安がゲーテッド・コミュニティへ押し込むものであるなら、プライバシーはそこから引き出すものであり、「私たちは夜6時に電話が鳴ることをやめさせられないが、時を構わぬドアのノックや物売りをやめさせることはできます。それはゲーテッド・コミュニティの魅力の一部です」。

上位5分の1のコミュニティ

南カリフォルニアとフロリダでは、富裕層のためのゲーテッド・コミュニティが遍在している。全国のどこでも、それは人気上昇中である。その中で特注で建設されたものもある高級住宅の独立住区は、周囲からフェンスで仕切られて、そのプライバシーと威信を売り物にしている。こうした住宅地は、あまり富裕でない人々向けの住宅地より小さいことが多く、数百の住戸が集まっているものも稀にはあるが、たった1ダースの住戸だけの場合さえもある。警備員は、訪問客の到着、家政婦や庭師の通行許可、配達の受領などをすることで、しばしばコンシェルジェ同様の役割を果たしている。販売用パンフレットや広告はとりたててゲートについて言及することは稀であり、「私有」「排他的」といった慣用句が繰り返し見いだされるだけである。

ロサンゼルス北部海岸の樹木の多い傾斜地に位置する、富裕層の多いパシフィック・パリセイドでは、ゲーテッド・コミュニティが一般的である。比較的新しい住宅地の一つに住む住民が「私たちは［警備所］がここにつくられるだろうことを知っていたし、それがここに住んだ原因でした。警備所は単に保安をしてくれるだけではなく、ある種の格式を与えてくれます。たいへんエキサイトさせてくれるものです。」と指摘した。[6]

カリフォルニア州ラグナ・ニゲルの上位5分の1のコミュニティ

　フロリダ州セント・ピーターズバーグ近くのヘルナンド郡は、1980年代中ばに高級住宅の建設ブームを経験した。医者、弁護士、会社経営者は、特別注文建築の住宅の派手で目立つゲーテッド・コミュニティへと引っ越した。ウオーターズ・オブ・ウィーキー・ワチーではそのスポークス・マンが「ゲートのある入口、24時間の保安、すべてが一定のパターンで統一されている私有街路、それらが住宅の価格に含まれているのでたいへん割安になっているのです。」と指摘した。地区のゲーテッド・コミュニティの特注住戸を専門に扱っている建築業者によれば、買い手は「自分自身とそのライフスタイルをはっきり打ち出せる」住宅を望んでいるという。[7]

　ボルティモア郊外でも、ゲートがいっそう一般化してきている。グレイ・ロックは警備員のいるゲートと石や鉄でできたフェンスを備えたタウンハウスとコンドミニアムからなる新しい住宅地である。その内側にある200戸の住宅は134,000ドルから260,000ドルで販売されている。グレイ・ロックの販売責

上位5分の1のコミュニティ

任者はゲートが鮮明にするのは「この住宅地は一般とは異なったレベルにあり、より高級なコミュニティであることです。今や高級コミュニティはすべてゲート付きでなくてはならないのです。ゲートがコミュニティを高級に仕立て上げるのです。」といった。[8]

こうした住宅地の最新のものは主要な大都市圏の外側につくられていて、ニューメキシコ州サンタフェのような場所、すなわちかつては小さなタウンや郊外住宅地のさらに外縁にあたり、大都市地域の犯罪や雑踏から遠く離れたところにある。こうした新住宅地は「フレックス・エグゼクティブ」と呼ばれる在宅経営者のためのもので、このグループの人たちは通信技能の発達と、小さな組織が例外というよりむしろ一般的になってきた企業構造の新形態のために増加中である。こうした場所は、この新経営者層に小さなタウンの雰囲気の中で、高級商店、レストラン、カルチャー、また屋外レクリエーションへの交通の便などにより、非常な魅力と視覚的な訴えかけをしければならないとチャールズ・レッサー・アンド・カンパニーはいっている。[9]

田園、遠隔郊外地、近接郊外地に関係なく、上位5分の1の人の威信型住宅地には、高給で、出入居の頻度が高く、常にそのステータスを意識する、増え続ける弁護士などの専門職や上級経営者が居住している。南フロリダのニュータウンで、我々はこうした傾向を実証するゲート付き分譲地の住民グループを見いだした。

「パラダイス、ディズニーランド、ユートピア」：フロリダ州ウェストン

ウェストンはフォート・ローダーデールの遠いはずれにあり、エバーグレーズ湿原の周縁に建設されたニュータウンである。他の田園地帯のニュータウンと同様に、街路は広く、モニュメント風の飾りのある玄関口があり、緑豊かな風景が広がっている。分譲地は、すべてではないが、その多くがゲート付きである。我々は三つのゲート地区の住民と話をしたが、皆がたいへん富裕であった。そのグループとは、分譲地の1つにあるプール付の住居で夕方に会った。彼らは郊外の上位中流階層の典型で、皆が40歳代以上で、そしてチノパン、ポロシャツ、ゴルフセーターで程よく身なりを整えた白人であっ

第4章／私には夢がある

た。多くの成功者と同じく、彼らは自分の言いたいことを話し、かつ他人の話にも耳を傾けた。彼らは自分の意見を明瞭に述べ、また、彼らの間にはすでに暗黙の合意があるにもかかわらず、しばしば互いが話に口をはさんだり話し過ぎたりしていた。

　我々が話をした住民のすべては、警備員のいるゲーテッド・コミュニティに居住していた。ウェストンにおいては警備員のいない電子式ゲートは、それほど裕福でない住宅地にしか見られない。外観上は保安性が高いにもかかわらず、住民たちは皆、ゲーテッド・コミュニティに住むことによって得られる、犯罪からの防衛の程度については現実的に見ている。「私の悩みの一つは、有人ゲートを人が安全そのもの、警備そのものと考えやすいことです」と年配の男性ハリーが言った。「武器をもっていないのだからここの警備員は本当の警備員ではなく、厳しい言い方をすれば見知らぬ車が中に入っているのを監視しているに過ぎないのです」。

　しかしゲート警備員は路上の怪しげな行動に対する監視をしており、彼らは無許可の人物にゲートを開けることを拒否することができ、また人をいらいらさせる訪問販売員の進入を防いでいる。同じ住区のジョンは以下のように論じている。「ゲートはこのコミュニティに進入しようとするある種の人間に対する抑止力になっているので、その分だけ安心します。またそれは多くの犯罪が溢れているこの時代に、あなたがいま住んでいる場所に良い印象を与え、少しはより安全との印象を与えるものです」。ブロワード郡の郊外住宅地の最も遠く離れた周縁では、犯罪は心配と無縁のように思われる。暴力犯罪の発生率は大都市圏の3分の1であり、窃盗の発生率は半分である。しかしそれでも、誰もが犯罪の犠牲者たり得る。ジョンは彼の住宅地でわずか2週間の間に21件の強盗が起きたと報告している。

　ゲート、警備員、周囲のフェンスがあってさえも、安全性が100％だとはいえない。これらのゲーテッド・コミュニティの住民はより確かな安全を手に入れてはいるが、そのぜい弱で被害を受けやすい問題でいつも心配している。ある住宅地はその防衛力の程度を評価するため、CIA出身の保安専門家を雇った。住宅地がゴルフコースを背後にもっているため、その専門家は巡回パトロールを増強することが役に立たないだろうと言って、その代わりに強力

なスポットライト付きのゴルフカートでコースを走り回る「忍者パトロール」の実施を薦めた。

　そのグループはさらに多くの犯罪とその解決方法を話し合っていたが、その間に彼らは安全性に固執することが決して異常ではないことを我々に知ってもらおうとしていた。「これは市役所の仕事です。市役所ではこれが毎日の仕事のはずです」。犯罪は、市警察局かHOAの雇った保安会社か何れで扱われるかにかかわらず、全住民を団結させる問題である。

　ゲートやパトロールがあるにもかかわらず、安全は住民が現に住んでいる場所に関する事柄の中で最も望ましいと思っていることではない。たいていの住民は単にウェストンが好きなのである。それは、美しく、平穏で、よく計画されていて、新しい。住民すべてが、自分のニュータウンの風景、設計、それに新鮮で純朴な性質を称揚する。グループのまだある若い男性は、「ここを何と呼ぼうとも、パラダイスでもディズニーランドでもユートピアでも何でもいいが、みんながここの売り込みに使われた気のきいた台詞(セリフ)を買ったのです」。ここは本当にディズニーランドを想起させるもので、きわめてよく設計され、また維持されていて、見えるもの身に触れるものすべてが統合され管理されており、軌を逸した行動をする者に対処する民間警備員もいる。半数の人は、ディズニーランドの晴れやかな服装の一団が落ちているガムの包み紙や落ち葉をさっと拾っていくのを目の当たりにできると期待しているほどである。

　しかしウェストンはテーマパークではなく、生活の地である。ある住宅地は、その出来立ての新しい近隣住区で、プールパーティー、ハロウィーンパーティー、独立記念日パーティーを催して、コミュニティを形成しようと試みている。しかし誰もがコミュニティをつくることに成功したとは主張していない。実際、いくつかの分譲地では社交的な行事を計画さえしていない。HOAによる統治に活発に行動しているある女性は、多くの人はゲートの内側にコミュニティを求めていないと説明している。「私が今まで会ったたいていの人は昔からフロリダ州に住んでいますが、友達づきあいの多くを未だに外部に求めています。私たちはごく近い隣人たちとだけ友達になっています」。興味深いことに、押し入りが頻発した住宅地では、近隣監視(ネイバーフッド・ウオッチ)が確立され、その努力から派生して社会的接触がつくられつつある。

第4章／私には夢がある

　すべての分譲地のHOAにおいて、参加が少数の活動的で献身的な人々に限定され、たいていの住民は住宅地の運営に手を貸そうとしないと言っている。人々を会合に参加させることは実に難しい。一方、ウェストンは別個の自治都市となることを決定したが、我々が話をした人たちの多くはその動きを支援している。その理由は二つある。第一に、ウェストンはニュータウンのインフラに対する支払いのために設けられた、特別税地区になっているが、住民は独立によって自分たちが支払う税金についての発言権がさらに増すと信じている。「その金はウェストンのものでしょうが、私たちはどのようにそれが使われるかを管理すべきでしょう」。第二に、2001年にデベロッパーであるアービダは建設を終えて撤退してしまうが、大会社によるウェストンのためのロビー活動の強い力がなくなると郡や州政府に対する力を失うのではないかとの恐れである。

　自治はウェストンの中でそれ自体の問題をもっている。新しい住民はCC＆Rに定められた制限に抵抗するか、その無視を決め込む。争いを引き起こす問題は、駐車、プールの温度、バスケットボールのゴールポストなど些細なことのように思われる。ある分譲地では、共用地で花を植えるための5ドルの負担金を巡って、大いに論議が交わされている。この問題は非常に扱いにくく、人々は大声を出し始めている。しかし人々の主な関心は、常に「税金」にある。また、それは不動産価値にあり、組合が下落の可能性に対してそれを守るために如何なるところまで行動せねばならぬのかにある。多くの人は小さな特注住戸の住宅地で生活する1人の男性の意見に賛意を示した。彼の見解とは「もし不動産価値を維持するよう強制ができるなら、自分の住宅を利益を出して売ることができます。たいへん結構なことです」。

ゲートの短所

　ウェストンのロイ・エイブラムスは若くして成功した野心的で、そのうえ外見がよく、信念を持った弁護士というハリウッドのイメージそのものである。またロイは精力的で、誠実で、カリスマ的な本当の人物である。彼はオフィスに我々を案内し、リラックスさせた。彼の机は非常に乱雑で、その壁は民主党

上位5分の1のコミュニティ

関連の仕事による手紙、コンベンション記念品、握手写真で一杯になっていたが、この二つを除けば彼のオフィスは企業弁護士のそれのように見える。

ロイは30代半ばで、ウェストンに居住し、同じく弁護士である妻と一緒に法律事務所を構えている。彼らはゲート付き、ゲートなし双方の住宅地のHOAとの、あるいは分譲住宅地のデベロッパー、建築業者、銀行との仕事をしている。彼はフロリダ州にやって来る前までは、一度もゲーテッド・コミュニティを見たことがなかった。しかし彼はかねてより保安と不動産価値の保全を望んでいて、それを警備所のある ゲーテッド・コミュニティであるウェストン・ヒルズ・カントリー・クラブで見いだせたので、移り住んだのである。

ゲーテッド・コミュニティに住むことがエリート意識の匂いがすると思う人がいることを彼は知っており、彼はそういう非難で屈辱感を味わっている。「私が懸命に働き、自力で成功し、立派にやっていることを恥ずべきというのですか？それはエリート主義というのですか、私がそれに罪の意識を感じるべきというのですか？私はそうは思いません。帰宅すると、私は外部の世間をいく分置き残していることとなるかも知れませんが、私はそれが悪いことなのかどうかはわかりません。しかし自分が帰宅すれば、わが家は聖域となり、それは高度に保護された憲法上の権利のあるところです。私の住宅、私の住宅地、私の街路に自分の望む人だけを招待することができるべきだと思っています。それは個人の当然の権利だからです」。

彼はゲートの内側に住むことを選び喜んでいるが、その短所にも気づくこととなった。守ろうとしているゲートは、大切なプライバシーをある意味で侵害する。「私はこのあたりにある、いくつかのたいへん高度で複雑な改造が、ほとんどはプライバシーを侵害する点にまで、到達していることに注意しています。クリッカーやカードでゲートを通過する際はいつでも、コンピューターはその人のコードを記憶し、その人がいつ来て、いつ出て行ったのかすべて把握しています。個人的に、私に隠すべきものは何もないですが、私がいつ来て、いつ出て行くのかを、誰かが把握していること自体忌々しく感じ、また決して良いこととは思わないし、私の隣人や組合がそうした情報をもつことも好ましくないと思います。私は個人的にはゲートが無礼なものと考えています」。

さらに、ゲートは安全を保証はしていない。ウェストンのある地区では数件

第4章／私には夢がある

の押し込み強盗があったが、すべてはバイクに乗ってゲートの警備を通り抜けた一人のプロの泥棒によるものだった。彼は白人で、身なりが良く、そこの別の住民として通過できた。ロイ自身の分譲地では泥棒が南フロリダのこの地区にある多くの運河や水路の一つを縫うように船で通って夜中に侵入した。

「ゲートについては何かの誤解がある」と、ロイは言う。「人は、ゴルフコースを横切って、あるいはボートで、ゲート以外の場所からコミュニティに侵入することが常時できます。それには別に天才は不要なのです。こうしたコミュニティは警備付きゲート以外にはたいして警備がされていないのです。巡回パトロールをするところもありますが、それは実際には何の役にも立たないものです。45分に1度の割合で彼らが見えるだけです。下準備をしたならば誰でもこうしたコミュニティの一角に侵入することができます。警備員付きゲートが偽りの保安感覚を生む限り、私はかえってその存在が危険であると思います。私は警備員付きゲートが感じたり期待したりするほどは役立ちはしないことを認識すべきだと、隣人たちにいつも助言しています。こうした認識を人々がもつことが、外界からの進入を阻止するはずです」。

ロイはゲートを自動的に本当のプライバシーと安全を与えてくれるわけでないと見ているのとまったく同様に、ゲートが本当のコミュニティをつくってもいないことに気付いている。「妻と私がウェストン・ヒルズ・カントリー・クラブの例年のクリスマスパーティーに行ったとき、集まった人たちが、私たちがすでに知り合っている人を除けば、行って挨拶をすべき人たちとは違うことに気付きました。私たちは挨拶をしなかったし、彼らも私たちにしなかった。本当に私たちは挨拶する気にさえならなかったのです。面白いことに、全街区の人がテーブルに座ったとき、わざとではなかったのですが、みんな街区ごとに分かれてしまいました。それで私たちの街区の人は二つテーブルに座ったのですが、それは予め申し合わせたことではなかったのです。本当に妙なことでした」。

高級経営者用住宅地：カリフォルニア州サン・クレメンテ、マーブルヘッド

あなたがマーブルヘッドのゲーテッド・コミュニティに入ることは、ミス

ター・アンド・ミセス・アメリカ経営者の夢の場所に入ることになるといえよう。人々は皆良い学校、すてきな住宅、子供たちが遊べる街路、友好的な隣人を望んでいるが、マーブルヘッドは住むにまさにすてきな場所である。ここには排他的なパーム・スプリングスのリゾートにあるような思い上がりはまったくない。ここの住宅は大きいものの、小さな区画に建っている。ゲートと警備員がいることを除けば、他のどこの地域でも見られる上位中流階層の郊外住宅地である。

思わず息をのむような太平洋の光景とかつては眠気を催すようなサーフィンの町であったサン・クレメンテが見られる丘の上にある、HOA理事長のメルの住宅で我々は会合をもった。彼は大きい声と親切な配慮のある大男である。彼は友好的かつ積極的な態度で、ここのHOAに関与し、自分の考えを聞いてもらいたいがために組合理事に立候補した事情を説明した。

メル宅の裏玄関で会ったグループは比較的多様であった。そこには、ロサンゼルス市警官のエドと、退職した市職員で市役所コンサルタントのキャプテンがいた。ジムは古くからの住民でパーム・スプリングスにも住宅を所有している。メルの新しい夫人であるバーバラと、サン・クレメンテ出身の元学校教師のアンナがいた。彼らは皆が分譲地のHOAの活動に以前関わっていたか、今も関わっているため、お互いを良く知っていた。

彼らはマーブルヘッドが他の郊外住宅地と比較して、より友好的でもなく、コミュニティらしさが多くあるでもなく、より安全でさえないことをあからさまに語った。「他の場所とまったく同じですよ」。こうした住民の大部分は、偶然ここにやってきて、たまたまこの分譲地を見つけ、海の光景に魅せられて住宅を買ったように思われる。メルはかつて警備員がおり、厳重なパトロール体制が敷かれているゲーテッド・コミュニティに居住していたが、それが非常に嫌いになった。そこで彼はその景観に惹かれてマーブルヘッドの区画を購入したのだが、当時ゲートが計画されていたことには気付きさえしなかった。彼は自分で認めているように「ロサンゼルスからの離脱者であり、ロサンゼルスが大嫌いで、二度と住みたくない。」といった。彼の妻はコメントするのをしばらく躊躇った後、ロサンゼルスについての良いことを言い始めたとたん、メルは彼女を睨みつけた。

第4章／私には夢がある

　警官のエドがマーブルヘッドを見つけたのは、数人の悪人を追いかけている時であった。彼は過去何年もの間住んできた近隣住区で衰退の兆しやギャングに気付くにつれて居心地の悪さを感じ、そこを立ち去ることを考え続けていた。彼は出ることを望み続けているときマーブルヘッドを見つけたのである。エドをマーブルヘッドがより安全と思わせたのはゲートではなく、他の至るところで見られる増大中の諸問題から距離が離れていることであった。「ゲートは何の意味ももっていない。」と彼は言った。「もし周囲のコミュニティに問題が起こっているなら、ゲーテッド・コミュニティにも問題が起こるはずです」。誰も反対しなかった。誰もゲートが住宅地の重要な特徴であるとは感じていない。それは彼らが認めるところでは、住宅地に高い格式を多少加えるが、現実にはほどんど意味をもたない。海の景観はゲートよりいっそうはるかに重要なのである。

ステータス・シンボルとしてのゲート

　この住民グループは、ゲートによる保安に重きを置かないことでマーブルヘッドの住民の間に孤立しているわけではない。ゲートの警備員は弛緩しており、本当にただ自動車の通行を見張り、速度をスローダウンさせるだけであるが、誰もが保安のレベルを向上させて費用負担するのに賛成しない。ゲートのないコミュニティのように、近隣住区には窃盗やその他の軽度の破壊行為がある。「私たちは安全なコミュニティでなく、交通が管制されたコミュニティに居住しているのです。」とジムは言う。
　キャプテンによれば、ゲートはその区域の格式を高め、若年の新経営者にとっては魅力的となっているが、不動産価値に際だった影響を与えるには不十分である。しかし、ゲートは訪問販売員を締め出し、ある種の軽犯罪行為を阻止するには役立つ。
　たいていの郊外地区と同様に、何もすることのないティーンエージャーが犯罪の主な根源となっている。しかしマーブルヘッドでは、問題のすべてが内部にあるわけではない。マーブルヘッドに出入りできるサン・クレメンテのギャングがいるのである。エドが言うには、「ギャングのメンバーがここに

上位5分の1のコミュニティ

住んでいる子供たちと一緒に入ってくるのを見たことがあります。その親たちが彼らがギャングのメンバーであることを知らなかったことは確かですがね」。ゲートのすぐ外で開発された新しい公園が問題を複雑にしている。ティーンエージャーがそこに集まり、誰かが住宅地に進入するために公園との間にあるフェンスを打ち壊してしまった。

エドは子供たちがゲートを「許すことのできない悪もの」だと見ていると言う。ゲートは彼ら自身の往来、またマーブルヘッドや近くのゲーテッド・コミュニティに住む友だちの往来に不便の程になる。学校、スポーツ施設、友人、すべてがフェンスの外側にあり、ゲートは彼らと他の社会との間にある障壁である。

年配者たちもまたゲートの内側より外側に多くの接触があると答えている。多くの経営者はサンディエゴやロサンゼルスのダウンタウンに2〜3時間かけて通勤する。そのうえ、彼らの友人関係やコミュニティとの接触も、同様にマーブルヘッドという地域に制限されているわけではない。人が自分たちの隣人と交流する機会はほとんどないし、お互いに見知ることもほとんどない。

こうしたマーブルヘッドに対する愛着がないことの理由の一端は、住宅地にコミュニティ・センターや共同集会場所がないことにある。ジムはかつてコミュニティ集会所を建てるためにデベロッパーから少々の土地を獲得しようとしたところ、デベロッパーの拒絶に遭った。隣人たちの間にはこの構想に対する支持や支援がほとんどなかったため、それは中止されてしまった。

メルのようにマーブルヘッドHOAに深く関与している人はほとんどいない。彼は自分の私生活において組合活動が重要な地位を占めると思っているが、組合が彼の隣人たちに対してはほとんど意味をもたないこともまた知っているし、多くの人は何か不満があるときだけ関与する必要を感じるのも知っている。分譲地は大半が「不在住民」で構成されている。「彼らは朝暗いうちに出かけ、夜暗くなってから帰る。」とエドが言う。したがって、マーブルヘッドでは組合は比較的弱体で、ただの小さな存在に過ぎない。樹木の高さを巡る対立やその他の分譲地に関する論争もあったが、もっとも過熱している問題は、これも多くの参加者やその関心を依然引き出せていないのだが、ストップの標識がないために起こる自動車のスピード違反とそれに伴う安全問題である。

第4章／私には夢がある

安全な街路

　我々がメルの馬力を増強したピックアップ・トラックで住宅地を巡回していると、歩道と自転車車線で子供たちと遊ぶ若い母親グループの注意と怒りとを呼んだ。「速度を落としてください。」と彼女たちは一斉に叫んだが、メルは何の目立った反応も示さずに広い街路を運転し続けた。我々が同じ街路を戻ってきたとき、メルはトラックから降りて、若い母親たちと話をし出した。彼は彼女たちが安全委員会にこの件を諮るつもりかと尋ねた。女性陣の1人は元気良く、昔住宅所有者の会合の一つに行ったことがあるが、「それはほとんど何の役にも立たなかった。」と断定した。他の女性たちはどんな新しい任務も自発的に熱心にやろうとはしないようで、彼女たちは皆、すでに学校や他の約束ごとであまりにも忙しい（そのため委員会に行くことはできない）と言った。彼女たちははっきりした考えをもってこうしたことを言ったのではないが、メルは事を押し進めないことにした。彼は「もしあなた方が自動車の速度を制限しようとするなら、委員会に出席して動議をださなければならないよ。」とだけ言った。

　ゲートがあるにもかかわらずマーブルヘッドの街路が安全でないことは本当のように思われる。住宅には小さな庭しかないために、子供たちは路上で遊ばなければならないが、広い街路は子供たちのためにではなく、スピードを出す車のためにある。アンナは「いつか誰かがこうした街路で命を落とすでしょう。」と予言した。

　しかしながら、マーブルヘッドの街路の危険性は、都市街路の危険性とは格段に異なっており、都市では母親たちがなおいっそう恐怖を感じている。彼女たちは自動車の危険から逃れるために、この遠く離れた、ゲート付きの郊外の分譲地にまで来たわけではなかった。しかしギャングが近くに居り、また、犯罪者がフェンスの穴を通って入ってくることで、このまだ小さな繭のような危険が、壁の内側でも壁の外側にあるような大きな問題になるのにあまり時間は掛からないかもしれない。グループでの誰かが「逃げ回ることはできるが隠れることはできない。」と言った。メルは微笑しただけであった。

経営者コミュニティ

　ゲート付き住宅地は今やすべての中流階層に入手可能である。それが本当は単なる標準的中流階層の分譲地であっても、デベロッパーによって「経営者向け」、あるいは「専門職向け」コミュニティとして販売されている。それは通常ゲート付きの入口、周囲のフェンス、それに多分プールやテニスコートがある他には特別のアメニティ施設を提供するわけではない。若い夫婦、中間管理職、公務員、その他の中流階層の主流の人々にとっての住宅として、通常の所得層の人々に対して、排他的な生活の正真正銘の印しのいくつかだけを提供する。その多くには電子式ゲートがあり、正面入口に警備所を設置したものもある。しかしながら、時折HOAが高い維持費のためにまったく警備員を雇わないこともある。こうした場合には、警備所は部外者に対して心理上の抑止力になるだけである。一方、個々の住宅の保安体制が普及しており、住民が正面ゲートで進入許可を求めている自動車を見たり、住宅地中にあるカメラを使って隣人たちの往来を観察することさえできるビデオ・モニターを備えた、いっそう精巧な装置もある。

　セントルイス郊外のユニバーシティ・プレイスは、まさにこうした分野の市場を念頭において建設された。1989年に17万ドルから23万5千ドルまでの価格で売られた百戸のタウンハウスと単一世帯用住戸による高密度の住宅地であるユニバーシティ・プレイスには、小さな芝生によちよち歩きの幼児用の遊戯場だけがある。こうしたデベロッパーが若い世帯の気を引くために設けた控えめなアメニティ施設とは対称的に、分譲地の正面入口にはゲートと大きなモニュメントとが堂々とそびえ立っている。[10]

　マグダリーン・リザーブは、フロリダ州タンパ近くの39戸からなる小さな住宅地で、それは多くの既存の樹木を伐採から救い、共用地を自然のままの状態で残したことで、その設計が賞を受けた。分譲地にある住宅は1991年に15万ドルから25万ドルの価格で販売された。樹木の配置が住民を引きつける一部であるなら、入口のゲートもそうである。「ゲートは夕方に閉じられるため、その後は自由に周辺を歩き回れると思うでしょう。ところが人々は家の外に出て、その隣人たちが何をしているかを見守っているのです。本当に親

超富裕で著名な人のコミニュティ：カリフォルニア州インディアン・ウェルズ

切ですね」。⑾
　経営者向け住宅地は南カリフォルニアでも同じく非常に普及している。その一つは、サンディエゴの60マイル東にある峡谷で1993年に起案された、既存の郊外住宅地のよくある規模をはるかに超越して、755エーカーの土地に84戸の住宅を計画したものであった。ステージコーチ・スプリングスのデベロッパーは、14万ドルから17万ドルで2千平方フィート以下の住宅を販売しようと計画した。ステージコーチ・スプリングスは、そのゲートのために「非常に安全なコミュニティ」であり、「中間所得世帯が取得可能な田園の土地」であるべく設計されていた。⑿
　労働者は一つの会社で生涯働くことをもはやあてにすることができない。経済のリストラは共稼ぎ世帯、多数の雇用主と多数の職位、さらに生涯における多数の職業さえを意味するようになった。労働市場における新しい経済的現実は住宅の選択に反映される。住宅は家族とビジネスの双方に機能しな

くてはならない。それは、2人の給料取りが大都市地域にある遠くの職場に自動車通勤が可能であるようにせねばならない。それは、容易に販売でき、値下がりに対して安全であるという市場性がなければならない。さらに、所有財産の安全を保証せねばならないが、これは特に一日中二人の大人が外出する家庭に対しては重要である。我々はこの種の中間所得層によるユートピアの二つの事例、フロリダのものと南カリフォルニアのものを訪れた。

一般家庭住区：フロリダ州プランテーション、ジャカランダ・ポイント

　ジャカランダ・ポイントはフォート・ローダーデールの郊外にある136住戸からなるゲーテッド・コミュニティである。1990年代初期に建設され、若年の世帯と少数の単身者の住宅がある。住宅はこじんまりしていて、ありふれた中間所得階層向けの住宅地の住宅と同じものであり、警備用腕木と鉄製フェンスの内側にあることが唯一の例外である。小さな化粧漆喰の住宅はすべてガレージ付きのようであるが、自動車はほとんどが路上駐車されている。庭は小さく共用地はほとんどない。我々が話をした住民のグループは友好的、かつ開放的で、その住宅地について熱心に語りたがった。販売営業マンの独身男性と、いく組かの夫婦世帯、すなわち警官である夫と教師の妻、電話販売の個人事業家(アントレプレナー)と主婦、マイアミのダウンタウンに働く2人とも公務員の世帯がいた。グループは別々にやってきて、ホスト役はスナックとソフトドリンクを出したが、皆がジーンズをはき、一日の労働を終えて少し疲れているように見えた。数人は子供たちを連れてきていて、彼らが住宅の裏で一緒に遊んでいる声を聞け、時折は見に行けるようにしていた。

　ジャカランダの住民はその近隣住区をほかのたいていの住区より安全で、子供たちが自動車の危険のない外で遊ぶことができる場所だと見ている。それは当然より安全であるべきであって、理由はその郊外のプランテーションの暴力犯罪の発生率が全体としてフォート・ローダーデール大都市圏のそれの3分の2から半分ぐらいもあり、とてもフォート・ローダーデール大都市圏の4分の1以下ということではないからである。

　郊外の静かな環境にもかかわらず、これら住民が住宅地について話す好ま

第4章／私には夢がある

しい内容はすべてゲートによる利点に関係することであった。ゲートがジャカランダ・ポイントをより静寂にし、また犯罪に対する何らかの抑止力となると彼らは思っている。「私は夜間に一人歩きすることができる。」「信じられないほど静寂で、また美しい。」「我々はまったく犯罪と無縁だった」。しかし、彼らが言及する問題が他の場所でもある問題と異なることがないにもかかわらず、我々が話をした他のたいていのグループよりも、総じて彼らは自分の住宅地に関してそれほど強気で推奨することはなく、ためらいがちな態度を示した。

ゲートそれ自体が多くの不満を引き起こしてもいた。それは比較的低コストのはめ込み式のキーパッド・システムであり、警備所はあるが警備員は今まで雇われたことがなかった。ゲートは単に車が通過するだけで腕木を折ったりするので損傷を受けやすく、また地元の子供たちが電源を切断したり、電話を引き抜いたり、乱暴者のティーンエージャーがBB銃で警備所の窓を撃ち壊したりした。しかし依然として、住民はゲートがそこにあることを歓迎している。自動車に対する効果が特にこうした住民には重要である。「犯罪者を本当に食い止めることはできないかもしれないが、若者たちが高速で飛び出すのを少しは防げるでしょう」。こうした若年の世帯にとっては、「私たちの子供たちが危険な状態」にいるため、これは重要な問題である。

自治

我々が訪れた多くのほかの住宅地と同様に、規則や規制に関する話題がすぐに沸騰した議論を引き起こした。CC＆Rは人によって過度に制限的とか、恣意的とか、干渉的とかに見られている。理事会の主要業務たるその規則の解釈と執行と同様に、自治が不平や対立に満ちていることは別に驚きではない。ある男性が「私は口論を我慢することができなかったために、3、4カ月だけで脱退したよ。何もできなかったよ。」と愛想を尽かして答えている。

彼一人のことではない。参加者がいないために、委員会のすべてが解散してしまった。通常たった1人の人だけがそれぞれの委員会の空席に立候補するだけである。ある人がブランコとバスケットボールのゴールポストを禁止する規則を変えようと考えたが、どのように進めたらよいのかよくわからず、

深追いしなかった。大半の住民間にある関与の程度を「積極的な無関心」と特徴づけても、誰も異論をはさまなかった。

コミュニティの探求

　グループで最も不幸なメンバーは、この小さなゲーテッド・コミュニティが隣人同士で顔を合わせることの多い親密な交流のある場所であると思っていた、ロングアイランド出身の女性である。「しかし私は人々がそれほど親密ではないことにすぐ気付きました。皆が自分たちの家に閉じこもっているのです。私たちは異なった期待を抱いていました。コミュニティ・プールがあって、みんなが狭い場所でいっそう緊密になる場所なのだと思っていましたが、そうでないことがわかりました。ここは若いコミュニティですが、ここではしばしば些細なことをかまいあったり、いろいろ口論があったりします」。

　分譲地にある隣人同士の交流は、多くの近隣住区のように同じ袋小路(クルドサック)の住民間や、あるいは子供たちが一緒に遊んでいる人々の間にはある。パーティーや社交イベントで少しは交流が試みられたが、その出席者は子供のプール通いを通じてお互いを見知っている人たちだけであった。

　その不満を抱いている女性はユタ州の山にある小さなタウンに引っ越そうと思っている。公務員の一人は引っ越すことを望んではいるが、そうした余裕があるとは思っていない。残りの人たちは喜んでここに留まっている。彼らは庭園維持サービス、近隣住区のティーンエージャーの夫婦、新しい住宅の質、住民の無関心、HOAの運営に関する困難などについて不満を抱いているが、彼らは他のところでも同じ問題があると見越している。現実的で、実利的な彼らは、ここが新しい分譲地であり、そのうえ「完全なものは何もあり得ない」と肩をすくめていった。しかしながら、皆が自分たちがここで得たものよりはもう少し完全に近いものを期待していたことは認めている。

安全な海岸：カリフォルニア州ニューポート・ビーチ、ヨット・ヘイブン

　ヨット・ヘイブンはロサンゼルスのオレンジ郡郊外にある比較的古いゲー

第4章／私には夢がある

ト付きの分譲地である。それは本当に海岸そのものに存在するわけではないが、その街路にヨット・ワインダーやヨット・ハーバーといった名が付けられるほど船と航海を強く打ち出している。デーン夫妻はゲートの内側にある快適で、十分に設備が整った住宅に住んでいる。彼らは40代で、デーン氏はあごひげを生やし、デーン夫人は素足でカジュアルなジーンズをはいていた。彼らはちょうど家庭生活をスタートさせたところで、不動産会社で働くデーン氏はゲーテッド・コミュニティが最初に建設された1977年以来17年間ここに住んできた。

彼は「そのレイアウトとゲートが好きでそれをステータス・シンボルとして認めましょう。事実その通りなのですから。」と言う。24時間体制の保安はその場所を特別なものにした非常によいものであった。デーン氏はゲートは単に威信の象徴としてのみでなく、住宅地の西側境界線上にある幹線大通りに対処する手段として建てられたと推測している。彼はゲートについてしばらく沈思した後「私たちは本当の警備員付きゲーテッド・コミュニティにいるわけでなく、交通が管制されたコミュニティにいるのです。」と言った。

デーン夫妻はほとんどの新しい住民の購入の決定に、ゲートが大きなきっかけとなったといわれていることに疑いをもっている。彼らはいっそう大きな近くの住宅地であるハーバービューには警備員やゲートがまったくないのに、実際に同じような人口を抱えていることを指摘している。しかし、デーン夫人はハーバービューの住民がヨット・ヘイブンのゲートに憤慨していると言ったうえこの悪感情がハーバービューの子供たちにさえも広がり、ヨット・ヘイブンの子供たちが除け者にされているという。

デーン夫人は彼女が見る限り、最新の住宅地がすべて警備員のいるゲート付きであることを指摘した上で、「それがここで住宅地を建設する方法なのです」と言う。彼らが認めるように、たとえ自分たちの警備員付きゲートが、不動産価値の上昇可能性を高める以外に有益な効果が特になくとも、警備員付きゲートは売り物になると思われる。

安全第一

警備員が常に唯一の公式な進入地点たる正面ゲートに配備されている。主

要街路に沿って他にも警備員のいないゲートがある。これらの警備員のいないゲートは自動車の出口専用として設計されており、歩行者も容易に歩いて通過できる。訪問販売員、選挙運動員、その他の人がここを通って分譲地に時折入り込んでくる。デーン夫人は、ゲートが本当に安全を守ってくれるわけではないので、彼女の子供たちを街路に一人にはしてはおかない。彼女はゲートが「安全の幻想を与えてはいるが、本当はまったく安全を保証してはいない」と言う。明らかにこの意見は彼女一人のものではなく、事実、親の直接の監視がないまま街路で遊ぶ子供はほとんどいない。
　近隣住区の安全はすべての住民にとって最重要の関心事である。デーン氏はちょうどヨット・ヘイブンのように、境界に歩行者が通れる抜け穴のある近くのゲーテッド・コミュニティで起こった恐ろしい事件を語った。住宅地の外で強盗が失敗を犯し、犯人がゲーテッド・コミュニティの中に逃げ込んだうえ、人質をとった。ヨット・ヘイブンの内側でも数件の凶悪な行為が今までもあるにはあった。しかしこの事件は大したことにはならなかったとはいえ、犯人が内部の人間のように思われたため、その近隣住区での大きな関心事となっている。HOAは分譲地での主な問題がすることがなくてうんざりした青年によって起こされていることに気がついているが、「彼らはそれを論議することができないし、また好みもしないのです。」とデーン夫人は言っている。
　現在住宅地はゲートを改造することを議論しているが、より高度な保安装置を導入する気はない。提案された改造は、外観を維持するための、純粋にうわべだけのものである。それに反対する者は、デベロッパーや一部の住民が改造でゲートの外観がよくなり不動産価値に好影響を与えると信じるのとは対称的に、改造は金銭面での利益がほとんどない、と見ている。
　もしヨット・ヘイブンの壁の内側にコミュニティがあるなら、デーン夫妻のような古くからの住民はおそらくその一員となっているであろう。しかし彼らは隣人間には経済関係があるのみと感じている。彼らはゲートが人々を結びつけるのに役に立っているように思わないのである。夏にはスイミング・プールに人が集まってくるが、デーン夫妻は「私たちは夏にはプールでいろんな人に会いますが、夏が終わるとその人たちとは翌年の夏までまったく会

第4章／私には夢がある

うことはありません」と言う。子供たちは近所に住む者たちとさえ一緒に遊ばない。結果として、交流の多くはサッカーリーグのような外部での集まりを通じて行われている。人々は競技仲間や、公園、その他を通して出会うのである。彼らの住宅は単なる住所の標記と変わらないのである。

住宅地にはプール以外に会合の場所がないため、この問題は近年組合の会合における議題の中心となってきた。少数の住民は壁とゲートだけでは近隣住区を結束させ得ず、それ以上のものをつくるべきと認識している。公園やレクリエーション・センターをつくることが大きく環境を変えようが、この方向への推進力は現実にはあまりない。HOAは参加者が少なく、現在は争われている直接の利害がなきに等しいため弱体である。デーン夫人はいくつかの会合に出たことがあるが、他の分譲地の住民と同じように、ただ彼女が特定の関心を持っているときにだけ出席している。何が住宅地にいっそうのコミュニティをつくり出し、あるいはつくらないのかについての多くの論議の末にデーン夫人は「コミュニティは生活するに良い場所なのです。単に生活するに面白いだけの場所ではないのです。」と言った。

コミュニティ、犯罪、ステータス

威信型住宅地はいろいろな意味でゲーテッド・コミュニティの最も純粋な形態である。ライフスタイル型コミュニティの大規模なレクリエーション的アメニティ施設を切り取っているので、それは外部から見るのとまったく同じで、ゲートと警備員に守られている壁の内側にある美しい住宅群である。人が成功した印しとしてのステータス・シンボルは、富裕層と上昇の道を歩んでいる人々にとって重要なものである。一般大衆の真ん中にあってステータスを示すことが重要になるとき、排他独占の象徴となるゲートは強烈にアッピールする。

全国にわたって次々に面接したデベロッパーは皆、富裕層にとって住宅地の魅力と他との差別がその購入の最重要点であることを確認している。分譲地の外観はアッピール度の高い部分であり、ゲートは見た目に好印象を与え

コミュニティ、犯罪、ステータス

る。我々が話をした威信型住宅地の住民は、しばしば自分たちのもっている財産や名声の印しを映す住宅地のイメージに言及した。

　しかしイメージがすべてではない。安全、静寂な郊外でしかも上流階層地区に居住するにもかかわらず、彼らは犯罪や交通、また騒音や不快さに悩んでいた。ゲートは訪問販売員やその他の法律には違反しないが迷惑な人たちの立ち入りを阻止する一方で、本物の犯罪者の阻止にはほとんど効力をもたない。多くの住民はその近隣住区の、また境界線内での住宅地内や外からのティーンエージャーによる犯罪行為に気付いている。

　実際に、壁は犯罪行為に対して優れた盾であり得る。しかし、警察関係者はゲートに対する見方で意見が異なっていて、我々が話をした人でゲートが大きな抑止力を担うと感じた人は皆無であった。ダラスで警察のある隊長が、出入りを制限することによって、ゲーテッド・コミュニティはいく分かは安全を提供するが、それはまた法の執行をも妨げることもあり得ると説明した。[13]例えば、壁やフェンスが街路からの見通しを妨げ、通行人やパトロール・カーが犯罪に気付かないおそれがある。ほとんどの住宅地における窃盗が日中起きているのに、多くの場合、ゲートは便宜上日中開いて夜だけ閉じているし、また暗くなってからだけ警備所に警備員を配置している。ゲートの存在は、偽りの保安感覚をもたらし、玄関ドアに錠を掛けないままにしておいたり、ガレージ入口を開いたままにしておいたり、警報システムのスイッチを入れないままにしておくような弛緩した行動を促している。ゲート付きとゲートのないコミュニティの調査では、ゲーテッド・コミュニティのHOA理事会のメンバーが、ガレージの扉やゲートを開け放しにしていることを問題として答える割合が、ゲートのないコミュニティの割合よりもより高いことが判明した。[14]加うるに、犯罪防止と緊急車両の出入りの間には常にトレード・オフの関係がある。たとえ消防車と救急車の出入りの優れたシステムがあっても、ゲートはその反応時間(リスポンス・タイム)に致命的となりかねない何秒かを費やしてしまう。この理由により、ダラスのある消防士は、生命を救う消防車や救急車を必要とする機会の方が盗みに入られる機会より重大で、ゲートは生命や財産を救う費用を非常に高くしていると論じて、ゲートには常に反対であると述べた。[15]

第4章／私には夢がある

　ゲートが万能薬と考えがちなもう一つの問題である交通についてさえ、多くのゲーテッド・コミュニティでは論争中である。ジャカランダ・ポイントでもマーブルヘッドでも、ゲートの内側のスピード違反自動車は長期にわたる未解決の問題である。ヨット・ヘイブンのデーン夫人は、自動車交通はゲートの内側の街路もゲートの外側も変わらないと信じていた。これは彼女1人の意見ではない。

　我々が話をした人の多くは、自分たちの住宅地におけるコミュニティの欠如を嘆いた。組合内での口論と住民間の無関心が繰り返し何度も引き合いに出された。壁は住民を結束させるように思われるが、それはただ物理的に結束させるだけである。グループ活動や統治の話になると、ゲートの内側の人々の間の紐帯は、ゲートのない同様な住宅地の人々の間より、特に強くはないように見える。

　いく分かは、住民にゲーテッド・コミュニティを選択させた理由そのものが、近隣に対して障壁となっている。ゲートは共稼ぎ、頻繁なビジネス出張、長い労働時間のためにしばしば留守となる不動産に安全の確保を提供する。その一方で、コミュニティづくりは時間がかかりまた努力がいるが、威信型ゲーテッド・コミュニティの住民の多くは、相互交流の時間がほとんどなく、またコミュニティの構築にあてる時間もまずない。ウェストンの弁護士ロイ・エイブラムス夫妻が発見したのは、十分な物理的安全保証は購入できようがコミュニティは購入できないということであった。人は管理された出入り、専門家による管理、庭園の手入れを買うことはできるが、全員の結束、相互依存、有意な組合活動といったコミュニティは、どんな代価を払っても購入することはできないのである。

第5章
恐怖による独立住区
保安圏型コミュニティ

　自らの区域を再定義し、境界線を守ろうとする動きは、米国全都市にわたるすべての所得階層の近隣住区(ネイバーフッド)で感じられる。ゲーテッド・コミュニティの成長の多くは、デベロッパーによって達成されたのではなく、現在の生活様式を守ろうとしてゲートのバリケードの設置を求める既存の近隣住区の住民によってなされたのである。これらは封鎖された街路による保全圏型コミュニティで都市型、郊外型、バリケード型の砦(バーチ)がある。我々はそのゲートやフェンスの設けられた起源によって、これらのタイプを定義しているが、保安圏型コミュニティでは、ゲートがデベロッパーによって建設されるライフスタイル型や威信型(プレイステイジ)のコミュニティと異なり、住民がゲートを設置して保安装置を備えた近隣住区に改造している。都市型や郊外型の砦では、住民がすべての出入りを遮断し、時には警備員を雇うことによって、近隣住区をゲーテッド・コミュニティに転換せしめている。バリケード型砦では完全封鎖は不可能で

第5章／恐怖による独立住区

あるため、出入りを制限するため可能な限り多くの街路をバリケードやゲートで遮断している。これは要塞心理をおそらく最も鮮明にしていて住民グループが自分たち以外の隣人を締め出すべく一致団結しているものである。

貧困層からなる都心(インナーシティ)の過密地区の近隣住区や公営団地は、麻薬取引、売春、車からの銃撃を締め出し、自分たちの共有地域に対する管制(コントロール)を取り戻すため、警備員、ゲート、フェンスを使用している。近在地区から溢れ出てきた犯罪に恐怖をいだき、車両通過にイライラしている他の近隣住区では、その出入りを住民のみに制限し、自分たちの街路を公共の利用から除外する市の許可を得た。高度犯罪地区からの距離の遠近にかかわらず、都市近郊では既存近隣住区が保安ゲートを据え付けるために住民に税金を課すか、あるいは関係政府に自分たちの街路にバリケードを築くことを請願している。犯罪が頻発するか、あるいは稀にしか起きないかに関係なく、また脅威が現実のものか、あるいは思っているだけのものなのかに関係なく、恐怖自体は真に現実のものとなっている。

メディアの全国的ネットワークと、その人間関係ドラマの話題に対する飽くなき貪欲さは、太平洋北西部の小さなタウンで起きた犯罪がシアトルからマイアミに至る地域にまで報道されることを意味する。こうしたメディアの活動は、犯罪発生率が実際には下がった1990年代初期においてさえ、犯罪に対する恐怖と犯罪が増大しているという頑固な考えを増幅する源となっている。ほとんど90パーセントの米国人は、犯罪がより増大したと感じているが、都市での暴力犯罪発生率は1981年から1989年の間に25パーセントも下がった。また55パーセントの人は犯罪の犠牲者となることを懸念し、同じ割合の人々が警察によって十分には警護されていないと感じている一方で、自分たちの近隣住区を悩ませるものが何かと尋ねれば、たった7.4パーセントの人だけが犯罪だという。[1]

また、犯罪発生が偶発的に見えることが、この恐怖の高まりの原因となっている。都市の中心に巣くうギャングたちは、カージャックや車からの銃撃によって、都市の外部の人々にもいっそうの影響を与えている。都市は犯罪の中核地区と見なされているが、何らの確証もない。我々は青年と犯罪が結びついていると思い込み、殊にマイノリティの青年はこの増大する恐怖について

表 5-1. 個人および世帯の犯罪被害率（人口1千人あたりの被害件数）1989年

犯罪のタイプ	中心都市	郊外	田園地帯
暴力犯罪被害	40.60	26.00	21.10
レイプ	1.20	0.50	0.04
強盗	10.00	3.90	2.10
脅迫暴行	29.40	21.60	18.70
個人盗難被害	86.40	70.10	45.10
世帯犯罪被害	232.10	152.70	120.40
窃盗	79.30	52.20	48.50
自動車泥棒	26.70	16.80	6.10

出典：司法統計局『全国犯罪被害調査』司法省、1993年。
(注) 暴力犯罪被害、個人盗難被害の率は12歳以上人口1千人あたりの被害者数。世帯犯罪被害の率は1千世帯あたりの被害世帯数。

不公正な割合で責任を背負わされている。しかし実際にはあらゆるタイプの見知らぬ他人が、恐怖や不信を自動的に招いているのである。このことは自分たちを閉じこめてしまった多くの近隣住区にとって車両交通が犯罪と同等、あるいはより大きい関心事でさえある一つの理由であって、またそれは社会的不信の新方程式では、ひどい自動車通行が見知らぬ人によって引き起こされ、それ故見知らぬ人が悪く、そして悪は犯罪を意味することとなる。

現実に、犯罪は富裕層より、低所得層にとってはいっそう大きな問題となっている。また、司法統計局の全国犯罪被害者調査によるデータは、犯罪が郊外や田園地帯におけるよりも都市において、よりいっそう大きな問題であることを示している。暴力犯罪と窃盗のような世帯犯罪の双方の比率も、郊外においては都市においてよりも約35パーセントも低い（表5-1参照）。都市住民が凶悪な犯罪とおよび通常の窃盗の被害者となる可能性は、郊外住民の1.5倍である。[2] ジャカランダ・ポイントがあるフロリダ州プランテーションは、1993年に住民1,000人につき95人の犯罪被害率であり、隣接するフォート・ローダーデール市では1,000人につき171人の犯罪被害率であった。また、カリフォルニア州ダンヴィル郊外のブラックホーク・カントリークラブは、1,000人につき

第5章／恐怖による独立住区

19人の犯罪率で、サンフランシスコ市の1,000人につき73人の犯罪被害率に比べて、ずっと低い。(3) しかし、両方の住宅地の住民はともに、ゲートを必要と感じていた。我々が見てきたように、犯罪の現実に起きる危険性、あるいは車両交通による現実の危険性は、犯罪に対する恐怖とは必ずしも関係がない。高い犯罪率の場所、低い犯罪率の場所、犯罪が増加している場所、犯罪が減少している場所、いずれにおいても、恐怖はかつて周囲に開放していた近隣住区にゲートを設置するよう拍車をかけ得るのである。

恐怖は現実に感ずるものである。実際の犯罪の発生に関係なく、恐怖自体にあるもの、あるいは恐怖自体から派生するものが、家族、近隣住区、生活の質に悪い影響を与える。このことは正しく述べる必要がある。犯罪が稀であるところでさえ、親の付き添いなしに子供をスクールバスの停留所で待たせることはなくなった。皆が自分たちの近くで犯罪が吹き荒れるのを目の当たりにしてきた。多くの人は不安に感じ、パニックになる人さえいる。人々が自らを脅威から隔離し、恐怖を和らげるために為し得ることは何でもしようとするのは当然であり、理解できることである。

都市型砦(バーチ)

ゲート、フェンス、壁はもはや富裕層のためのみに留保されている手段ではない。最富裕層から最貧困層までの都市近隣住区は、自分たちを完全に外界と遮断するゲートやフェンスを据え付けつつある。低所得層の近隣住区はゲートを設置して、犯罪を制御し、自分たちの街路に対する管制を取り戻すために必死である。公営団地と超低所得層の近隣住区においては、政府、警察、近隣住区住民が、ギャングの活動、麻薬取引、その他の犯罪を抑止するためにフェンス、ゲート、保安検問所(チェック・ポイント)といったシステムを構築すべく連携している。これらのゲートや壁の費用は、多くの場合、住民によるよりも市政府や地元の住宅機関によって負担されるが、その建設の提案はいずれからもできる。いずれにしても、こうした壁は、今まで論じてきたものとは異なり、快適さよりもむしろ緊急性を求めたものと建築業者に見られている。

都市型砦(バーチ)：カリフォルニア州ロサンゼルスのホイットレー・ハイツ

　保安目的のゲートを設置した高所得層地区の多くは、そのすぐそばか近所まで低所得、高犯罪率地区により取り囲まれている。こうした近隣住区では、その周囲で高まる暴力犯罪に直面して、自分たちの住宅をしっかり守り、その不動産価値を維持しようとしている。都市の他の場所でも、犯罪が本当にその入口に到達していなくとも、近隣住区がゲートを設置しているが、それはどちらかと言うと、犯罪の蔓延、偶発性を恐れているからである。今や市内にある新しい住宅地は、ゲートを設置した上で建設されるのが一般的化している。多くの場合、こうした新住宅地は都市生活の騒音、車両交通、その他の都市生活における不快さを和らげることに犯罪防止と等しく、あるいはそれ以上に気を配っている。こうした状況下において、都市型砦の住民はゲートを選択肢ではなく、これしかないからという必需品として捉えている。
　ポトマック・ガーデンズは公営住宅でゲートを使用した例であるが、ここでは住民がゲートに関して請願したわけでも、また同意さえしたわけでもないのに、住民が壁で隔てられてしまった。ワシントンD.C.内や周辺にゲート

第5章／恐怖による独立住区

やフェンスを設置する1992年6月の計画は、当初は住民を怒らせた。抗議の火の手を消すために出動した消防士たちは、群衆に投石された。住民は刑務所や動物園と同等に見られたとして、「これは実に非礼なことである。我々は動物ではない。我々が檻に入れられる必要は何もない。」と取材者に語った。保安手段には身分証明書、監視カメラ、24時間体制の警備員をなどが採用された。(4) しかしながら、この手段は麻薬取引と破壊行為を顕著に減らしたので、大多数の借家人が数カ月内に「フェンス」を支持するようになった。(5)

ロサンゼルスの同様なゲートやフェンスのを備えた43エーカーの土地にある公営住宅複合団地、マー・ヴィスタ・ガーデンズの住民の一人は、多くの住民が「金持ちの人々がゲーテッド・コミュニティに住むことを望むのと同じ理由、すなわち犯罪被害を減らすために」ゲーテッド・コミュニティを望んでいると説明している。(6) 共有スペースを再設計して多くの住宅関係機関のコンサルタントをしているオスカー・ニューマンは、フェンスやゲートの追加によって大きな公有地がより小さな地区に分割され、住民が各自をいっそう容易に識別できるので、いっそう大きな責任を負うことができるようになった、と信じている。安全性が高まり、犯罪が減少し、不動産価値の維持にいっそう注意が払われるという結果になった。(7)

公営団地や貧困層の近隣住区をフェンスで遮断するのが果して賢明かと疑問視する人もいる。マーク・バルダサーによれば、「これらのゲーテッド・コミュニティは住民に外の社会と交流することを思いとどまらせるようにしている。そういうことは裕福な人は望むが、貧困な人は望まない。貧困な人は壁の外に仕事、人との接触、資源を求める必要とがあるため、外のコミュニティとつながる必要がある。要塞のような公営住宅団地に押し込めることは住民にさらに辱めを受けさせることとなる」。(8)

裕福な都市近隣住区が外部社会との相互交流の減少を望むことについては疑う余地がない。都市の街路にゲートを設置することは、より貧しい近隣住区ではなく、より富裕な住区においていっそう普及している。しかし住民がどんなに特権を持っていたとしても、近隣住区がその境界線を要塞化しようと試みるときには、しばしば論争が起こる。これは、ホイットレー・ハイツの近隣住区がゲートで遮断することを決めたとき、実際に起きたのである。

都市型砦(バーチ)

我々は敵を見た：カリフォルニア州ハリウッド、ホイットレー・ハイツ

　非常に多くのタレントによるショーの舞台であるハリウッド・ボウルは、また西部で最高のパノラマ風眺望の一つを正面玄関としている。ハリウッド・ボウルの上の方は、北、東、西にかけてはサンタモニカ山脈として知られている丘の小さな連なりがある。丘と周囲の地形は、そこから海ではなく、高速道路、住宅群、都市街路が見えることを除けば、ユーゴスラビアのダルマチア海岸か、スペインのコスタ・ブラヴァを思い出させる。これらの丘は、実際、ロサンゼルスの地理的な中心にあたり、同様に同市のイメージの象徴的な中心でもあるだろう。土地はそれ自体各々の建物の位置を指し示し、また特定のタイプの建築の統合を求めているようなので、丘の上にある住宅はその自然環境の壮麗さに釣り合わされねばならない。それぞれの住宅は、イタリアの村にあるように独特の味があり、しかもすべてが同じ地中海風建築様式で統一されている。

　ホイットレー・ハイツはハリウッドにそびえ立つ、こうした丘陵の近隣住区の一つである。オールド・ハリウッドの一部として、その地域は歴史的に映画とアーティストの街となってきた。脚本家はその眺望と、楽しい散歩道からインスピレーションを得た。人気映画スターは、大衆から逃れて小さな人目に触れない隠れ場所を見つけた。ホイットレー・ハイツの入口は、南方のハリウッド大通りからの進入口と、北方のハリウッド・ボウル駐車場からの進入口の二つだけである。街路パターンは非常に変則的で、険しく、紛らわしいので、最初の街路を越えてさらに奥へ進もうとするドライバーはまずいない。しかし1980年代後半には、ハリウッドの社会的地理は非常に変化してしまい街路と丘陵の自然の地形と富の印しが、下方の街路の近隣住区を隔離するにはもはや十分ではなくなった。

　今日のところハリウッド大通りの平地とホイットレー・ハイツの間には、双方を分離するいくつかの少数の短い街区があるが、両者の格差はすでに大きくなり過ぎて、これ以上大きくなることはまずあり得ない。下方には、自動車道、広告板、がらくた、ホームレスの人々、修理だらけのアパートがあり、上方には、屈曲した街路、高い樹木、大邸宅がある。年月を経て、ハリウッド大通りが売春、麻薬取引、その他の都会の諸悪の場となるにつれて、ホ

第5章／恐怖による独立住区

　イットレー・ハイツの人々はゲートの設置について考慮し始めた。丘陵それ自体にはほとんど犯罪がなかったが、隣接する街路地区に対する恐怖が増大した。また、ロサンゼルス政策局が下の平地の問題で参ってしまっていることを皆が知っていた。

　近隣住区の一部の人は、ハリウッド大通り近くの丘の麓の住宅で２人の老人が殺された直後の1980年代初頭、すなわち15年前からずっと、その地区にゲートを設置する必要性を感じてきた。ある種の保安強化が、明らかに必要であった。しかし、ゲートはHOAの会合に出された唯一の提案ではなかった。ある居住者はその区域での武装パトロールを提案したし、また他の人たちは通常の近隣住区パトロールをいっそう効果的に行うとか、あるいは若干の街路を部分的に封鎖して、その地区を自動車通行にとってより厄介なものにすることなどを提案した。

　いかに犯罪に対する恐怖や認識が強くなろうとも、自動車問題の方が丘の上の人にとってよりいっそう大きな関心事であった。丘の麓にあるアパートでは借家人用の十分な駐車場があるものがほとんどなく、またホイットレー・ハイツの街路が比較的安全であったために、多くのアパートの住民は丘の上に自分たちの車を駐車していた。1980年代初頭には、通勤者が高速道路〔フリーウェイ〕が渋滞した際に、丘が都合の良い近道であることを見つけてしまった。住民はスピードを出す自動車が増えだしたのに気付き、自分たちの子供らの安全を心配しだした。自分たちの並木がある街路で、数件ではあるが警官によるカー・チェイスさえすでに起こっていた。さらにいっそう多くの人々がその地域の美しさと魅力を見いだすにつれて、いっそう多くの部外者が、近道として、ジョギングや犬の散歩コースとして、またハリウッド・ボウルのイベントの際の無料駐車場として、利用するようになった。

　1986年に、鉄製のゲートを据え付ける決定が為され、市議会が計画を認可した。

ゲートに対する抵抗

　ボブ・マクドゥオルは、ゲートに対する最終計画がなされた時期にホイッ

トレー・ハイツ市民組合の理事長であった。彼は大らかで人を惹きつける性格で、英国なまりの、がっしりした肩の中背の男である。彼は、野菜、花、噴水が巧みに配置されたイタリア風庭園を見渡す自宅の玄関で、ホイットレー・ハイツのゲートの物語をした。

ボブはニューヨークから1989年にホイットレー・ハイツにやって来た。彼は偶然にこの地区を見つけると、すぐにその魅力とその建築美を正当に評価するようになった。彼はホイットレー・ハイツが、歴史的情緒、共有する運命、強い近隣住区組織をもった、真のコミュニティであると感じた。毎年レイバー・デーには街頭フェスティバルが開催され、その費用を集めるためにオークションが行われた。

ゲートが保護するのは、こういうコミュニティであった。「ゲートの設置は犯罪の増加によってではなく、我々が自分たちのコミュニティを管理できなくなったという感覚によって推進されました。」とボブは説明している。ゲートは主に交通規制手段と見られ、「誰かここに登ってくる者」を管理するよう意図された。それには、80パーセント以上の賛成投票という、非常に強い住民からの支持があった。ただ1人の弁護士だけが、大声で計画に反対し、ゲーテッド・コミュニティに居住するよりはと、他へ引っ越して行った。しかし、他に彼に続く者はいなかった。

ゲートのための資金調達は1988年までに終わり、1990年にホイットレー・ハイツはゲートを設置し、その街路における公共の利用を阻止する許可を受けた。翌年早々に建設が始まった際、新しいゲートの反対側にあるアパートに住む人々から反対が出された。彼らは自らをゲート付き独立住区(アンクレイヴ)に反対する市民（CAGE）と呼称し、精力的にゲート設置に戦いを挑んだ。訴訟が提起され、街路封鎖に関する論争が全市の議論の中心となり、沸騰していった。CAGEは、ゲートが排他的で、エリートによるあからさまな侮辱であると非難したが、ボブは彼らが自分の駐車場を失うかも知れぬことに動転しているだけだと主張した。

建設が始まってすぐ、消防局がゲート設置計画を認可していなかったことが発覚し、作業は中断された。ホイットレー・ハイツ市民組合は緊急車両の出入りのため、ゲートを再設計することを強いられた。変更には100,000ドル

第5章／恐怖による独立住区

の費用を要し、全体の出費は350,000ドルにまでのぼった。工事が完了しても、なお、ゲートは開かれたままであったが、それは、訴訟が未解決で控訴の担保となっていたためである。しかし最終的に、1994年6月、カリフォルニア州最高裁判所は控訴裁判所の判決を支持して、ホイットレー・ハイツのゲートは違法となり、結局ゲートは一度も閉じられることはなかった。

カリフォルニア州自動車条例に基づく判決は、公共の街路を一般公衆に開放されたままにしなければならないとした。州控訴裁判所のウッズ判事は「我々は犯罪防止と歴史的保存区に対する強く、かつ永続的な懸念を理解はするが、それぞれの郊外があたかも封建時代の封土となってしまい、州の他の市民がそれら地域内の公共街路を利用する基本的な権利を拒否されることを、州議会が許可しようと望んでいるというのは疑わしい。」と書いた。[9] CAGEが勝訴したので、1994年10月、ホイットレー・ハイツはゲートを撤去し、街路と歩道を修繕する費用を分担することで市と和解した。

コミュニティの死

3年間にわたるゲート設置を巡る争いによる精神的圧迫はホイットレー・ハイツのコミュニティを疲れ切らせた。弁護士報酬を支払い、ゲートを再設計するための資金集めが絶え間なく続いた。どのように、あるいは何が故に訴訟を続けるのかについて、内部で衝突が起こった。市が近隣住区を迷走させ、少数の急進論者による集団に譲歩しているという認識で、いっそう欲求不満が高まった。ホイットレー・ハイツ市民組合が設立された1924年以来初めて、コミュニティ・オークションが中止され、以降はオークションもレイバー・デー街頭フェスティバルも開催されなくなった。

この消耗の激しい抗争が終結する前に、すでに近隣住区組合理事会は崩壊し、運動の指揮隊は解散していた。市民組合は、かつてハリウッドにおいて政治、社会問題に活躍する力をもち、また民主的指導力の練成の場であり、地域の慈善団体の有力な同盟でもあったが、今はすべてから撤収してしまった。ボブにとっては、ホイットレー・ハイツはハリウッド市の健全な細胞であると思われた。ホイットレー・ハイツのような近隣住区は「コミュニティ内部が、

健全で活力があり活発である時には、政治的、社会的に腐敗しつつあるコミュニティを転回させることができる。」とボブは説明した。ボブにとって、ゲートを巡る争いは、そのような転回の機会を終わらせたのであり、ハリウッド地区全体に深く、永続的な影響をもたらしたのである。コミュニティは新規住民で構成された新たな近隣住区組合により自らを一新し始めた。しかし、訴訟は所詮垂れ流しのものであり、たとえ近隣住区が勝訴していたとしても、それはギリシャのピュロス王の如き大きすぎる犠牲を払ったうえでの勝利であっただろう。

　いずれにせよゲートは管理上でも悪夢であったろう、とボブはいま言う。「ゲートそれ自体が財政上の障害であった」。理事会は配達の便のため、ゲートを日中は開けたままとし、夜に閉じることを提案しようとしていた。また、理事会は平地の住人に、ある特定の場所を駐車場にしようとさえしていた。しかしこれらについては示談が成立して実行されることはなかった。丘の上の人々にとって、この争いは自分たちのコミュニティを救うことにあった。平地の人々にとって、この争いは丘の居住者がフェンスでハリウッドを分割することを阻止することにあった。この過程で、ホイットレー・ハイツは、その最も貴重な資源、強いコミュニティとしての意識を喪失したのかもしれない。ボブは明らかにそのように見ており、彼は我々のインタビューの後すぐに引っ越してしまった。しかしその夕方、彼は丘の背後に隠れていく太陽を見ながら座っていたが、敗北は彼の目に浮かぶ涙としてはっきり映っていた。

郊外型砦（バーチ）

　都市周縁郊外やより小さな都市にいる中流住宅所有者もまたゲートに目を向けつつある。彼らは近くの近隣住区での高い犯罪率を恐れているのかも知れず、あるいは周辺でのただ人口動態上の変化や増加する暴力行為がある日自分たちの目の前で起こり得ることを恐れているのかも知れない。ほとんどの場合、顕著な変化がかつては平穏で、同種の人たちに占められた都市周縁郊外を、すでに変容させつつある。多くの人々は、もっと遠くに移住するか、

郊外型砦：カリフォルニア州、バミューダ・デューンズ

あるいは自分たちの社会的、経済的階層における立場に地位を守る最後の試みとして、自分たちの近隣住区にゲートを設置するかという、二つだけの可能性があると信じている。

　ニューヨーク、ロサンゼルス、ワシントンD.C.、シカゴ、マイアミ、アトランタやその他の都市の郊外では、単一世帯用住宅とタウンハウスからなる分譲地がゲートを設置しつつあり、特に私有街路、HOAのある、開発分譲地はゲート付きが多く、たった一つか二つのエントランスしか設けていない。こうした住宅地においてゲートの設置は、組合員による投票、特別負担金、ハードウェアの導入、という順序を追って簡単になされた。フォート・ローダーデールの郊外、ブールバード・ウッズ・ノース分譲地がその近隣住区で若い女性が誘拐されてレイプされたためにゲートを設置すべく計画し始めた。住民は分譲地が犯罪の多い地区ではないと認識はしていたが、安全を期するためにできることはやりたいと希望した。[10] オレンジ郡郊外のシール・ビーチでは、カレッジ・パーク・ウェスト住宅地が、ロング・ビーチから溢れ出

郊外型砦(パーチ)

てきた犯罪と一時滞在者により急増する問題への回答としてゲートの設置に向かった。[11] ロサンゼルス郊外の富裕層団地、サウザンド・オークスでも、ブレマー・ガーデンの住民は自分たちの平穏静寂な近隣住区を維持し、犯罪を阻止するためにタウンハウス住宅地にゲートを設置した。[12] 南カリフォルニアのヒドン・ヴァレーは、大使館や副大統領の大邸宅を守るために使われている電子式テロ対策用防御杭設備に50,000ドルを費やすほどであった。この装置は許可を得ずに進入することを試みた数台の自動車の進入を阻止した。[13]

　近隣住区をゲートの設置に至らせる恐怖や精神的ストレスが如何なるものであるにせよ、最終的な目標は管制にある。恐怖は、無力や脆弱性を感じることが原因である。その環境の管制を図るゲートの設置は、現実の脅威やゲートの実際の有効性とは無関係に、こうした感情をやわらげる。

　シカゴ市外にあるローズモントの郊外団地はゲートを設置する傾向を新たな極限状態にまで引き上げた。4,000戸を抱えるビレッジは、その最大の居住区における二つの進入口にゲートのある検問所を設けた。市の警察官が配属され、市財源から賄われた警備所とゲートは警察官に車のナンバー・プレートと進入時刻を記録し、ドライバーに尋問する権限を与えている。ローズモントで発生するあまり多くない犯罪は、通常住宅地区ではなく、近くのオヘアー空港に行く高速道路出口のホテルとビジネス施設からなる商業地区で発生しているが、犯罪はゲートの設置を促すこととなった。住民は、見知らぬ他人の流入を恐れたのだが、おもしろいことに、ローズモントの市民のほぼ半数がこうした防御用ゲートの外にある3棟のアパートに居住している。一方、市は納税者によって提供された保安地区に、低所得の借家人までが住むことはあまりにも高くつき過ぎると主張している。[14]

　時には、犯罪はゲートの設置の議論の対象にさえなっていない。ロサンゼルスの富裕で、排他的なブレントウッド地区において、ブレントウッド・サークル近隣住区の住民が自分たちの街路を私有化し、フェンスを据え付け、24時間体制警備の進入口を構築する許可を得た。[15] 第一の懸念は、自分たちのすぐ上の丘に建てられる新博物館への自動車通行が増える可能性にあった。ブレントウッド・サークルには博物館に到る街路はまったくないのだが、居住者は博物館へ訪れる人たちがそういう路があると思うのを恐れたのである。

第5章／恐怖による独立住区

もちろん、ゲートは安全性、プライバシー、不動産価値を高めることもまた期待されている。ある住民は「我々はたいへん喜んでいる。(サンセット大通りで) 道に迷った者は皆、ここにやって来る。ゲートの警備員は下層民を追い払ってくれるだろう。」といった。(16) ブレントウッド・サークルの皆が皆、こうした変な方向に火をつけやすい言葉に賛意を示すわけではないだろう。多くの住民は他の郊外居住地におけるのと同様に、単に近隣住区が自分たちが知っているとおりのままに維持されることを望むのみである。

十分には離れていない：カリフォルニア州のサンライズ・パームズとパーム・スプリングス

　パーム・スプリングスのイメージは、その地域の他のものの干渉を許さない富裕層の砂漠のリゾートである。実際には、それはコーチェラ・ヴァレーにある小さな一連の都市群の一つに過ぎず、富裕で著名な人の住宅がある一方で、農場労働者の家もあり、トレーラー・ハウスに住む人もおり、貧困によって生じるすべてのトラブルがある。パーム・スプリングスでは、殺人、レイプ、加重暴行の比率が、全国平均よりやや高い大都市圏よりもさらに若干高い。強盗の比率はリバーサイド大都市圏より50パーセントも高い。わずか41,000人の人口の都市で、1993年には7件の殺人事件が起こった。
　サンライズ・パームズはパーム・スプリングスの北方にある360戸の連棟式住宅群による中規模の住宅地である。訪問者が進入の許可を得るために通話するところにある電子管制ゲートから少し先に、テニスコート、プール、公園がある。コートの横の小さな建物は管理マネージャー用事務所兼HOA用会議室として利用されているが、ここで我々はゲーテッド・コミュニティにおける生活について話をするため労働者階層から中流階層までの8人の住民と管理マネージャーに会った。
　我々が到着したとき、その大多数はすでにそこに着いていて、管理マネージャーがコーヒーを入れてくれた。彼らは長テーブルの周りでプラスチックのデッキチェアに座って、お互い同士や管理マネージャーと、にぎやかに話をして冗談を言いあっていた。こうした隣人たちはお互いをよく見知ってお

り、別に紹介は必要でなかった。ほぼ全員が50歳以上だったが、このグループはその他の面では多様であり、男性、女性、2人のヨーロッパ系移民と1人のラテン系が含まれていた。

心の平穏のための改造

　サンライズ・パームズは最初からゲートを設置していたわけではなかった。1983年に造成されたが、1991年まではゲートを備えていなかった。ゲート設置への動きは360人の住宅所有者のうち200人によって支持され、反対派の人々は設置と事後の維持管理に要する費用に抵抗を示した。住民は犯罪をその発生に偶然性があるのを見て特に懸念した。彼らはパーム・スプリングスが成長するにつれて、増える自動車に追いつめられ、また犯罪の被害を受けやすくなることを懸念した。それゆえ、この分譲地へ通じる二つの進入口にゲートを設置することは、自分たちの生活の質を保持するのに理想的な方法のように思われた。

　ゲート設置のシステム自体は慎重に選択され、平均的な警備員のいない電子式ゲートより進歩したもので、誰がいつ入ったかを追跡できる磁気カードとコンピューターのある設備が導入された。訪問者は目的の住宅に通話をして、ブザーで通されるが、こうした類いの入場者も同様に追跡されていく。新聞配達人から庭師まで、頻繁に中に出入りする必要がある部外者には、ベンダー・カードが支給される。ベンダー・カードが裏口のゲートでのみ使用できるが、午後10時から午前7時までゲートを開くことができない。進入口には二つとも自動開閉式で鉄製のゲートがあり、また上下する腕木がある。最初の鉄製ゲートは歩行者と車の出入りを阻止し、腕木は、他の車が先に通過した後を追って無許可の車が通行するのを阻止する。我々はこれまでこのような二重のゲートを設置しているのを見たことがなく、また明らかに大部分の地元の業者も知らなかったらしく、設置後の最初の数ヶ月間は前の車にくっついて進入しようとしていく人が腕木に捕らえられてしまった。

　ゲート設置後の最初の数ヶ月間は他の問題も起こった。ティーンエイジャーの一団はゲートのそばで待たされるはずであったが、週末の夜のパーティ

第5章／恐怖による独立住区

ーのため、車の後を走り抜けて通った。今ではまずパーティーなどは行われなくなってしまった。また、車が出口ゲートから入ろうと乗り入れたり、バイクに乗った子供たちが通り抜けたりしたが、周辺の地区の人々が街路の締め出しに慣れるにつれて、問題が減少していった。最初から警備員がこうした問題を未然に防ぐべきであったが、その費用はあまりにも高くつくと思われたのである。我々が話をした住民の大多数はゲートの設置前にここへ引っ越していたが、フォーカス・グループのすべての住民はゲートに全面的に賛成であった。「あなたが未亡人や男やもめであるなら、これはなおさら有難いことでしょう。自宅に帰ってくるとき、前のようには不安を感じないし、かえってたいへん安心さえ感じます」。「ゲートが設置される前は、私はすべての場所に錠を下ろさなければならなかったし、街路を歩いてやってくる訪問者がいても彼らに『ここで何をしているのですか』と尋ねることもできなかったのです。それは、ここが公共の街路であるか、あるいは公共の街路だったからなのです。今はすっかり安心になりました」。

　グループの皆が過去に押し入りや窃盗の被害を体験しており、少しの間、過去の犯罪にまつわる体験談に費やされた。彼らはゲートにより単に心理上の効果だけでなく、実際に安全性が高まっていると感じている。最も顕著なのは、交通量が75パーセントも減ったことで、それだけで見知らぬ人が来ることがずっと少なくなった。それでも、ある女性が指摘するように、フェンスは跳び越えることができる。「2人のメキシコ人が夜11時ごろに公園にきてプールのそばでビールを飲んでいました」。それはほぼ1週間も続いていたが、管理マネージャーはこのことを聞いていなかった。彼女は今晩見張りをし、警察に通報すると約束した（この住宅地は巡回パトロールや警備員を配備していない）。彼女が「安全保証」を約束できる住宅地はどこにもないと指摘すると、ある男性が「最高度の警備と称される連邦刑務所はあるが、そこから脱獄する者もいるよ。」と応じた。

コミュニティへの参加

　住戸の約60パーセントはセカンドハウスで、その残りの住民は年中住ん

郊外型砦（ガーデッド・パーチ）

　いる賃借者か所有者かである。フォーカス・グループの住民も同じように入り混ざってはいるが、全員がたとえ一年の一時期だけサンライズ・パームズに住む人でも歓迎し、親切に受け入れていることを我々に知ってほしいと言った。借家人は住宅地の統治管理に法律上の権利を有してはいないにもかかわらず、意識してHOAの一員に組み入れられている。非公式な試みではあるが、借家人や一時的な居住者を、常時居住する住宅所有者と同様に理事会に代表者として出席できるように配慮しているのである。
　こうした努力は一般のHOAとは遙かに隔たったコミュニティ問題に対する関与の度合いの高さを物語っている。実際、毎年の選挙は80から90パーセントの投票率となっており、年次総会は出席者全員を受け入れられる地元のホテルで開催せねばならないほどである。理事の定員を埋めるのに問題はなく、たいていのポストが選挙で争われるなど、通常のHOAにはないことである。
　関与の度合いは高いが、それは必ずしも住宅地内の団結を意味するわけではない。街路の傍にサンライズ・パームズを取り囲むレンガの壁を築くために、今も努力が続けられている。壁の内側では、築13年の木製フェンスが建て替えを必要としている。木製フェンスと外壁にあてる負担金が投票にかけられたとき、結果は分かれ、外部に近い人たちはレンガの壁を築くことに賛成し、内側フェンスの建て替えには拒否した。内側に近い人たちはその逆の投票をした。
　このような問題は通常住宅地ニュースレターと委員会によって取り上げられるが、大半の委員会は参加者がなく中止されていた。まるで青年商工会議所の支部のように、災害委員会が活発である一方、プール、建築、美化といった残りの委員会は「何かを変えるべきと言うことが難しい」ために解散した。彼らすべてが「執行、判決、陪審」といった義務を管理マネージャーに一任するのを好むのである。
　また、こうした関与と回避のこの不思議な混合はパーム・スプリングス市との関係にも見られる。住民は彼らが一員となっている市に特に愛着を感じてはいないが、ただ単に無視しているわけでもない。「私は我々が市にあまり大きな関心を抱いているとは思わないが、我々のここへの参加が今まで居た所よりも高いことは確かで賭けても結構です。これからも我々はいっそうの

第5章／恐怖による独立住区

関心をもち、いっそうの注意を払っていくつもりです」。おそらく退職者の割合が高いためだろうが、多くの人がボランティアになっている。グループのすべての女性は文芸プログラム、博物館、病院のボランティアになっていて、またすべての男性も妻がボランティアをやっていると言った。

　同時に、ほとんどのHOAにおけるのと同様に、ゲート内での政治的活動は明確に禁止されており、戸別訪問の選挙運動やポスターの掲示も禁止されている。グループはこのような活動を、原因が政治的なときには口論となり、喧嘩にさえなる分裂行為と見なし、原因が商業的なときには迷惑行為と見なす。学校のバンドを支援するためのガール・スカウトによるクッキーとキャンデーの販売は公式には禁止されているが、誰も本気では反対しないので何となく継続されている。また、選挙運動の禁止は、選挙運動員が見知らぬ他人の時は犯罪者かも知れず、またドアノブや玄関口にビラが残っているのは家が留守になっていることの表示になり得るという、保安への懸念でもある。

隣人愛

　こうした危険性の話は、グループの中でお互いに見張り合うように仕向け、隣が留守の時には郵送物や新聞を代わりにとってあげるようにもなるであろう。実際、分譲地には1ダース以上の人々によって助けられている1人の慢性の重病人が居る。くり返し彼らはここでは公共街路の近隣住区におけるよりもいっそう高い連帯があると主張する。「我々は、公共の街路の住宅地の人たちより、もっとお互いによく話をするから、それ［隣人の必要なもの］については熟知しているのです」。

　「私は我々がいろいろのことをここで話をできるのは、それがHOAがあるためだと思います。どんなHOAでも、単なる区画におけるよりもたくさんのコミュニティ精神をもっていると私は思います」。ゲートを設置して以来、コミュニティの変化を現実に感じるものは誰もおらず、前はたとえ夜遅くでもプールはもっとにぎやかであったのに今はそれほどでもなくなり、その代わりクリスマスの灯飾りのためにコミュニティ中が懸命に働いているだけと言う。

ある住民が、「私はゲートがコミュニティを家族的にしていると思います。」との意見を披瀝したが、皆が笑いながら、それに同意した。ゲートがあるから、「ここに住んでいない人を指摘することができます」。以前は部外者が中に侵入してきて、公園を利用しても、その人が近隣住区の人であるか誰もはっきりとはいうことができなかった。今や、ゲートによって、顔を見知ることが比較的容易になっている。一時居住者はあまり顔を知られていないが、皆が誰かが冬に戻ってくればすぐに気づいてしまうと言う。こうした誰がこの人間かという問題は少々気を配らねばならぬ厄介なもので、前の住民が施設に時々戻って来て使用することもあるため、プールとテニスコートの錠は予め決められた計画に沿って取り替えられている。

　駐車、騒音、犬の放し飼いに関して個人間で時には衝突が起こるが、こうしたことは頻繁でも重要でもないと思われている。こうして比較的平穏にここが維持されているのは、ある女性が次に説明したようなことのためである。「もし我々が外部の区画に住み、意見のが相違を見たときはお互いを十分に見知っていないので、決してまとまることはないでしょう。ここでは我々はお互いによく知っているし、またお互いに非難されないように注意を払っています」。もう1人の女性が「もし（開放された）街路の反対側に住んでいたなら、あなたは逆の方向に行くかも知れません。」と、同意を示した。彼らはゲートそれ自体がこの親しい関係を強化するのに役立っているのでは、と思っている。また彼らはお互いを見知りあって、お互いにかかわり合いを持たなくてはならず、そして彼らはお互いに見守り合い、お互いに世話をし合ったりさえしなければならないと思っている。ある男性が「我々は多くの問題に関して意見を大きく異にすることもあるが、それでも我々は友人同士なのです。」と言う。例えば、彼が自分のために新鮮な農場の卵を買いに遠出するときには、今この部屋にいる数人を含め、他の親しい人々のためにも卵を買ってくると言うと、他の人も笑いながら同意した。

　ゲートの設置の有無に関わらず、他のどこの分譲地にもあるように問題はあり、ときどき隣人同士が対立する。しかし、外部の騒音、交通、犯罪に対して共同して防御することに決めたサンライズ・パームズの住民は、その共同防御地内のコミュニティを守ることが必要なことを知っている。

第5章／恐怖による独立住区

バリケード型砦(バーチ)

　より古い都市や都市近郊の近隣住区における中流階層の住宅所有者は、自分たちの投資を守ろうとして、単に保安パトロール隊の雇用や、近隣住区監視グループをつくるのみではなく、自分たちの街路への出入りをふさぐバリケードと鉄製ゲートにも目を向けつつある。フェンスとゲートによる近隣住区への全進入口の完全な封鎖は通常はできない。街路が公共である限り、ホイットレー・ハイツ近隣住区が直面したように法律問題がしばしば起きる。公共の街路は私有化することが可能だが、それに要する費用は多くの場合住民や都市が負担を厭わないもの以上になる。このような都市近隣住区での戦術は通常、大多数の交差点を封鎖し、一つないし二つの進入口を残して、街路にバリケードを築くことである。それは都市の開放された格子型の街路から郊外の行き止まりの迷路による袋小路(クルドサック)をつくる効果がある。これらがバリケード型砦(バーチ)である。他の保安圏タイプと同様、これらはデベロッパーよりむしろ住民の主導によってつくられている。

　壁やフェンスで完全に囲われておらず、進入口はゲートで警備されていないが、ゲートの設置に非常に近いため、また私有化し排除しようとする意図が同じであるために、我々はこれをゲーテッド・コミュニティとして同列に扱った。また本書で論じた他の形態のように、バリケード型砦は通常の公共スペースへの出入りを制限して意図的に保安型定住区となるべく設計されたものである。その効果は、実際に実行できる完全なゲートの設置に限りなく近い。マイアミ、ヒューストンやその他の都市では、近隣住区の多くがこうした解決方法に向かった。こうした都市の中には、バリケードを築く計画の承認を待つ近隣住区の長蛇の列ができているところもある。

　我々はロサンゼルス、マイアミ、ダラス、パーム・スプリングスで封鎖された街路を視察したが、シカゴ、ニューオーリンズ、ヒューストン、フォートワース、ボストン、コネチカット州ブリッジポートなど国中の都市に類似の動きがある。バリケード型砦のリストは毎年長くなっていく。フロリダ州では、州近隣住区安全法により近隣住区に対して公共街路を封鎖し、民有化し、通行権を修正することを地方政府と交渉することを認めている。[17]

バリケード型砦：フロリダ州、マイアミ・ショアーズ

　理由は、自分たちの街路でのギャングやその他の差し迫った犯罪の問題から、さらに他の場所から溢れ出て侵入してきた犯罪、交通渋滞、自分たちの街路を近道として利用する通勤者、都市全体の無秩序による無形の脅威からの全般的安全性の問題にまで及ぶ。支持者は、街路封鎖が近隣住区と住宅価値を高いレベルを維持することに役立ち、また白人と中流階層の郊外への脱出を止めるのに役立つ上に効果的な犯罪抑止力になるとして支持している。
　カリフォルニア州サクラメントのフランクリン・ヴィラは、ギャング、麻薬、暴力犯罪という深刻な問題を抱えるアパートメントやコンドミニアムのビルからなる低所得層の複合住宅団地である。近隣住区の住民から要求があった何年も後の1993年に、市は230万ドルのコミュニティ再活性化計画の一端として、近隣住区に向かう街路にバリケードを築くことを承認した。[18] ホイットレー・ハイツ事件のために、これらのバリケードはカリフォルニア州におけるすべての私有街路に試みられたものと同様、臨時のものであった。バリケー

第5章／恐怖による独立住区

ドは維持継続されている間は、皆に歓迎された。それ以前には、個別の複合団地毎に独力で犯罪を制御しようと試みており、あるHOAは鉄製のフェンスと、銃や犬を伴って巡回する保安警備員に200,000ドル以上を費やしていた。[19]

　ロサンゼルス南央部の労働者や中流階層による近隣住区である、アテネ・ハイツは、ロサンゼルス暴動事件の中心であったノルマンディーやフローレンスから、ほんの数区画しか離れていない。そこにはほとんどが1950年代に建てられ、すべてが丁寧に手入れされた芝生と庭を備えている住宅群があり、堂々たる昔ながらの住宅や、少しこじんまりした化粧漆喰に覆われたバンガローなどが含まれている。近隣住区の周辺には、ロサンゼルスで最も貧困で、最も犯罪に苦しめられている区画がある。アテネ・ハイツの住宅所有者は、1987年に自分たちの街路のゲート設置に対する承認の請求をはじめ、ようやく1991年に、最終的に一つの恒久的な鉄製ゲートといくつかの仮設の木製バリケードを据え付けた。当初の計画では、近隣住区に向かう街路を一本だけ開けて残し、10の鉄製ゲートをつくることを要求していた。住民は、ゲートを設置した後に犯罪が減少したと言っている。しかし、ゲートがもたらしたコミュニティの孤立あるいはその喪失に気付いたアテネ・ハイツの住民は次のように言った、「今の通学路では子供たちはたくさんの落書きを見ながら歩いていく。もし子供たちがここの住宅地を通り抜けられたら美しいものをいっぱい見られるはずなのに、子供たちがそれを見られないのはたいへん気の毒で残念です。また、子供たちが成長していき、学校へ行く姿もここでは見られなくなってしまいました。望むらくはいつの日か子供たちがここに帰ってきて欲しいということです」。[20] 1994年に、ホイットレー・ハイツの判決のために、バリケードは撤去された。

　ホイットレー・ハイツにおけるように、街路の封鎖は声高な反対をしばしば生むこととなる。ニュージャージー州メイプルウッドのヒルクレスト地区では、隣接するニューアークの暴行事件に対処して、五つの練鉄製ゲートが1993年に据え付けられた。これらの街路封鎖を巡る多くの抗争と同じく、ヒルクレストHOAは住民用街路での通り抜け車両をただ減らすことを望むだけだと断固として主張した。ヒルクレストの住民はほとんど中流階層の専門職たちであり、その約半数が黒人である。境界を接するニューアークの地区は貧困で、

荒れ果てた近隣住区である。ヒルクレストの住民は郊外団地が持っているのと同様なものを望み、都市計画家がすでに決めた行き止まりの袋小路のレイアウト様式が自分たちの住宅が今建てられている市の格子状道路より好ましいとした。ニューアークのシャープ・ジェームズ市長はヒルクレストのゲートを「エリート的」「破壊的」と非難して一連のラジオとテレビのトークショーに出演した。この問題はジェームズにとって「社会階層の切り離し」を意味するものであり、それは「協力に代わり対立を引き起こす」ものであった。NAACPはゲーテッド・コミュニティとその街路にバリケードを築くという近隣住区の急増している傾向に対抗して、「積極的な姿勢」で論争に割り込んだ。

オハイオ州デイトンのダウンタウンに近いファイヴ・オークス近隣住区は、通勤者による通り抜け車両の増加、売春と麻薬の問題、長年の居住民の脱出と苦闘していた。市の回答は1992年計画なる、近隣住区中の街路をゲートで遮断してそれぞれ3，4本の街路がある八つのミニ近隣住区をつくることであった。それぞれのミニ近隣住区はただ一つの進入口のみを有しているだけで、残りの内部にある街路は自動ゲートで封鎖された。支線の街路には、一方の境界からもう一方の境界まで続くものはない。街路の封鎖は犯罪と車両交通を減らすように意図される一方で、ミニ近隣住区の街路がその住民の管制の下にあると明確に表すこともまた意味した。「それは住民によって所有する感覚を呼び起こすであろう。街路の性質は何の連帯感ももたず、はっきりしたアイデンティティもない開放された公共の通行路から、住民が街路に一体感をもち、また住民自体の性格を表した、封鎖され、出入りを限定された街路に変化するであろう」。[21] 反対し続ける人もいたが、ファイヴ・オークスにおける街路の封鎖は警察と住民の多くに成功であるとみられた。犯罪が減少し、不動産価値が上昇した。[22] そして国中の都市が犯罪や中産階層の離脱に対して闘争するに際して、多くの人がファイヴ・オークスとその他のバリケードを築いた近隣住区を代表的モデルとして注目するようになっている。

新しいマジノ線：フロリダ州マイアミ・ショアーズ

マイアミ・ショアーズ市は、実際に居住する場所とは思えぬほど映画セッ

第5章／恐怖による独立住区

トに似ている。それはビスケーン湾を背景とし、テレビ番組の「マイアミ・ヴァイス」で紹介された多くのエピソードをそのまま現実化した如くに見える。街路はヤシ、松、ユーカリの木々で青々としていて、湾の正面には、高級な大邸宅があり、それから遠去かるにつれてあまり高価でない住宅群に次第に場所を譲っていくが、堅実な中流以下の階層は住んでいない。それはわずか2.5平方マイルしかない小さなタウンであるが、大きなマイアミ市の周縁に位置し、その街路は湾岸からマイアミ市の格子状道路へと切れ目なく継がれている。

マイアミ・ショアーズへの我々の案内役は、ジェイ・ビーチという市の部長で、洗練され、日焼けした市の高官であったが、彼はタフで、知識豊かであり、また彼は市とその居住者を知悉している真面目な監督官と自称していた。彼は市がスプロール化する大都市圏の中の孤島であることを認識し、彼の居るタウンの美しさと、隣接する都市マイアミの堕落を指摘した。

また、マイアミ・ショアーズの境界線を表す大通りは、昔のままの映画セットのような環境の終点をも表わしている。街路の反対側は、マイアミで労働者階層や黒人貧困層の近隣住区がある。そうした住宅の中にはすぐ塗装を要するものも多くあり、歩道のブロックに乗り上げた車や街路にゴミの投げ捨てがあったりもする。この通りの二つの側は、人種や所得においてのみでなく、それぞれの市が提供できるサービスの水準でも異なっている。マイアミ市の近隣住区ではゴミ収集が非常に不規則、不十分なので、しばしば住民がマイアミ・ショアーズ市のゴミ収集日に道の反対側にまでゴミ出しに行くという話を我々は聞いた。

大通りを渡るのは、ゴミ収集日のビニール袋だけではない。ジェイ・ビーチによれば、犯罪、無秩序、破壊行為も大通りの反対側からやって来る。彼はその阻止をしないままにしておくことが、マイアミ・ショアーズの衰退を少なくともそれがマイアミ市と境界を接している区画においてはもたらすであろうと考え、街路にバリケードを築くというタウンが見いだした解決策を心底から支援していた。

そのすべてが1988年に公共の安全を改善するという市長選挙の公約として始まった。やがて市長に選ばれるその候補者は、最も重大な問題に市民を関

バリケード型砦(バーチ)

与させるという市政府の開放姿勢をも約束した。最初の市全体による集会には、数千人の市民の出席があったが、それは空前のことであり、これほど大規模な集会は誰も見たことがなかった。公共の安全に対する懸念はその夕べの最大の議題であり、特に東側境界線の向こう側にあるマイアミ市の近隣住区の衰退に集中した。一般的な理解では、マイアミ・ショアーズにおける犯罪がそのマイアミ市の近隣住区からマイアミ・ショアーズの東側地区に向かって来たのである。

最近、一連の車による財布のひったくり事件があり、自分たちの車道で人々が犠牲になった。女性たちは外出を絶対にやめるとまで言いだし、老人たちは、無法者がはいくつかある主要街路のいずれからでも近隣住区に侵入でき、警察が対処する前に逃げられるのに震え上がった。市はあまりにも無力であると考えられた。会合で出てきた答えは単純であり、周囲を安全を固めることであった。

境界線に沿って街路を封鎖するためバリケードを据え付けるという提案は、市民によるタスク・フォースの手に渡された。彼らはマイアミからマイアミ・ショアーズに向かう全進入口を事実上封鎖して、しかもその内部ではバリケードを使って迷路をつくるという、徹底したバリケード・システムを提案した。最も大きな通行道路だけが開放されたままにしておかれたのであった。

マイアミ・ショアーズ市議会はその計画に衝撃を受けた。市議会は計画があまりにも行き過ぎで、物議をかもし、市議会は出入りについての州法に違反するかも知れないこと、警察と消防が公共の安全という悪夢でうなされるかも知れないことを恐れた。タスク・フォースの報告は拒否されたが、市長の約束は守られなければならなかった。より多くの市民の関与を引き出し、シティ・マネージャーによって作成された、比較的刺激的でない計画に対してヒアリングが催された。計画はバリケードの数を減らした上、残ったバリケードも東側境界線に集中させるものであった。しかしこの縮小された計画さえ市を分裂させた。市長のタスク・フォースのメンバーは裏切られたように感じた一方、マイアミ・ショアーズ全域の中核的グループは、どんなバリケードを築いても、それが違憲で、反民主的で、人種偏見に根差すものと感じた。市議会は主張を曲げずに踏みとどまって、バリケードはいくつかある

第5章／恐怖による独立住区

べきだが、それは控え目なもの、また出入りを制御するものであるべきで、近隣住区を封鎖するものにすべきではないと主張した。最終的には政治的圧力を一部満足させるかのように、少数の内部のバリケードに限った計画が認められた。シティ・マネージャーは実施計画を作成し、バリケードを設計すべく実行許可を与えられた。

　街路のバリケードは地元の建築家で保安コンサルタントであるランドール・アトラスによって設計された。バリケードは基本的に街路を横切る潅木のある盛り土の壇をつくることであり、ヤシの木、観葉植物、反射ミラーで袋小路(クルドサック)をつくっている。街路パターンがたとえ少しでも変わってしまったとは言い難い。しかしそれがいかに魅きつけるものにつくられたとしても、東側の住民たちはバリケードが自分たちに対する公然たる侮辱であると考えた。最初のうちは反対派がバリケードをトラックで通り抜けたので、潅木の植込みは定期的にしばしば破壊された。市職員は、セメント、枕木、金属製柱を付け足して、車の侵入阻止し得るよう強化した。この戦術は功を奏しバリケードは今や破壊できない状態にある。

　このシステムを次段階へと拡張し、基本的に近隣住区の内部を壁で囲い込むよういっそう多くの要請が寄せられた。しかし、市議会は政策的および実利的双方の理由で、これを断固として拒否した。さらにバリケードを築くことは輸送ルートを妨害し、デイド郡やフロリダ州の激怒を被るかもしれなかったし、また市議会の少なくとも、いく人かがマイアミからマイアミ・ショアーズを封鎖することは結構なことだが、同時にマイアミ・ショアーズの多くの近隣住区を相互から封鎖してしまうことになるのはコミュニティにとって有害なことと見ていた。

　こうしたバリケードは本当に役に立つのであろうか？誰も確実に知ることはできない。いく分かの犯罪は減少したが、この点のバリケードの効能は証明されていない。現実がどうあろうとも、住民はより強い安全性を感じ、自分たちの街路を歩く意欲の高まりを報じている。しかし対立はバリケードを設置する特定の位置についても、バリケードそれ自体についても残ったままであった。この計画に対する当初よりの反対派には、引っ越した者さえいたが、同様に自分たちが望んだ位置に的確にバリケードが築かれなかったとし

て引っ越した者もいた。

　バリケードを巡る対立の痛みは依然政治が織りなすものの一部となってしまい、市議会ではほとんど常時の問題となってしまった。マイアミ・ショアーズの近隣住区には、バリケードが車両交通や犯罪の流れを変えて自分たちの方に向かってくると感じる者もいた。バリケードがあまりにも小さく、解決策としては不十分であると感じる者もいた。住民がこの慎重に扱うべき過敏な問題に対していずれの立場にあろうとも、論議は尽くしきれないだろう。マイアミ・ショアーズは今やバリケードの内側にあり、ゲートのいずれの側に錠を取り付けるのかが問題点ではないのであろうか？

保安圏型における犯罪とコミュニティ

　都心の過密地区(インナーシティ)や低所得層近隣住区は絶望的に荒みきっており、郊外の近隣住区は都市の問題がいっそう近くに忍び寄るのを見て心配している。都市、郊外、バリケード型砦(バーチ)に関連する問題は、ライフスタイル型や威信型コミュニティにある、管制、プライバシー、安全性、恐怖といった問題と同様である。保安圏型に存在する相違点は、住民がその近隣住区内や近在地区から溢れ出てくる車両交通、犯罪、恐怖といった圧力を感じて、ゲートの構築やバリケードによって当該区域を取り戻し、管制しようと自ら率先して行動を始めていることにある。

　多くの保安圏型近隣住区に住む人は真のコミュニティをよく知っていて、それを維持するか、あるいは取り戻そうと努力している。コミュニティはこうした事例においては一般商品以上の存在で、それは共有する地域や共有する運命の意識である。コミュニティの住民は自らを追い立てて、大都市の中心から遠くへ遠くへと逃れようとは思わないが、自分たちの近隣住区と生活の質を維持しようとして闘っている。しかしゲートはその答えとなりうるのであろうか？

　我々がすでに見てきたように、ゲートは内部、外部の双方で、しばしば地元住民を対立に巻き込んでいる。バリケード型砦における対立は街路は公共の

第5章／恐怖による独立住区

もののままであるため、たとえ完全な封鎖ができなくとも、いっそうの激化さえあり得うる。ニュージャージー州メイプルウッドやニューアーク、マイアミ・ショアーズで起こったように、バリケードやゲートの設置が議論されるとき、しばしば人種間の緊張が現れる。

マイアミのココナッツ・グローブ地区では、カリブ系米国人が、彼らが圧倒的多数を占めるグローブ西部で、グローブの他のより裕福な地域でのゲートやバリケードの設置に抗議して集結したが、彼らはそれを人種差別主義者の陰謀の一端と見なしていた。富裕なグローブ住民の中にはバリケードを自分たちの近隣住区に設けるより、むしろグローブ西部をバリケードで遮断して貧困と犯罪を封じ込めるべきと言う者さえもいたと地元の都市設計者は我々に語った。[23]

連邦住宅・都市開発省は、1994年後半にヒューストンの多くの街路封鎖に対する調査に着手した。市は交通制御と安全のために街路封鎖を許可する条例を既に採択していた。住民のあるグループは、封鎖の多くが差別的で、人種偏見に根差していると苦情を述べ、一部の近隣住区が街路封鎖によって人種による分断線ができたことを人口統計データが確認していると論じた。[24] 1993年、リチャード・M・ディリー市長はコンクリート・バリケードでシカゴ市を「袋小路（クルドサック）」にする計画を提案したが、大規模で強烈な抗議が起こった。街路バリケード設置により市を封鎖しようとする郊外の試みに依然として憤慨しているシカゴ市民の多くは、市長の提案のバリケードが市を人種と社会階層で分断し、合法的にすべてに人が帰属している市から貧困層と有色人種を孤立させると感じた。

こうした対立にもかかわらず、いっそう多くの近隣住区では自分たちの住宅、街路、生活を守ろうとしてバリケード設置を考えている。バリケードの有効性についてのあちこちに散在する地方のデータは、一つの問いに犯罪の減少、犯罪の増大、まったく変化なしという三通りの回答とした例のように、とりとめなく決定的ではない。また隣接地区においてより犯罪が少なくなったと報じる者もあり、より高くなったと報じる者もある。近隣住区の中には、それをつくるのに争った後の失望やフラストレーションのために、ゲートやバリケードを撤去するところもあったが、多くは平穏に成功裡にバリケード

保安圏型における犯罪とコミュニティ

を築いたままで、他の近隣住区にバリケードを設置するように薦(すす)めている。
　セントルイスで封鎖された街路による近隣住区と、それと類似の開放されたままの街路の近隣住区との比較が、ゲート設置計画を設計して政府や近隣住区のコンサルタントを努めている都市計画家オスカー・ニューマンによって1970年代中ばに行われた。この研究は、犯罪の発生率に顕著な変動を見いだしたが、一般に、開放された公共の街路が私有で封鎖された街路より犯罪が多かった。[25] 開放された街路と封鎖された街路とによる近隣住区間の最大の相違は認識の差であって、ゲートの内側にいる人々は、自分たちの街路がよりずっと安全と感じ、玄関や窓を開けたままにすることがより多いようだった。
　よりいっそう徹底的で、広範囲な二つの研究が、フォート・ローダーデールの警察によって行われた。最初の調査は封鎖された街路の近隣住区における暴力犯罪や盗難の発生率に重大な変化はないとした。自動車泥棒、窃盗、その他の犯罪に関しては、封鎖の直後に、かなりの下落が時折あったが、短期間だけしか続かなかった。フォート・ローダーデール警察の犯罪防止班により1990年に行われた第二次調査では、封鎖した街路の近隣住区のいくつかにおける犯罪率の変化を、市全体の率と比較して、ゲートとバリケードには目立った効果はなかったと結論した。[26] 次の研究では（表5-2参照）、パトロール警官に対する同時調査によって、大多数が街路の封鎖を嫌っており、犯罪を減らすのでなく、緊急対応時間(リスポンス・タイム)を延引させ、警察のパトロールを妨げると考えていることが判明した。[27]
　街路封鎖の背後にある理論、環境設計による防犯（CPTED）は、地域に対する近隣住区の意識や場所への誇りを高めることが犯罪を減らすのに役立つであろうと主張している。主要な推進力は、ことを厭わず、可能にするであろう「守りやすい住空間」の創造、すなわち住民が監視し、防御することを厭がらず、またそれができる明確な物理的境界線をつくることである。どんな物理的設計変更がなされようとも、成功するCPTEDへの努力の鍵となる要素は、コミュニティの団結と関与を強化することである。しかしながら、フォート・ローダーデール警察は、いくつかの近隣住区において住民がバリケードの計画と承認に対して争って、対立し分裂しているのを目撃したと報じている。居住者の協力の重要性を認識して、彼らは街路封鎖計画が近隣住区を

第5章／恐怖による独立住区

表 5-2. フォート・ローダーデールの犯罪発生率（1989-89年）

近隣住区のタイプ	前年比	
	1988	1989
バリケード沿道近隣住区		
リバーサイド・パーク	-18	6
サンライズ・イントラコースタル	-6	-2
ターポン・リバー	-3	-8
エッジウッド		-8
平均	-7	-3
開放された近隣住区		
コーラル・リッジ	-15	0
ドッシー・リバーヘッド	-18	6
フォート・ローダール・ビーチ	-9	-5
リバー・オークス	6	-9
ヴィクトリア・パーク	-13	9
リバーランド	-7	-2
サウス・ミドル・リバー	-18	-2
クロワッサン・パーク	-10	-6
ポインセッタ・ハイツ	-2	-6
ノース・イースト・プログレッツ	-11	-18
メルロズ・マナーズ	-9	14
シャディ・バンクス	-13	15
ローダーヴール・マナーズ	-1	-11
ノース・イースト・フォート・ローダーデール	-9	-2
コラル・リッジ・アイルズ	-8	-4
平均	-9	-1
全市平均	-11	-2

出典：犯罪防止調査班『街路封鎖調査』（フロリダ州フォート・ローダーデール警察、1990年）

両極に分け、既存の組織を台無しにすると警告している。確かにこれはホイットレー・ハイツにおいて起こった結末であった。

　多くの都市からの白人や中流階層による離脱が加速しており、コミュニテ

ィづくりは都心の過密地区を保全するための唯一の方法である。バリケードは島をつくり認識を変えるかも知れないが、離脱の潮流を食い止めるのにはほとんど役立たないであろう。我々が視察したマイアミ近隣住区の多くは危機にに瀕していた。ココナッツ・グローブで、近隣住区の街路を封鎖するべく住民闘争に参加している一人は「バリケードを築くことが合理的である。生活の質がここはひどく悪い。」と主張していた。[28]

　保安圏型は近隣住区についての地域の管制に対する闘争を表すものだが、多くの動機をもった闘争でもある。砦の街路封鎖には、便宜性やただ単に車両交通を減らすだけの願望に基づいているところも一部ある。他に威信や排除の願望や、あるいは不動産価値の上昇や高級化した住空間の防御といった願望に基づいているところもある。その他の多くは、現実の問題に対する意思表示である。自分たちより貧困な層から自らを隔離しようとする特権的なあるいは高級な近隣住区による努力は、民主的社会におけるコミュニティにとって疑問を感ずる源である。しかし同時に、現実の脅威を経験している近隣住区を保安防御する努力は誹謗できない。こうした努力は、問題解決に向けたコミュニティの努力である。たとえ解決への有効性が疑わしくとも、近隣住区を改善の方向へ導こうとするコミュニティの組織と行動は建設的な第一歩である。

第6章

逃げ回ることはできるが、
隠れることはできない

　威信(プレステイジ)、イメージ、社会的地位のためにゲートを設ける人がいる。プライバシーを求める人もいる。自分で共有スペースやサービスを買い取り、自分の管制(コントロール)の下におき、私有化することを望む人もいる。自分の好きな形式でレクリエーションを楽しめる排他的な場所、カントリークラブを望む人もいる。自らを犯罪と交通公害から守ることを望む人もいる。すべての人は、自分たちの住宅、街路、近隣住区に対する管制を望んでいる。ゲート、警備員、壁によってこの管制を行い、自らの領域から部外者を排除できることを求めている。本章で、我々は我々自身によるゲーテッド・コミュニティの全国的調査の結果を考察し、ゲーテッド・コミュニティの住民の動機と体験をさらに検証していく。

ゲートの内側：安全性

　犯罪に対する保安と恐怖はわが国で最も重要な問題の一つである。米国人のほぼ90パーセントが犯罪の発生率がより悪化していると思っており、55パーセントが犯罪の犠牲者となることを心配し、同じ割合の人が警察による防護が不十分と感じている。[1] HOA理事会に対する我々の調査結果は、保安がゲーテッド・コミュニティの住宅を購入する人にとっても同様に、第一の関心事であることを示している。回答者たちは、彼らと彼らの隣人が分譲地周辺を要塞化することに引き寄せられたと考え、ほぼ70パーセントがゲーテッド・コミュニティに住もうとする自らの決断において、保安が非常に重要な問題であったと述べた。保安はわずか1パーセントの人にとってのみ重要な動機にならなかっただけである（図6-1参照）。

　本研究におけるゲーテッド・コミュニティは、それ故に警備産業の顕著な成長の一端を成している。1993年の国立司法研究所による調査は、政府の法執行機関によって雇用されている者の3倍もの人が、警備装置製造業から装甲

図6-1. ゲーテッドコミュニティの選択の際の保安の重要性

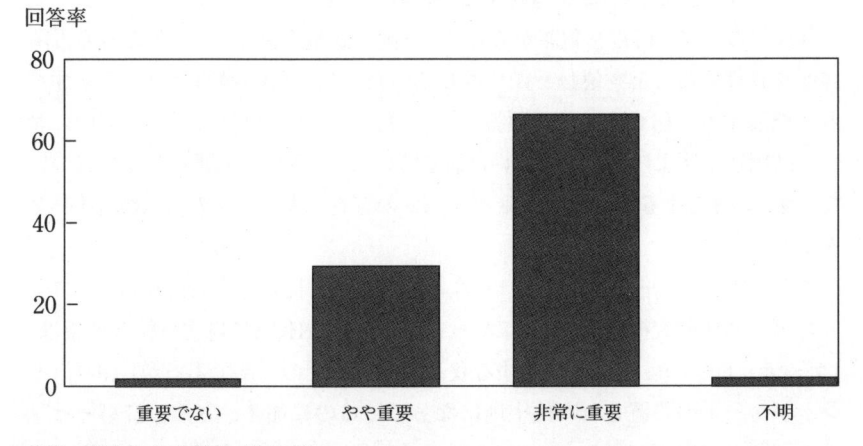

回答率

| 重要でない | やや重要 | 非常に重要 | 不明 |

出処：著者による調査（1995年）

第6章／逃げ回ることはできるが、隠れることはできない

図6-2. 犯罪減少の原因に対するゲートの役割

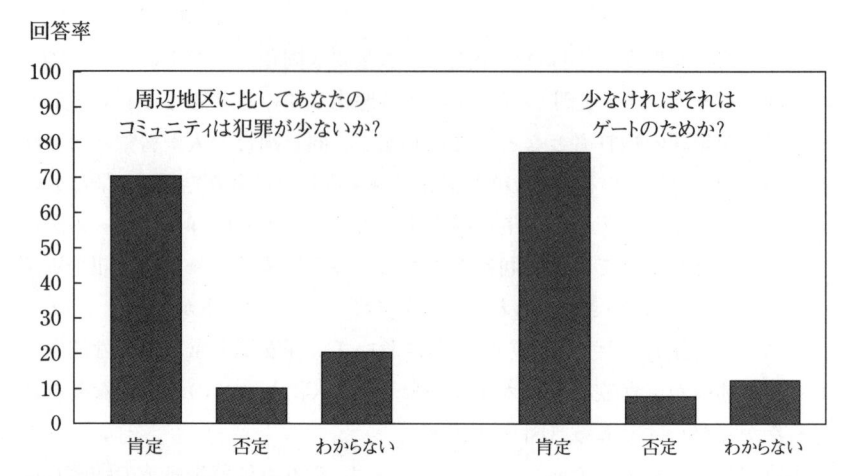

回答率

（グラフ：「周辺地区に比してあなたのコミュニティは犯罪が少ないか？」肯定約70、否定約10、わからない約20。「少なければそれはゲートのためか？」肯定約78、否定約8、わからない約12）

出処：著者による調査（1995年）

車運転手に至るまでの民間の警備産業の分野で働いていると報告した。1980年代初頭から1990年代初頭に至る10年間に、民間警備員の数は2倍になり、警察官の数を上まわった。民間の警備産業は、政府の法執行支出より73パーセントも多く支出し、主要な国家保安警備の源泉となっている。[2]

住民は我々に、自らを犯罪から守り、車両交通量を減らし、自分たちの近隣住区を管理することを望むと繰り返し語った。そのうえ、彼らはゲートがすぐれて機能すると信じている。回答者の3分の2以上が自分たちの住宅地においては周辺地区より犯罪が少ないと信じていた。こうした犯罪率の差異について、彼らのまるまる80パーセントがゲートの存在に基づくものとした（図6-2を参照）。

また、多くのゲートのないコミュニティにもある種の保安設備がある。コミュニティ団体研究機構（CAI）によって実施されたHOAに対する総合調査は、（ゲーテッド・コミュニティに対する我々の調査もその一部であるが）19パーセントがゲートの設置された住宅地になっているのに加え、さらに27パーセントが周囲の壁や巡回パトロールといった何らかの保安手段を有している。54

ゲートの内側：安全性

図 6-3. 保安手段による犯罪防止比率

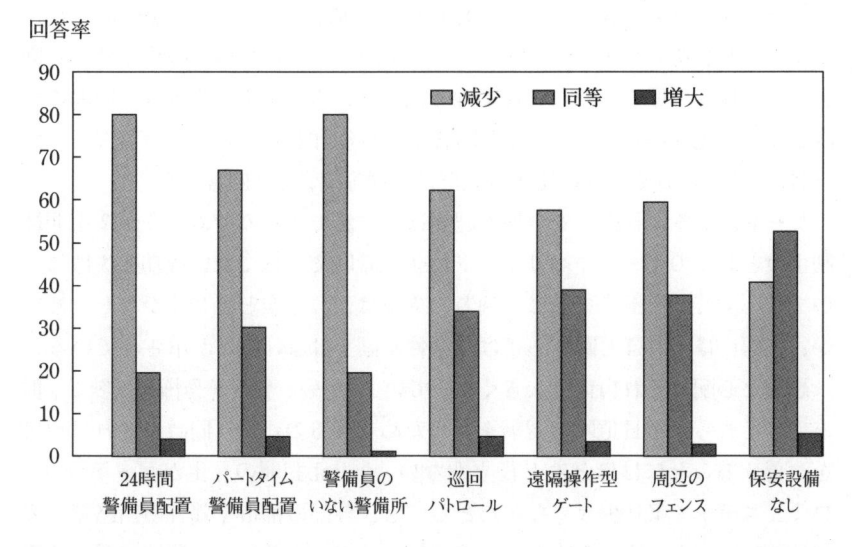

回答率

凡例：減少　同等　増大

カテゴリ（左から）：24時間警備員配置、パートタイム警備員配置、警備員のいない警備所、巡回パトロール、遠隔操作型ゲート、周辺のフェンス、保安設備なし

出処：ドリーン・ハースラー、ウォレン・クライン『コミュニティ組織における内部調査：事実と概念』（CAI、1996年）

パーセントだけが、どんな種類の保安手段も有しておらず、周囲のフェンスさえもたない。調査では、こうした住宅地での犯罪発生のレベルが、周囲の地域でのそれと比べて、低いのか、高いのか、同等なのかを、回答者に尋ね、結果はその所有している保安手段の種類に応じて分析された（図6-3参照）。いささかも驚くべきではないが、保安のレベルが高ければ高いほど、それだけいっそう安全だと感じるようであった。保安手段をもたない住宅地の回答者の41パーセントは自らの周囲の地区より犯罪が少ないと答えたが、ある種の保安手段を備えた住宅地の方が犯罪が少ないと回答する傾向がいっそう強かった。興味深いことに、それぞれのケースでのごく小さな比率だけだが、保安手段の如何にかかわらず、犯罪が自分たちの住宅地でより高いと答えた。最も高い比率で住民が犯罪がより少ないと信じている住宅地は、警備員のいない警備所をもつ住宅地と24時間体制の警備をもつ住宅地であり、それぞれ81パー

第6章／逃げ回ることはできるが、隠れることはできない

セントと80パーセントに達している。パートタイムの警備員がいる住宅地の67パーセントがより低いレベルの犯罪発生を回答しており、また遠隔操作（リモート・コントロール）によるゲートを備えた住宅地の58パーセントがより低いレベルの犯罪発生を回答した。保安手段をもたない住宅地の回答者のうちおよそ半数は、周囲の地区と比べて犯罪のレベルは同じと回答しており、他のすべてのカテゴリーの回答者は、よりいっそう低い比率の人だけが同等であると回答した。

ゲートによるより高い安全性の認識は、立証できるのであろうか？犯罪抑制手段としてのゲートやバリケードによる曖昧で一様でない成功と失敗については、すでに第五章で論じた通り、人々はより安全と感じるかもしれないが、実際にはそれほど際立っては安全性が高くはないことが示されている。

恐怖と心配はそれ自体で大きくなっていく。ゲートや壁が恐怖を反映し、他方ではそれらが毎日危険の認識をあらためさせるのだが、同時にそれは現実を改善することにはほとんど役立たない。たとえ犯罪の発生がゲーテッド・コミュニティでより少なくなったとしても、外部の都市や郊外の街路での変化はない。しかしもちろんゲートを設置する潮流の背後には犯罪に対する恐怖以上のものがある。ゲートは経済的、社会的、人口動態上の変化によって高められた心配に対して安心を与えてくれ、我々が攻撃を受けやすいと感じている外部社会から保護してくれるのである。

ゲーテッド・コミュニティの支持者には、私的な保安手段を講ずることによって、自分たちの住宅地が政府警察の負担を軽減させ、その資源を他に使わすべくしていると論ずる者もいる。しかしながら、ほとんどの場合、民間保安手段は警察業務に取って替わるというよりむしろそれを増大させている。これは、ゲーテッド・コミュニティが最も一般化している犯罪の少ない郊外のように、住宅地街路におけるパトロールが、重要な警察活動の一部ではない地域では特にそうである。結果として、ゲート設置地区の外側の人に対して公的保安が、より厚く供与されることはなく、むしろ保安に二段になったシステムができたということであり、公共警察を民間警備で補おうとする人々対していっそう高い保安を供し、またそれができないか、そうはしていない人に対してはより低い保安しか供しないということになっている。テキサス州プラノ市の住宅地サービス局長フランク・ターナーが強く主張するのは、

ゲートの内側：コミュニティ

「もし我々がそれは安全と警備に必要であると言おうとするなら、我々はすべての新住宅地にそれを要求すべきである。どうして一部の人だけ警備に二流の警備で満足すべきと言えるのだろうか？」。(3)

ゲートの内側：コミュニティ

　壁とフェンスを建てることと、住宅地の進入口にゲートを設置することは当該地区をコミュニティとして強固にすると思われる理由がある。しばしばゲーテッド・コミュニティの支持者は、近隣住区が境界線を確立して、それを守り、そしてその地域への出入りを管制するのを可能にすることによって、ゲーテッド・コミュニティの住民が強いコミュニティにとって極めて重要なアイデンティティーと保安の意識を伸長させるであろうと主張する。少なくとも場所に基礎をおいたコミュニティにとって、何が"我々の"ものであり、何が外部のものかを認識する境界線の重要性は、多くのコミュニティに関する文献のテーマとなっている。(4) 物理的境界として認識されるものは、社会的相互交流を管理し、対立を減らすのに役立ち、また人々を連帯させ相互依存と共同行動の基盤をつくる地域性と所有権の意識を刺激するに役立つ。

　また、すべての私的なHOAと同様に、ゲーテッド・コミュニティにおける他の特徴は、コミュニティの意識だけでなくコミュニティの行動も促進していると多くの人から見られてきた。(5) これらの特徴には、住宅形式に従って住宅区画を最小単位に分割する結果を引き起こすこととなる、所得、利害、ライフスタイルでの同質性を含むものであり、例えばHOAにおける自治、コミュニケーション、集団行動制の構造の存在、あるいは、共有区域、共有施設、街路、また連棟住戸の場合は屋根と壁さえをも共同所有することによる経済的な相互依存の程度がある。

　本書におけるコミュニティの概念はコミュニティの感情、すなわち、たいていの米国人がコミュニティについて話をするときに言及する「良い感じ」と帰属意識、および共通の目標に対するコミュニティへの一般の参加と関与の双方を扱うこととする。これに関連する概念たるコミュニティの満足につい

| 第6章／逃げ回ることはできるが、隠れることはできない

図6-4. ゲーテッド・コミュニティとその周辺地区の
コミュニティの感覚の程度の認識

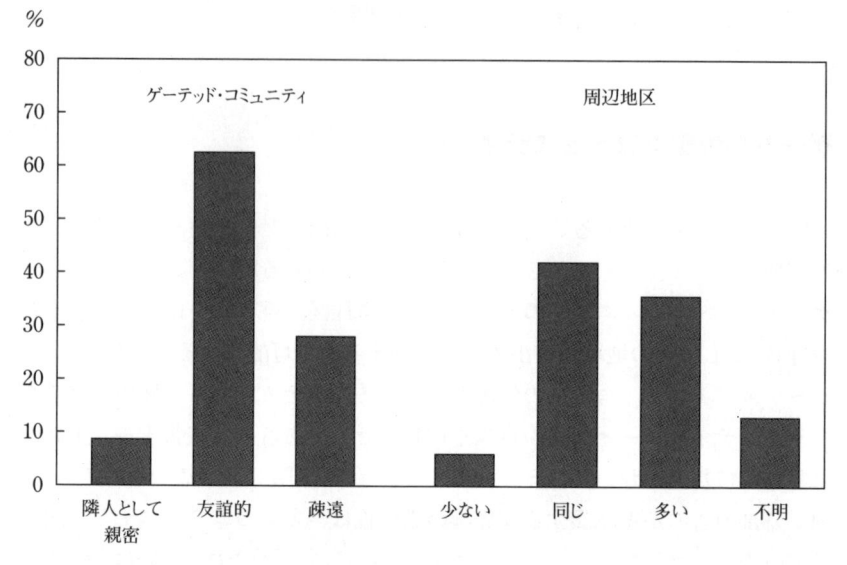

[図：棒グラフ。ゲーテッド・コミュニティ：隣人として親密 約8、友誼的 約62、疎遠 約28。周辺地区：少ない 約6、同じ 約41、多い 約35、不明 約12]

出処：ハイスラー、クライン『内部調査』

ての研究は、コミュニティの感覚やコミュニティの紐帯と混同されるべきではない。場所に対する一体感が帰属意識と同じではないように、満足は参加ではない。満足と一体感は、場所や集団への一方的接続であり、他方、参加と帰属は真の接続、すなわち我々が定義したように、そのコミュニティが要求する双方からの関与である。

　我々の調査はゲーテッド・コミュニティの住民がその住宅地をどのように感じているのか、また彼らが近隣住区の社会生活と統治にどの程度参加しているのかを推量できるように編成された。調査での一対の質問項目では、回答者が知覚するコミュニティ感覚の程度と、他の近在住宅地でのコミュニティ感覚と比較してどのように思うかを尋ねた。たいていの回答者は自らの住宅地が「友誼的」と答え、わずか8パーセントだけが自分たちが「隣人として極めて親密」と答えた。驚くべきことに28パーセントもの人が自らの近隣

ゲートの内側：コミュニティ

図 6-5. コミュニティ感覚の認識

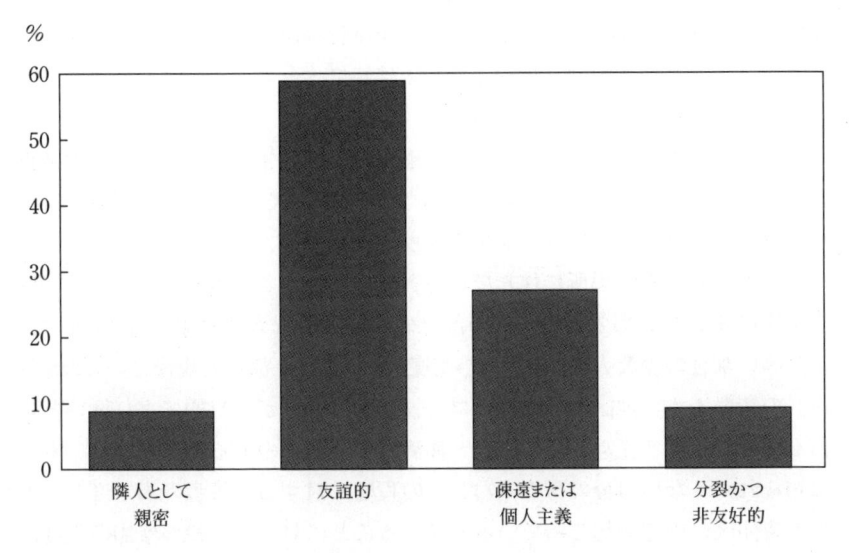

```
%
60
50
40
30
20
10
 0
    隣人として   友誼的   疎遠または   分裂かつ
     親密              個人主義    非友好的
```

出処：ハイスラー、クライン『内部調査』

住区に対して感情としては「疎遠または、個人主義的」と答えることを躊躇わなかった。さらに、3分の1以上の人が自分たちの住宅地内におけるコミュニティ感覚の程度がその周辺の多くの住宅地におけるよりも程度が高いと考えているが、大多数は他の場所と「ほぼ同じ」と答えている。(図6-4参照)

CAIによる調査は、ゲーテッド・コミュニティに対する我々の調査とほぼ同じく、コミュニティ感覚に関する質問項目を加えたが、それは図示した例のようにすべての回答者によって答えられた (図 6-5 参照)。ゲートの効果を可能な限り切り離すために、我々はゲーテッド・コミュニティからの回答を、HOAのある民間住宅地の全事例からの回答と比較した。[6] ゲーテッド・コミュニティの回答者は、全事例の平均よりも、その住宅地でのコミュニティ感覚の程度を「友誼的」とする人がやや多いようである。調査した全住宅地のうちの58パーセントおよび、ゲーテッド・コミュニティのうちの68パーセントは、自分

第6章／逃げ回ることはできるが、隠れることはできない

たちの住宅地が友誼的であると感じていた。全事例のうち、また、ゲーテッド・コミュニティのうち、ともに同割合の8パーセントが、自らの住宅地を「隣人として極めて親密」と答えた。すべての回答者のおよそ3分の1とゲーテッド・コミュニティの回答者の4分の1は、コミュニティ感覚が相対的により低いとした。

これらの調査結果は、コミュニティ感覚の程度の報告についての他の調査と一致している。カリフォルニア州オレンジ郡の住民に対する任意調査では、マーク・バルダサーとジョージアナ・ウィルソンは、68パーセントがコミュニティの感覚のある場所に住んでいると感じていることを見いだした。(7) 調査は主にオレンジ郡郊外の、都市部と郊外地区の双方を対象に含めていた。より高い割合の少数人種、より高い密度、より大きな都市の規模といった「都市」の特徴をもつ地区内の人は、コミュニティ感覚が相対的により低いと報告していた。コミュニティの感覚と極めて相関関係のある他の要因は、隣人に知られたくない自分のプライバシーの程度に対する回答者の満足度と、市や近隣住区の周辺で起こっていると考えることに対する一般の参加の程度に対する満足度であった。

また、調査結果はゲーテッド・コミュニティにおける1ダースのフォーカス・グループを通じて集められた質の高いデータとも一致する。我々が訪れたところはほとんど居住者の満足の程度が高く、人々が自分たちの近隣住区に誇りをもち、概して友誼的な場所だと思っていた。調査結果によると、大半のゲーテッド・コミュニティの住民は自分たちの住宅地が周辺地区の住宅地より程度の高いコミュニティ感覚を持っているとは感じていないが、無視できない割合である33パーセントの人が隣人同士の親密さがより高いと思っていることを示している。さらに、ゲーテッド・コミュニティからの回答を全事例からの回答と比較すると、自分たちの住宅地が少なくとも普通ぐらいのコミュニティ感覚を持っていると考える割合がやや高い。我々がインタビューした住民のうちのいく人かが話したように、ゲートは住民が自分たちの近隣住区に一体感をもたせ、自分たちの隣人を識別させ、相互交流においてより安全で、開放的だと感じさせることに役立っているのであろう。

しかし、こうした効果が居住者の満足と生活の質にとって如何に重要であ

図 6-6. 関与の水準

%

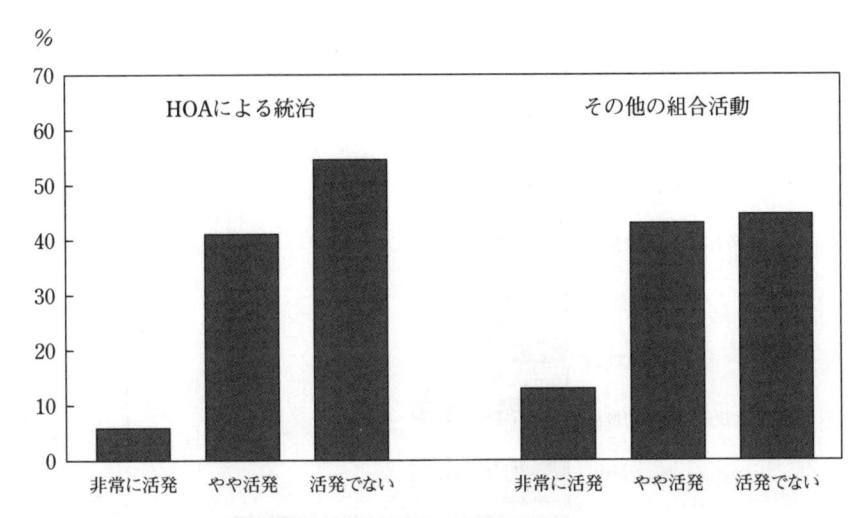

	非常に活発	やや活発	活発でない
HOAによる統治	6	41	55
その他の組合活動	13	44	46

出処：著者による調査（1995年）

るとしても、それは単に快適さの一つに過ぎないのではなかろうか？それとも、それはコミュニティ生活への参加、あるいはコミュニティの公的面である共有する利益や相互依存の感覚にまで及ぶことなのだろうか？こうした参加に対するコミュニティの問題を調査するため、我々はミニ政府として、および社会的活動手段としての双方のHOAの関与の程度を尋ねた（図6-6参照）。調査した理事会メンバーは、コミュニティの感覚の程度よりも、コミュニティの関与の程度はずっと低いレベルにあると回答した。わずか6パーセントだけが、住民が統治に対して「非常に活発」と回答し、回答者の大多数である55パーセントは住民が「活発でない」と答えた。社会的活動に対する参加の程度は統治に対するよりも高かった。13パーセントは、区画毎のパーティーや新入居者の歓迎会といった統治と関わりのない組合活動に対しては住民が「非常に活発」と回答した。残りはほぼ半分づつに分かれ「やや活発」と「活発でない」が、それぞれ41パーセントと46パーセントであった。

　ゲート付き、ゲートなしの双方のコミュニティに対するCAIによる調査団は、

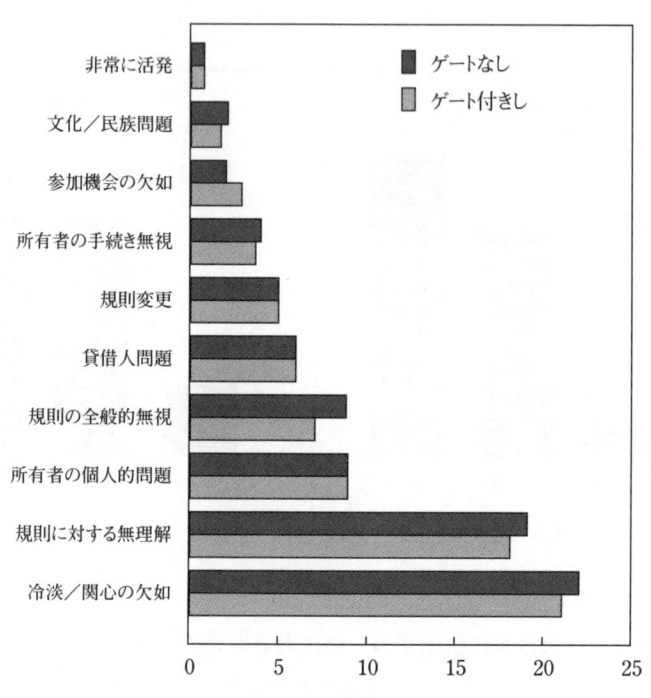

第6章／逃げ回ることはできるが、隠れることはできない

図6-7. 問題の原因：ゲート付き対ゲートなしコミュニティ

項目	ゲートなし	ゲート付き
非常に活発		
文化／民族問題		
参加機会の欠如		
所有者の手続き無視		
規則変更		
貸借人問題		
規則の全般的無視		
所有者の個人的問題		
規則に対する無理解		
冷淡／関心の欠如		

出処：ハイスラー、クライン『内部調査』

同じ質問をしなかったので、直接に比較することは不可能である。しかしながら、調査は回答者に住宅地の問題を招いた原因を示し、順位を付けるように依頼した。こうした原因の一つは「冷淡／関心の欠如」であったが、これはまた組合統治における参加と関与の程度を示している。ゲート付き、ゲートなしの双方のコミュニティが、ほぼ同じ割合で無関心が住宅地の問題を起こす最大の原因であると回答した。(ゲーテッド・コミュニティでは21パーセント、ゲートのないコミュニティでは22パーセント)。双方のコミュニティにとって、無関心はすべての問題に対して第二に頻繁に引用される原因で、住民が規則を理解しようとしないという第一の原因に次いでいた。(図6-7参照)。関連した要因としては「参加の機会の欠如」があり、ゲーテッド・コミュニ

ゲートの内側：コミュニティ

ティの回答者のうち3％とゲートの無いコミュニティの回答者のうち2パーセントが引用した。同様に、双方の回答者の4パーセントは「手続きに対する所有者の軽視」が問題の原因であるとした。

　ゲーテッド・コミュニティの方がいく分コミュニティ感覚の程度が高いとの回答はあったが、ゲートの有無にかかわらず双方のコミュニティでの回答者の答えた無関心および他の関与に関連する事項の程度は本質的に同等であった。ゲートは住民が住宅地に一体感をもち、その隣人をよく認識し、より社会的なものを感じるのに役立つかもしれないが、ゲートがそれ自体にあるいはそれ自体から強い紐帯や相互依存の感覚を生み出さないという我々の分析をこれらの回答が確認したように思われる。

　我々が第二章で論じたように、我々の研究ではHOAがより高いレベルの参加と自治を育むという証拠をほとんど見出せなかった。これがただ乗りの問題や、欠陥のある構造や手続きのためと論ずる者もいれば、それが私有財産所有権に基づいて公共の役割をきめているためとか、あるいは社会における直接参加意識の全般的な欠如のためであると論ずる者もいる。[8] しかし、理由の如何を問わず、ゲートが参加を高め、無関心を克服することに資することがないことは明白である。両方の問題はゲーテッド・コミュニティにも存在するし、またゲートのないコミュニティや社会全体においても存在する。

　ゲーテッド・コミュニティは明確な境界線と当初から仕組まれたHOA、クラブや、その組織構造にメンバーを含めるべく設計された他の媒介を通じて、組織的なコミュニケーションができる利点を持っているため、ゲーテッド・コミュニティでは、より程度の高いコミュニティ精神や緊密さを期待する人がいよう。しかしこれは事実ではないように思われる。その組織構造が強いコミュニティ感覚を支える可能性は高いであろうが、それはコミュニティ感覚をつくるわけではない。一体化された集団的という境界の感覚をもつ近隣住区をつくることは物理的に可能だが、共同の責任感をもつ近隣住区をつくることはよりいっそう難しい。ゲーテッド・コミュニティは、集団的市民権という強い意識をつくることにおいて、社会全体と比べて良くも悪くもないといえる。少なくとも理論的には、相互交流と協力精神に対して、開放されたままの住宅地よりも、より良い土台を提供しようが、その達成に少しでも

第6章／逃げ回ることはできるが、隠れることはできない

多く貢献した兆候を我々はまだ見いだせていない。

分離されたスペースの境界

　デベロッパーが住宅地を「コミュニティ」と呼ぶことは単なる偶然ではなく、一部のゲート付き住宅地、特にライフスタイル型住宅地では、その住民のためにコミュニティ感覚を産み出すように膨大な努力を払っている。カリフォルニア州パーム・スプリングス近郊のデザート・ホライズンズは、会報誌『ホライズンズ』「幸運な4百人のための雑誌」を発刊している。休日の行事や新入居者歓迎パーティーのような組合行事の写真、ゴルフへの助言や大会結果に関する記事、行事予定表が並んでいる。
　このようなコミュニティを刺激する努力が、類似のゲートのない住宅地に比して、より隣人としての親密な環境をつくりだし、よりコミュニティへの関与を生むとは思えない。ブライアーウッドとカールトン・スクエアという、カリフォルニア州イングルウッドにおよそ3,000人の居住者を抱える二つのゲーテッド・コミュニティがその例である。住民が公共の職務に携わり、投票率も高いにもかかわらず、どちらのコミュニティも市の生活にほとんど参加していないとの評判がある。ゲートの内側でも同様に、関与が欠けているように思われる。カールトン・スクエアのHOA理事長は、月例の会合への出席率が低いことを回答してきている。さらに、ブリアウッドの20年間住んでいる住民は、住宅地が「とても、とても個人主義的です。皆が自分の隣人を本当に知らないし、またそれがここでのライフスタイルなのです。」という。[9]
　「コモン・インタレスト・コミュニティ」は、HOAについてよく使われる言葉である。この言葉は、共通の利益が共用地区とアメニティ施設に対する財政上の責任と、不動産価値に対する関心に限定されているように見える、とのデータに鑑みると奇妙に映るかもしれない。しかしながら、この言葉は地域主義や組合政府にの積極的立場を表し、ごく最近アミタイ・エツィオーニのようなコミュニティ主義の思想家によってなされた有力な論拠となっている。[10] 一体性を高め、隣人間のつながりを強固することは、明らかに積極的と

分離されたスペースの境界

思われ、実際にそれは公民としての生活における参加の基礎である。確かに壁で囲われた都市の住民は、その保安システムが親しい隣人関係とコミュニティを可能にすると見ている。ゲート付きの近隣住区がそれ以外の住区よりもいっそう強いコミュニティであると住民が感じ、一方、そのコミュニティに対する関与がより高いことを示すものが何もない理由は、感情という私的側面と参加という公的側面の、コミュニティにおける二つの側面の間に相違がある所為である。ゲートの内側にある紐帯は、不動産と家庭生活の質の保護という個人的で私的な目的のために形成される。この点についての我々の調査結果は、郊外居住者とコミュニティに対する他のいく人かの研究者による調査結果と、ほとんど相違しない。デイビッド・ハモンは郊外の住民が、連帯感や社会的相互交流のコミュニティとしてではなく、個人生活の場所すなわち定住と家族生活のための清潔、静謐、安全な逃避場所として、自分たちのタウンや近隣住区を見ていることに気付いた。[11]

コミュニティの問題に対するもう一つの側面は、ゲート付きの住宅地の住民が如何により大きなコミュニティにつながっているのかということである。住民は自分自身、自らの生活、自らの将来を、ゲートの外側にある都市や地域と結び付いたものとして見ているのであろうか？近隣住区の内側のコミュニティは重要だが、近隣住区や国家の健全性を発展させるには十分な程大きくない。コミュニティはその近隣住区を越えて、それが単にその一部分でしかない、より広いコミュニティにまで拡張されねばならない。

より大きなコミュニティに対して何の責務も負わぬまま、個人主義とコミュニティの間のバランスのとれた、公的あるいは私的な生活を健全に維持することが可能かどうかという問題は、米国では古くからの問題である。トクヴィルが定義したように「個人主義はそれぞれの市民が、仲間の集団から自らを切り離して、家族と友人たちの輪に引きこもるという、冷静で、熟考された感覚であり、その好みによって形成されたこの小さな社会をもつことで、人は喜んでより大きな社会を離脱し小さな社会を守るのである」。[12]

米国生活における個人主義とコミュニティに関する研究を通じて、ロバート・ベラーが見いだしたのは、両者のバランスが米国では個人主義の側に完全に転移してはいないが、多くの人は郊外地区で同類の人たちに取り囲まれる

第6章／逃げ回ることはできるが、隠れることはできない

ことを選択し、自らのライフスタイル型独立住区(アンクレイヴ)で自分たちだけに限られた狭いコミュニティという定義に満足していることであった。ゲーテッド・コミュニティでの我々によるインタビュー、データ、体験は、ベラーたちによって描き出された構図を非常によく反映している。実際に彼らは、ちょうどその頃ゲーテッド・コミュニティへと引っ越したと思われる、ある郊外居住者を見つけた。彼の居る成長する郊外について話をすると、彼は研究者に次のように言った。「私はこの奥地に20エーカーの土地をその時［1959年］に買うことができていたら、そこに堀をつくってワニを入れることができていたならと思います。良きコミュニティとは、たとえばあなたがいろんなものがそろった商住複合施設を望むなら、コミュニティの外部から人を呼び寄せてしまう大きなショッピングセンターは必要なく、あなたが必要なものだけを用意できる商店街があるので十分でしょう。私は我々のコミュニティがあたかも一つの島であるかのように発展していくのを望むのです」。(13)

ゲーテッド・コミュニティは、我々のうちの一部の人たちに対して住宅の新たな選択肢を与えたが、それはまた我々すべてに対して新たな社会的ジレンマを産み出した。ゲートと壁の目的は社会的接触を制限することであり、その減少した社会的接触は社会契約を形成する紐帯を弱めるであろう。カリフォルニア州のフォーカス・グループで、ある不動産業者が「それはエリート主義の一典型です。都心部から来た人々と親しくしなくても済むのですから。」と言った。(14) 例えば、オークランドやロサンゼルスから来た住民は、郊外のゲーテッド・コミュニティへ引っ越す前ほどではなくとも、他から来た人に比べてより大きな社会の問題に敏感であることに注目した者もいた。フォーカス・グループの大多数の出席者は、その意見と同じで、ある人は、一度も所得層の混在した都市などに住んだことがなく、他の社会階層と対立したことがなかった人たちは、大きな社会のことをまったく気にかけないと主張した。

ゲート付き独立住区の研究者には、同様な結びつきの狭まり方を見いだした者もいた。オスカー・ニューマンは、セントルイスの封鎖した街路を、ゲートのない街路と比較した際、封鎖した私有街路の住民が自分たちの近隣住区を、ゲート付きの街路によってはっきり決めようとする傾向がより強いことに気付いた。開放された公共街路の住民は、ほんの少数だけが自分たちの近

分離されたスペースの境界

隣住区を、自分たちが住んでいる街路内だけにはっきり限定しようとした。(15)

開放された都市では、たとえいく分の差別があるとしても、異なった人種や所得の人々が共通の運命についてともに話し合わなくてはならない。いくつかの面で、彼らはお互いをより高く評価することを学び、社会のネットワークを拡大していく。社会的に孤立している環境では、社会的距離が固定観念と誤解を招き、それが次ぎに恐怖を招き、さらに社会的距離をかけ隔てさすことさえ招く。我々のフォーカス・グループの住民が、彼女の勤めているサンフランシスコのダウンタウンのオフィスビルをたとえ昼食にさえ路上の人々に対する恐怖で、決して離れないと話し、この力学を実証した。彼女の勤めるビルはデパートやオフィスが並ぶ市の中心の街路に位置していて、昼食時には主にサラリーマンや買い物客で人出が多い。しかし、それが誰でも利用できる公共のスペースであるため、あまりにも雑然としていて、またあまりにも予見できないことが多く起こりそうであり、彼女が快適に感ずるときはまったくない。また、彼女の住むゲートを設置した郊外と異なり、その開放性は彼女が既に感じているぜい弱性をさらに増幅させ受け入れ難いまでにしている。

我々の研究は、ゲーテッド・コミュニティの形式によって示されたコミュニティの理想の中にあるストレスと矛盾を調査した。ゲーテッド・コミュニティの住民は、国中の都市や郊外に住む他の人々と同様に住宅地の内側と外側で個人的にコミュニティにおける結びつきと義務を感じる程度が異なる。相違は、その私有化された街路、レクリエーション施設、地区統治、安全管理を伴ったゲーテッド・コミュニティの中の住民は、伝統的で開放的な近隣住区に住んでいる人たちよりゲートの外側の公的領域の必要性が少ないということである。もし引き込んでいることを選ぶなら、切り離すべき紐帯はほとんどなくなり、より大きなコミュニティに対する日常の依存もより少なくなる。

同様の問題がHOAによって全体として提起されている。問題はミクロ政府としての自治の程度であり、HOAや住民がより大きな地域政府とは無関係に独立して、別途に行動をすることができる程度なのである。例えば、たいていのHOAは選挙における戸別訪問を禁止し、「売家」以外の看板をすべて禁止している。これは公職の立候補者と政党職員が票集めのために住民を訪ねることができず、支援者は政治的なポスターを立てることができないことを意

第6章／逃げ回ることはできるが、隠れることはできない

味する。そうした民主主義の手続きの一部を排除することは、ゲートがあるといっそう容易に実施できる。グレッグ・アレクサンダーにとっては、排除の問題は次に述べるようにコミュニティに関するジレンマの核心である。

  そのグループが一般的に遮蔽された貯蔵庫になりかねないという不断の危険がある。もしグループがそれ自体、他の人たちと無関係に自立したグループとして存在するなら、グループ生活は、孤立の問題を解決するよりむしろ悪化させるであろう。コミュニティをつくる彼らの潜在可能性を現実にさせるためには、グループが単に自らの内部の望みに応えるだけではなく、内部に多大の義務を要求し続けなくてはならない。グループは我々の社会の中でコミュニティを維持するという市民の義務を受け入れなくてはならない。その義務を満たすには開放と対話の習慣を必要とする。境界線が維持されている間でさえ、[この対話]は起こりうるし、実際には逆にそれは境界線を必要とするのかもしれない。しかしそれは壁をはさんで、その内と外の間で起こることはありえない。[16]

アレクサンダーは物理的な壁よりどちらかと言えば、法律上の壁について述べているが、彼の指摘は双方の障壁にあてはまる。

 すべてのゲーテッド・コミュニティの住民が、そのインフラストラクチャーと地域に対し見かけ上は管制しているにもかかわらず、全面的に自分たちの将来に責任を負っていると感じているわけではない。例えば、コットンウッド・ヴァレーでは、我々のフォーカス・グループでは子供がいない参加者でさえ、自分たちとその周囲の環境とのつながりを見ているために、居住するテキサス州の特にマイノリティの多い学区について知識をもち、心配していた。マーブルヘッド、キャニオン・レーク、その他のゲーテッド・コミュニティでは、その境界のフェンスの重大な穴によって、それが離れた土地にあるかのように振舞う虚しさを居住者に抱かせた。

 しかしこうしたことは、我々の全国に及ぶゲーテッド・コミュニティに対する訪問では例外であった。たいていの住民は、成功裡に外部社会の問題の射程外に自分たちの身を置いたと信じていた。

 私有化された政府と近隣住区へと向かう趨勢は分裂がいっそう一般的とな

る傾向の一部であり、結びつきと社会的接触の喪失は結果として、共同責任と社会契約による結束の幅を狭めている。コミュニティの住民たることを意味する社会的概念は、ごくわずかではあるが、変化したように思え、今や市民よりも納税者として話すことがより一般的になっている。

> 納税者は政府に代金を払い、その政府からサービスを受ける。全体主義体制におけるすべての人民もそうである。納税者が行わないこと、自らを納税者と呼ぶ人々がずっと以前からそれを想像することさえやめてしまったことが、統治することである。民主主義体制においては、まさにその言葉の意味どおりに、人々が統治して、自分たちの生活のためと相互連帯の強化にむけて環境を自分たちの中につくりだすのである。[17]

　ゲーテッド・コミュニティや他の私有化された独立住区では、多くの住民が一体感をもつコミュニティがゲートの内側に存在している。こうしたHOAの組合費は税金のようであり、そのコミュニティに対する責任は、文字通りゲートで終わってしまう。公共の領域からのこうした撤退がゲーテッド・コミュニティに特有の事象ではないとしても、また社会全体の風土病であるとしても、ゲートとフェンスはこうした撤退を外部に送る排除のメッセージとして強力な物理的な象徴になっている。テキサス州プラノのある市職員は、そのタウンのゲーテッド・コミュニティ住民の態度に対する自らの見方を簡潔に次のように述べた。「私は自分で自らに責任をもち、ここで安全に暮らし、警備付きのゲートの中にいる。私は［HOA］に組合費を払って、私のいる街路には責任をもっている。したがって、私はその他の公益には責任を持たない。あなた方はあなた方で自らの面倒を見るべきである」。[18]

ゲートの占める位置

　このような研究プロジェクトに乗り出すことは、初めてゲーテッド・コミュニティに入る時とまるで同じようで、ある種の先入観をもってはいても、現実にはいろいろな意味で驚くことが多い。まず最初に、ゲートの内部に入っ

第6章／逃げ回ることはできるが、隠れることはできない

て、こうした住宅地が他の現代的な住宅地と如何に類似しているのかに驚いた。また、その住民はゲートのないコミュニティの住民と本当に異なっていなかった上、その理由の一部が、これも今ひとつの驚きだが、入居前はほとんどの住民がゲーテッド・コミュニティで生活しようとはしていなかったということである。我々が話をした人々の大部分が、自分たちの住宅や場所を主に他の要因で選択したのであり、ある人たちにとってはゲーテッド・コミュニティでの居住はほとんど偶然であるといってよかった。それにもかかわらず、調査結果が反映しているように、大多数の人にとってゲートは重要で、歓迎すべき道具であった。

また、我々は実際の防御が如何に穴だらけか、それを突破するのが如何に容易かを知って驚いた。我々はゲート、警備員、そして進入する許可を求め、住民が予期していて我々の身元を確認するという手続きに最初は脅威を感じた。しかし、そのパターンに慣れるにつれて、すぐに進入が容易で、ネクタイ、スーツ、すてきな自動車であれば多くの場合通過の合図をしてもらえるという、主に警備員による主観に左右されることに気づいた。警備員のいないゲートでは、我々は自分たちの前の自動車の「直後をつけて行く」ことが簡単にできることを学習した。遠隔操作型（リモート・コントロール）ゲートが設けられているある住宅地では、出口車線にいた住民が、我々に進入の暗証番号を教えるために停止してくれ、丁寧にも進入許可を求めて我々の招待者（ホスト）を呼び出す手間を省いてくれた。

保安装置は我々がそれに鈍感になるぐらい、オフィスビルから空港に至るまで、米国に遍在するようになった。我々がいっそう気短になり、いっそう注意を払わなくなり、その不都合さを避けることにいっそう慣れるようになっても、我々は、もっと多くの警備員、もっと多くのフェンス、もっと多くの警護を求め、またその頻度を増やして保安装置に傾斜していくのである。

我々は人々がゲーテッド・コミュニティについて如何に考えるか、住民、都市計画家、デベロッパー、市政府がそれについてどういった意見を持っているのか尋ねた。大部分の人はそれを容認していると思われる。街路封鎖の場合を除き、公開討論会はまだ一般化してはいない。ゲーテッド・コミュニティは南カリフォルニア、その他の地域で今や文化的風土の一部となっている。概して計画という職務は、単にゲーテッド・コミュニティを取り巻く問題の

ゲートの占める位置

提起をするのみである。住民の大半は、自らのライフスタイルに合致し、それを反映し、自らの不動産価値を保護するものとして選んだ多くのアメニティの中の一つであるとゲートを単純に見ている。住宅と分譲地を選択するにあたって、多くの人にとってゲートは二次的ではあるが、肯定的な考慮対象であった。多くの人は、決して本当にゲートが自分たちの近隣住区を保護しているとは考えていないというが、それでも我々がインタビューした人はすべて、そのゲートについて複雑な気持を持っていた人たちでさえ、もし選択を迫られれば、ゲートを保持する方に賛成するであろうと言った。

また、我々はゲーテッド・コミュニティの住民の体験と態度を調査し、こうした場所にあるコミュニティの存在している程度およびコミュニティを決定する境界線とアイデンティティーを検証した。ゲーテッド・コミュニティからの我々の調査への回答者は、すべてのHOAからの回答者よりもコミュニティ感覚についてやや高い積極さを示した。確かに、そこで必ずしも一緒に住む必要のない人々ならば、ゲーテッド・コミュニティを決定する物理的境界線は、その場所への一体感を強めるのに役立つように思われる。我々が訪問したいくつかの場所では、ゲートの内側がより安全であるという認識は、その近隣住区でより自由に歩き回らせ、社会活動を活発にさせたというところもあったが、このような効果が何もないと報告した場所もあった。我々による現地訪問とフォーカス・グループのインタビューによって、我々は社会の相互交流、すなわち隣同士の訪問、相互支援活動が最も盛んであったのは、別に驚くべきではないが、レクリエーション施設や同じ街路、袋小路（クルドサック）を共有する人々の間であることを見いだした。

また、ゲーテッド・コミュニティの住民たちに対してより大きなコミュニティの一員であると認識する程度と、ゲートの外側と接触し、あるいは関与する程度について、ゲーテッド・コミュニティの住民間の市民としての行動を検証した。我々は外部社会に対する公然たる敵意の証拠についてはほとんど見いだせなかったが、少なくともいくつかの場合で、ゲートが他のコミュニティや市民から心理的、社会的な距離をおく物理的表示の役を果たしていた。しかし一般に、ゲーテッド・コミュニティの内側の人々は外側の人々たちに対する自分たちの住宅選択の波及効果についてほとんど考えていない。

第6章／逃げ回ることはできるが、隠れることはできない

　全体の人から見れば非常に少ないが、若干数は他の市民との資源の共有に後ろ向きで、嫌っている。しかし、地元の学校システムを深く気にかける人もいれば、地元の慈善団体にボランティアを志す人もいる。また、我々は、自分の居住するタウンや地域を恐怖し、回避して壁の内側に留まることを好む住民たちを見いだした。ゲーテッド・コミュニティの住民は身近の地域、あるいは国全体と比較しても他の人たちよりもきわめて引っ込み思案であるというわけではなく、彼らは自分の望ましい程度の距離を置くことを実現する設備を有しているのみである。一方、開放されたままの近隣住区の住民は、それをもってはいないのである。

　我々は多くの異なった種類のゲーテッド・コミュニティと、人々がゲートを設置し、その内側で生活することを選択した理由を検証してきた。玄関口で自らを犯罪から守るためという人もいれば、一方では犯罪が自らの街路にやってくる恐れがあるためという人もいる。威信、イメージ、地位を欲する人もいる。プライバシーを探し求めている人もいれば、自らの共有スペースとサービスを買い求め、管制下において、私有化することを望む人もいる。自らの好む型式のリクリエーションを楽しむための排他的な場所としてカントリークラブを望む人もいる。コミュニティを見つけようとしているが、なかなか見つからず、ゲートと壁がコミュニティの範囲を決定してくれ、自分をその内側に皆と一緒に連れ込んでくれると望みをかける人もいる。すべての人が、自分たちの住宅、自分たちの街路、自分たちの近隣住区に対する管制を望んでいる。すべての人が、ぜい弱性を感じることがより少なくなることを望んでいる。

　しかし、国家全体にとってあるいは、我々の都市、我々の地域、我々の近隣住区にとって、このことは何を意味するのであろうか？ゲートを設置する趨勢は、どこへと進んでいくのであろうか？米国におけるゲート設置が意味することの観察を始める一つの方法は、ゲートがより一般化してしまった場所、ゲートが例外的ではなくむしろ標準装備となってしまった場所を検証することである。

　サウス・カロライナ州の海岸にあるヒルトン・ヘッド・アイランドは、私有住宅地を取り囲む壁を備えた多くのゲーテッド・コミュニティが密集して

ゲートの占める位置

おり、島で緊急に必要とされる新たな横断道路を通すことができないほどである。パーム・スプリングスが位置するカリフォルニア州のコーチェラ・ヴァレーの一連のタウンでは、ゲートと壁があらゆる場所にある。谷を通る4車線の高速道路123号線に沿って、街路の両側に列をなしている壁は、空地と商業区域によってところどころ途切れているのみである。ゲーテッド・コミュニティが1980年代以降多く建設されたカリフォルニア州オレンジ郡の地区では、壁とフェンスが街路に沿って列をつくり、ゲートが遍在している。こうした光景を見慣れていないドライバーにとってはショッキングである。住宅地域を通る街路は、防音壁を完備した高速道路のような感じがする。高速道路よりも、もちろん多くの出口があるが、守衛の誰何を受ける際の通行証をもつ人か、ゲートを開ける暗証番号を知っている人のみが、その出口を通り抜けられる。

　ゲーテッド・コミュニティの住民は安全性を求めるが、より広義では彼らは管制を求めているのである。彼らは犯罪と車両交通に対する管制（コントロール）を望む。彼らは見知らぬ他人、破壊、侵入がないことを望む。彼らはプライバシー、安定、心の平穏、親密さを望む。彼らは経済的地位と住宅に対する投資の保全を望む。これらすべての動機は納得できるもので正当である。しかし、ゲーテッド・コミュニティが提起する問題は、その内側で生活する人にとっての利益を越えている。次章で、我々はゲーテッド・コミュニティが急増する状況下に横たわり、あるいはそこに反映されたより大きな社会問題を検証することとする。

第7章
それほどすばらしくない新世界

　米国は所得、人種、経済的機会により、ますます分割されていく。結果として生じている都市の問題がある程度、ゲート設置を普及させる刺激の一部となっていることにほとんど疑いの余地は無い。また、分離、区別、排除、防御へと向かう動きは、20世紀後半の劇的な人口動態上、社会上の変化により加速された。当初の郊外運動は、平穏な小さなタウンでの生活へのノスタルジアと、工業化の問題からの離脱に基づいていた。20世紀中期に、郊外は新たな中流階層の所得層と、彼らの貧困者少数人種が住む都心の過密地区からの逃避によって膨張した。

　今日、相変わらず強いそのノスタルジアと大都市圏を悩ます一連の新しい問題により、分離が依然米国人が向かう解決策となっている。郊外では、ゲートは当初の郊外運動の論理的延長である。都市では、ゲートとバリケードは現在の都市の格子状街路から、可能な限り郊外パターンに近い街路パター

分離された居住地：分割と分裂

ンをつくりだすことを目的とした設計を反映して、時には「袋小路化(クルドサッキゼーション)」と呼ばれるものとなる。ゲートは我々の都市を郊外化し、また我々の郊外住宅地のパターンを強化する試みでもある。

ゲーテッド・コミュニティは社会構造の下に横たわる緊張関係を象徴している。ゲーテッド・コミュニティの象徴的効果は人種的、経済的差別、所得の二極化、排他的土地利用のパターンと結びつくと、いっそう強まりさえする。我々の住宅の選択は、単純な経済的選択よりはるかに複雑である。それは我々が家族とコミュニティに対して欲するものと欲しないもの、また高く評価するものと恐れるものを象徴している。本章ではゲーテッド・コミュニティの増加の背景にある、人種、貧困、犯罪、恐怖、郊外化といった、より大きい傾向や問題を調べ、次にゲートの設置が引き起こした公開討論を検証する。

分離された居住地：分割と分裂

我々の国における住空間の分離は、人種と所得によって境界線が引かれる。人種が推進力となるとか、あるいは人種がそのただ一つの要因であるわけではなく、米国での人種、所得、地理的位置という要因の偶然の同時発生を看過することはできない。[1] 郊外が膨張する中流階層を収容する家として開花した1940年代、1950年代当時より、米国が非常に異なった場所になっていることに疑問の余地はない。少数人種人口(マイノリティ)の増大、第三世界からの大量の移民に伴って、国家はいっそう多様となった。20世紀初頭には、7千6百万人の米国市民のうち88パーセントが白人であった。1950年には、人口は倍の1億5100万になったが、白人はほぼ同じ比率であった。しかしながら、1995年には2億6300万の人口となり、白人の比率は74パーセントにまで落ち込んだ。また、年齢構成も変化して1900年には、65歳以上はわずか4パーセントだったのが、20世紀末には13パーセントにまで上昇しており、国家人口が3億8300万に達する21世紀中期までに、白人の比率がかろうじての過半数53パーセントにまで落ち込み、高齢者人口は20パーセントにまで達すると予想されている。[2]

第7章／それほどすばらしくない新世界

　人口動態上の同様の傾向は、ゲーテッド・コミュニティの最も多くある大都市圏でも見られる。大量の外国人移民と膨張する下級階層がロサンゼルス、マイアミ、シカゴ、ニューヨークといった大都市圏の様子を急速に変えつつある。こうした人口動態上の変化とともに、経済的リストラによって引き起こされる貧困層の増大と著しい場所の変遷が現れた。郊外化は大都市圏を変えてしまい、中核都市はもはや文化とビジネスの中心地でなくなった。しかし郊外もまた変化している。大都市圏では、貧困と経済的不平等がもはや都心の過密地区(インナーシティ)だけに限定されてはいない。ロサンゼルスの地図から明らかなように、郊外への離脱が、都市の中心部と結び付いた貧困からの逃避を意味するわけではなくなった。(図7-1)

　ロサンゼルス地区はもはや貧困が市の中心部に集中しているわけでなく、市中心部からさらにいっそう遠ざかろうと足を速めて貧困の郊外化が進むという、大都市圏における新たな住空間分離の原型となっている。ゲートと壁に対する需要は、こうした新たな社会的変化によって生み出され、促進されている。以前は申し分なくつくられていた「良き」郊外でさえ、今や社会的、物理的な構造問題を応分に抱えている。郊外は都市化されつつあり多くが今や「外部にある都市」[3]と呼ばれてもよいほどになって、元来は大都市に限定されていたはずの問題と病気の多くを抱えている。特に年月の経た都市周縁にあるいわゆる近郊では、懸念はもはや都市から溢(あふ)れ出してくる問題に対してではなく、自分の足下から起きてくる同じ問題に向けられている。

　増える地元の犯罪に対する闘争に加えて、郊外の郡と市はその長い年月を経たインフラを維持補修し、増大する社会サービスに対する要求に応じ、その学校の高い水準を維持するために戦っている。周縁都市(エッジ・シティ)の「ダウンタウン」はその中核都市のダウンタウンとまったく同じように、過密、犯罪、空洞化に直面している。[3]公共サービスに関する苦情はもはや大都市に限定されていない。その結果、都市からの離脱は都市近郊からの離脱と一緒になった。長年の間に、多くの大都市圏の形状はますますドーナツ状化しており、生活の質の低下と人口の減少が都心に空虚な穴を開けている。さらに、都市近郊も今や都市の問題と直面しており、中心部からの離脱はその中心部にある穴を拡張している。

分離された居住地：分割と分裂

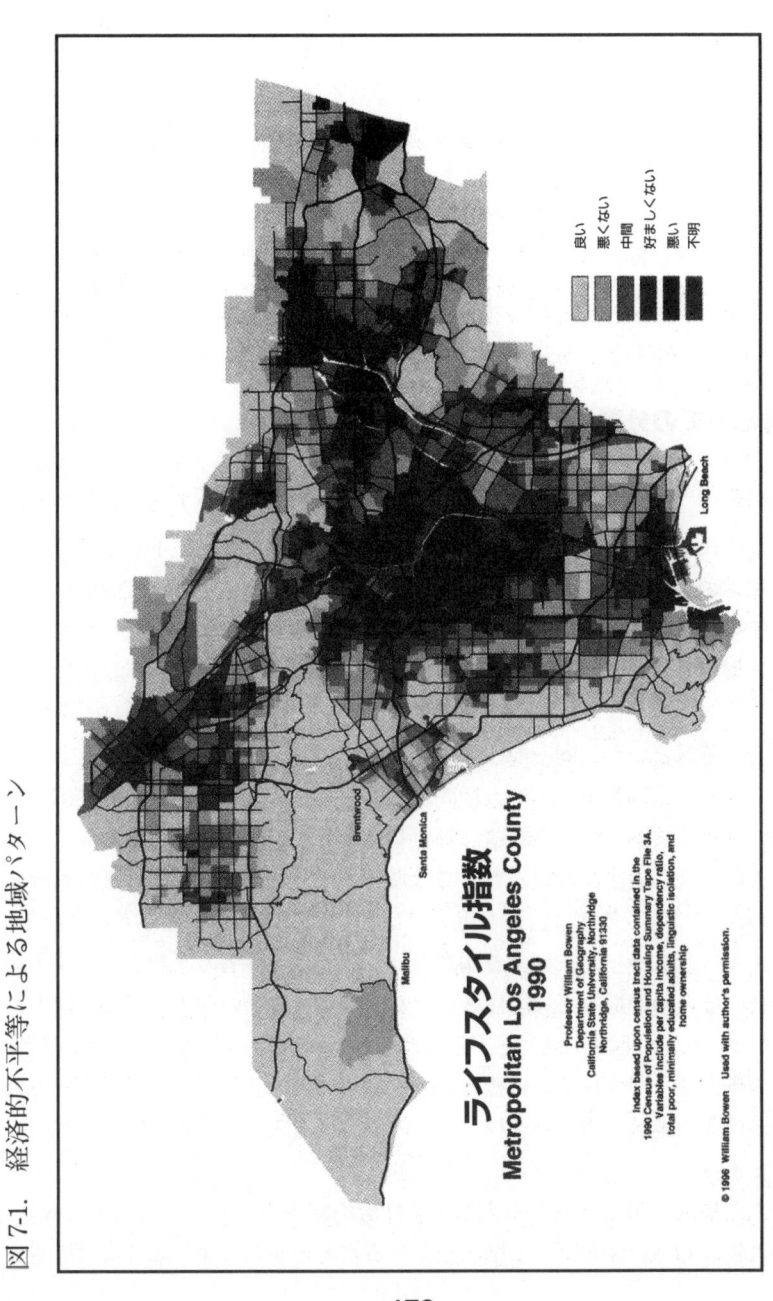

図 7-1. 経済的不平等による地域パターン

出処：W.A.ボウェン『カリフォルニアおよび全国における貧困に関する統計と論評』カリフォルニア大学ノースリッジ校地理学部 (1994年)

第7章／それほどすばらしくない新世界

　米国大都市圏における人種と所得による顕著な分割は、富裕層、中流階層、貧困層、すべての人種に影響を与えている。アンソニー・ダウンズが経済的差別を論じて述べたように「非貧困層と貧困層の間の対立が人々の間に連帯という強い意識をつくることを妨害しているが、これは彼らがそれぞれ異なった近隣住区に住もうとする傾向が特に原因となっている」。貧困層と非貧困層との間の理解と協力の欠如は、相互にとっての損失を引き起こし、「結果として大都市全体の、さらに国家全体の経済を弱体化している」と論じている。[5]

差別としての分離

　排他的ゾーニング、制限約款、その他の新旧の手段は、人種と社会階層によって市民を分離するために用いられてきた。同様に、ゲートと壁は分離により生活の質と不動産価値の安定をつくり維持するように意図されている。言い値を支払うことができる人は誰でもゲーテッド・コミュニティに引っ越すことができ、また今やほとんどすべての価格帯のゲート付き団地がある。しかし、ゲートやフェンスの内側で生活することを選んだ人たちは、分離による安全確保という、同一の動機を共有している。それゆえゲーテッド・コミュニティは米国都市部での人種問題と切り離すことができないほど固く結びついている貧困と犯罪の問題に対するいく分かの回答となっている。
　白人の離脱は過去におけるものではない。今日でさえ、近隣住区における人種の混合については、白人と黒人では非常に異なった見方がされている。レイノルズ・ファーリーによる調査では、黒人は居住者の半数を黒人が占める混合の度合いが進んだ近隣住区を好む一方で、大半の白人は黒人がほんの少ししかいない住区を好むことが示されている。[6] 白人よりも黒人の方が人種統合の概念を重要な社会的目標として固執するのは、経済的、社会的双方の利益が白人の地域、白人の学校、白人の職場に流入していると認識しているためである。
　白人と黒人の場の接近が相変わらず社会的緊張のもとにある根源であり、少数人種の郊外居住が顕著に増加しているにもかかわらず、郊外における人

差別としての分離

種差別の縮小は皆無に近い。[7] 1980年代、郊外に居住するアフリカ系米国人の数は中核都市の都心部に居住する数の増加に比して急速に増加した。しかし少数人種の郊外居住が顕著に増加しているにもかかわらず、人種差別のパターンはそのままであり、郊外に居住する大多数の有色人種はその都市周縁地区や昔からの郊外工業地帯に集中している。[8] 例えばシカゴでは、多くの大都市圏のように、都市周縁部の郊外住宅地が増大する少数人種や移民をひき寄せている。1980年代にシカゴ市から脱出したのとほぼ同数の多くの白人が都市近郊であるクック郡から脱出した一方、アフリカ系米国人とヒスパニック系米国人がシカゴ市とクック郡の双方へ流入した。[9]

排除と人種差別が相変わらず不穏をよんでいる。人種差別の全体的比率は、差別指数（dissimilarity index）、すなわち都市または大都市圏全体の人種分布と近隣住区を住み替えた黒人と白人の比率によって測ることができる。これらの比率は過去よりは幾分低くなっているものの容認できないほど高いままである。最大の黒人人口を抱える30の大都市圏において差別指数によって測定された人種差別度は、1970年に80.9、1980年に75.4、1990年に73.3であった。[10]

人種差別は高所得によって減少しないものであり、前述の30大都市圏における5万ドル以上の所得があるアフリカ系米国人の差別指数は平均79であった。[11] ナンシー・デントンは米国大都市圏には単なる人種差別があるのではなく、超高度の差別があると指摘している。彼女はこの指数によって統計学的に分析された五つの領域、すなわち差別（不平等）、孤立、群集、凝縮、中央集中のうち四つで黒人が差別されていることが判明したとして、「これらのデータから引き出される唯一の可能な結論は、1980年に超高度に人種差別されたほぼすべての大都市圏で、この超高度な人種差別が持続され実に悪化しつつあるということである…我々が住居の人種差別と戦うために何を為そうとも十分どころではなく、多くの場合その施設はまったく機能さえしていない。」と述べている。[12]

差別は人種の面から考えられることが一般的だが、もちろんそれは経済的な面に関してもある。全国的な、また大都市での差別の比率は黒人に対してよりも貧困層に対しての方が非常に低いが、人種差別が1970年以降にやや減

第7章／それほどすばらしくない新世界

表7-1. 代表的大都市圏の貧困者および黒人の差別

大都市圏	貧困による差別 1990	変化率 1970－90	黒人の差別 1990	変化率 1970－90
アトランタ	39.6	-0.2	67.8	-14.3
シカゴ	49.8	8.3	85.8	-6.1
ダラス	37.3	-1	63.1	-23.8
ロサンゼルス	34.9	3.8	73.1	-17.9
マイアミ	31.3	-1.9	71.8	-13.3
ニューヨーク	43	5	82.2	1.2
サンフランシシコ	36	3	66.8	-13.3
ワシントンDC.	38.1	0.9	66.1	-15

出典：アラン・J・エイブラムソン、ミッチェル・J・トービン、マーシュ・R・ヴァンターグート『大都市圏機会地理の変遷：米国大都市における貧困層の差別』「住宅政策論議」(1993年)、ダグラス・S・マッセイ、ナンシー・A・デントン『米国のアパルトヘイト：差別と下層民の形成』ハーバード大学出版 (1993年)

少したところでは、経済的差別が増加してきている（表7-1参照）。あらゆる種類の差別はさまざまな否定的影響を有している。地理的、社会的、経済的孤立は、機会の減少、失職の集中、景気後退に対するぜい弱性をもたらす。分離と孤立は社会の他のメンバーから受けるのみでなく、しばしば職場、適切な公的サービス、良い学校からも受ける。ダグラス・マッセイ、ナンシー・デントンたちは、こうした近隣住区の効果をつくり維持することによって、人種差別が黒人下級階層を産む主要な要因となると論じた。[13] 同様に、ジョージ・ガルスター、アラン・エイブラムソンたちは、人種的、経済的に差別された住宅地様式が少数人種と貧困層の双方に非常な不利を与え「機会の地理」に責任があることを指摘した。[14] クロード・フィッシャーと共同研究者たちは、居住の人種差別を増大させてきた政策を含む国家の広汎な政策が、「ゲームの規則」を定め、個人の経済的成功の機会を決めて、富裕層と貧困層との格差を増幅させたと論じている。[15]

貧困者と有色人種の侵入に脅威を感じる人たちは、二つの選択肢をもっており、一つはその場所に要塞を構築することであり、もう一つは安全圏と考

えられる場所に移り住み、そこを要塞化することである。海岸やダウンタウンの近くの望ましい場所に住宅を有する富裕層は、自分たちの地域の要塞化が容易であり、また実際に行っている。移り住むほどの余裕がない労働者階層および中流階層の人たちは、同じく、自分たちの街路を単に封鎖するかバリケードを築く。しかし、あらゆる階層の人々が郊外や郊外のさらに外にある周辺部の新たなゲーテッド・コミュニティなる安全圏への移動を選択することがますます増えている。

同時に、ゲーテッド・コミュニティが人々の恐怖をさらに増幅させているようである。デニス・ジャッドは「新しい壁で囲われたコミュニティを満たしている『安全性の装飾』が、その壁の向こう側の社会が危険であることを、常にまた繰り返し、住民に［思い出させている］にちがいない。」と示唆した。[16]

全国的データによると、上位中流階層の白人はきわめて少数の人しか今までに凶暴な犯罪を個人的に体験していないが、都市からの離脱に対する根拠は、圧倒的に安全性である。また、カリフォルニア州オレンジ郡郊外でマーク・バルダサーが実施した、超高所得者層に対する年次調査によると、その住民の44パーセントが犯罪の犠牲者となることを恐れ、39パーセントが公共の公園での犯罪を恐れ、31パーセントがショッピング・モールでの犯罪を恐れている。タイム誌とCNNによる世論調査では、米国人の89パーセントが犯罪発生率が高くなりつつあると思っており、55パーセントが犯罪の犠牲者になることを心配していることがわかった。[17]

シカゴ市を出て郊外へ引っ越す人々の動機に対するシカゴ・トリビューン誌の調査には、市が直面する犯罪や階層問題の棒グラフが含まれている（図7-2参照）。シカゴ・トリビューン誌に連載されたインタビューはその種の典型的なものであり、あらゆる主要大都市から寄せられたもののように見える。ある回答者は、「庭のある広い素敵な住宅が欲しい。しかも貧乏人が居ないところで」といった。また別の回答者は「私たちは交通や駐車の混乱、騒音、犯罪、安全と感じられないこと、汚い街路などで疲れ切った。私たちはシカゴ市が家庭生活を始めるのに良い場所であるとは到底思えなかった。」といった。[18]

恐怖はすべての理由を圧倒できる強い力である。実際、重大犯罪の発生率は、少年ギャングの暴力事件以外は下落した。[19] それにもかかわらず、自分た

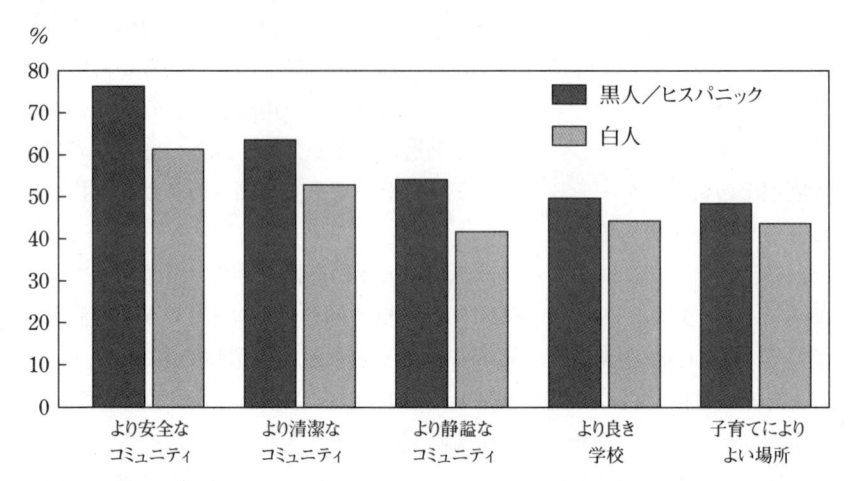

第7章／それほどすばらしくない新世界

図 7-2. シカゴからの離脱の理由

%
- 黒人／ヒスパニック
- 白人

	より安全な コミュニティ	より清潔な コミュニティ	より静謐な コミュニティ	より良き 学校	子育てにより よい場所
黒人／ヒスパニック	76	63	54	50	48
白人	61	53	42	44	43

出典：『離脱の理由』「シカゴ・トリビューン」1998年12月1日

ちの近隣住区や自分の住宅においてさえ犯罪の犠牲者となり得る恐怖がいっそうの防御手段を促している。国の人口形態が変化するにつれて、また郊外が人々の犯罪、貧困層、不十分な都市サービスから逃れるという夢を叶えることに失敗するにしたがい、自分の住むところに安全を感じる人はほとんどいなくなってしまった。犯罪がいっそう偶発的となっており、すべての見知らぬ人が危険の源であり、安全な場所はないということが認識されつつある。近隣住区にゲートを設置することは、この恐怖を少なくとも心理上は軽減している。それは制御と安定の幻想を与える。また、それは余裕のある人々が共有している公的サービスや公的場所からペナルティなしに身をひくことを許容している。

社会的接触と社会契約

コミュニティは絶対に孤島ではあり得ないだろう。しかし社会学上、人口

社会的接触と社会契約

　動態上のデータは分裂する国家を示しており、大都市圏は人種、社会階層、土地価格によりますます住空間の面で分断され、差別されている。[20] また、この分裂は国中で極めて大規模に見られている。

　我々の居る大都市圏に影響を与えてきた主要な人口動態上の変化の一つは、移民の流入であった。移民の70パーセントがヨーロッパから来た1940年代以降、移民の出身地は劇的に変化した。1993年にはヨーロッパからの移民数は15パーセントに減少し、移民の44パーセントは南米とカリブ海諸国から来た。[21] ゲーテッド・コミュニティが最初に定着し、現在、最も広範囲に広がったカリフォルニアとフロリダの二州は、外国からの移民が最も多い州でもある。1980年代に流入したかつてないほど多数の外国人移民の大部分は、ニューヨーク、ニュージャージー、イリノイ、マサチューセッツ、カリフォルニア、テキサス、フロリダの7州に集中しているが、そのすべての州で大規模な白人の外部への移住を経験した。人口動態上の顕著な変化に直面して、白人は今やこれらの州全体、地域全体から離脱しつつある。[22] アリゾナ、オレゴン、ワシントン、ネバダといった、ゲートがすでに多いか、あるいは増えつつある州の多くは、増加中のカリフォルニア州から離脱した白人の落着き先となっている。ゲート設置地区は、こうした傾向に対するなにがしかの回答であり、移民や少数人種に対して、また社会全体の貧困、犯罪、社会的不安定性に対して、ゲートを閉ざすという現実の比喩となっている。

　市のおよそ3分の1はゲートの内側になっているカリフォルニア州ダナ・ポイントにおける人種間の緊張についてのエッセイで、著述家のデール・マハリッジは、どのように文化破壊と恐怖が結びつき固められて、ゲーテッド・コミュニティに入っていくかを述べている。「もしあなたが夢の住宅を買うために一生働き続けてやっと手に入れたのに、突然近隣住区がいっそうの危険にさらされたならどうしますか？自分たちの街路で人が殺されたとき、たとえ熱烈なリベラル派でさえも反応し行動します。さらに、もしあなたがドルを稼いで、自分の生活を良くしようとひたすら望むだけの、法を守る働き者の移民であるのに、他の人々があなたをたたき出そうとするならどうしますか？」。彼が見つめている問題は「基本的に良い人々であるのに、お互いに理解し合えない」ことである。[23]

第7章／それほどすばらしくない新世界

　都市、近郊、あるいは州全体からさえの、白人中流階層の離脱と、内部に留まる人を保護するために建てられた壁は、市の土地、労働、社会市場から、そしてさらに社会全体の利益から貧困な近隣住区をますます孤立させ置き去りにする。少数人種の住空間隔離はそれ自身ですでにもっともぜい弱になっている集団にとっての機会をさらに減らしているという証拠が増えている。[24]住空間差別の影響に関する研究の先駆者であるジョン・ケインは、人種差別に導く住宅市場での差別が中核都市における黒人の低い雇用率の主要な理由であると論じてきた。[25]ウィリアム・ジュリアス・ウィルソンの研究はこの見方の正しさを強化し、次のように結論づけた。「個人の持続的接触や社会的相互交流の欠如が、また主流社会を代表する制度慣例が…仕事を探している人たちの就業のネットワークにつながることをよりいっそう困難にしている」。[26]

　ゲーテッド・コミュニティは異なった人種、文化、階層の人間同士の相互交流にもう一つの障壁をつくり、経済的、社会的機会の基礎を形づくる社会的ネットワークの構築についての問題を増やすであろう。近隣住区は常に人種差別や住宅価格を介してある種の居住希望者を除外することが可能であった。それがゲートと壁によって、望ましくない新規住民のみでなく、偶然通りかかった人や隣の住区から来た人でさえ排除することが可能となった。ゲートは目に見える排除の印しであり、すでにより大きな主流社会の環境から自分が排除されたと見ている人たちへさらに強力な信号を送る。

　民族的に多種多様なゲーテッド・コミュニティのすべての種の住民にインタビューしようとの努力にもかかわらず、我々のフォーカス・グループと六つの異なる地区でのインタビューは、一人のアフリカ系米国人、一人のアジア系米国人も含んでおらず、たった一人のラテン系人を含んでいるだけであった。我々は二つの住宅地でアフリカ系米国人に会ったが、彼らは明らかに極端な少数派であった。ゲーテッド・コミュニティが象徴する差別は、意図して経済的なものになってはいるが、人種と階層は我々の社会においてそれと密接な相互関係のある附属物なのである。ゲーテッド・コミュニティはそれ自体で区別や住民差別を引き起こしはしないが、経済的、社会的機会に対してすべて付随効果を与えるパターンの一部となっている。

私は手に入れた：排他的施策

　ゲーテッド・コミュニティは、経済的地位を固定すると同時に、犯罪や通行車両や見知らぬ人を壁で締め出す存在である。近隣住区に対するより高度の管制(コントロール)は、不動産価値のより高い安定性を意味すると推測される。第一章で論じたように、デベロッパーの建築したゲーテッド・コミュニティがゲートのないコミュニティよりも、価格プレミアムを有する、あるいは高い価値を維持するといういずれの証拠もない。それにもかかわらず、ゲートが不動産価値を高め、あるいは維持することに役立つという認識は強く、多くの住民と不動産業者はゲートが積極的効果をもっていると信じている。自分たちの街路にゲートを設置して封鎖することを請願中のカリフォルニア州の近隣住区グループは、10年間で40パーセントもの不動産価値の上昇を見込んでいると自ら認めている。[27]

　その地位や資産を固守しようとする流れは、ゲート内部に居る人々にとっては意味をなすが、結果として近くの隣人たちに逆の影響を与えることになろう。テキサス州プラノにおけるゲーテッド・コミュニティの反対派は、ゲーテッド・コミュニティが隣接する住区の不動産価値を5パーセントも減少させたと主張している。[28] 一つの地区から犯罪を排除することは少なくともそのいく分かを隣接地区へ移し替える恐れがある。ゲートの設置によりその内部の住民には通行車両を減らすことになるが、車はその外部にある街路に方向転換するだけである。

　街路のバリケードとゲートは、その内側で不動産を所有する人以外のすべての人の出入りを拒否することによって、駐車や午後の散歩といった、公共道路の単純な日常の利用方法を変更することができよう。それは隣の分譲地から子供たちが自転車に乗ってやってくるのを阻止するし、ガールスカウトがクッキーを売りに来ることやハローウィンの「トリック・オア・トリート」といって菓子をもらいに来る子供たちを排除することもできよう。また、もちろんゲートやバリケードは隣接する分譲地だけでなく、タウンや地域のゲートの外の市民にも影響を与える。それは投票勧誘員や選挙運動員を締め出して、民主主義的な選挙方法までも制限してしまう。ゲートは海岸線、ビーチ、

第7章／それほどすばらしくない新世界

公園への出入りを難しくすることができるので、こうした公共資源が実質的に私有保護区となってしまう。

ゲートのほか、排他的ゾーニング、ゼロ成長政策、その他の政府活動は、隣人たちや隣接する地域に対する影響を顧慮しないで住空間を管制するという同じ傾向の効果的な施策である。こうした政策や規制は居住の排他性を補足する方式であり、結果的に人種や所得による差別のパターンとなる。この差別のパターンは、住宅価格、近隣住区の質および価値を認識させるその他の要素を明確に代理する役を担うのである。[29]

我々はその証拠を見出せなかったものの、ゲートが自動的に住宅価値を高め、また維持に役立つということについて、それを是とする認識が、ゲートの非常に急速に普及する重要な理由となっている。同じく、住宅価値の下落に対して高まる恐怖は、土地利用計画ツールをつくり直させ、また住民の増加を抑制して、土地や住宅の高価格を維持することを目的とする、土地経営努力の新たな波の高まりを生むこととなる。たとえば、ゼロ成長ゾーニング政策は、単なる土地利用の枠組みではなく、住民構成に強い影響を与える一連の政策である。土地利用政策は、低所得者層の都市への流入を制限するために使われる。公共部門及び私的部門における差別的、隔離的な方策と組み合わせる場合、また低廉な住宅供給に対する連邦資金を削減する場合、いずれも土地利用規制の枠組みは土地や不動産の価値をただ保護するのみではなく、大都市圏における機会の地理を決定するのである。ラビンは次のように言っている。

> これらの多様な政策や行動は貧困層の経済的、構造的な孤立に対する影響の性質と強度において大いに異なる。住宅地の空間配分に対して強い影響を及ぼすものもあれば、住宅地の性質に影響を与えるものもある。その一方で住宅地の利益を手に入れる条件を確立するものもある。白人が市の中心を去る機会を過度に増やすところの、こうした公共政策を認識することは重要である。[30]

ゲーテッド・コミュニティによって顕著に示された、これらの「土地の縄張り争い」は、土地利用計画における厄介な傾向である。市民の中には同質的で

独立した組織の中に自分を分離し、より大きい政治組織や社会との紐帯を弱める人がいるため、地域はいうまでもなく、小さな地方都市の問題さえを解決する努力に対しても抵抗が増えつつあると見ることができよう。市民が変化していく国家から物理的、心理的により遠ざかるにつれて、公的領域からの大規模な市民の離脱と撤退の可能性は増大する。ある市民が米国の生活におけるコミュニティと場所に関する研究をしているコンスタンス・ペリンに次のように語った。「郊外の居住者の抱く基本的な感情が恐怖であることをまず理解してもらわなければなりません。これは事実なのです。基本的な感情は恐怖なのです。黒人への恐怖、体を傷つけられる恐怖、子供が麻薬に溺れる恐怖、これらは黒人問題であり、すべての都市の病気への恐怖なのです。人々はこれから現実には逃れていないのに、郊外に引っ越すことで逃れたと思うのです。自分自身の心の中だけで問題から逃れ去ったのです」。[31]

都市問題がより古い都市周縁の郊外で起こるにつれて、恐怖は広がる。ゲーテッド・コミュニティは人種差別がそうではないのと同様に、大都市圏でのこの分裂と対立の原因ではない。むしろ、それはこうしたより大きな社会的傾向のさらなる表明である。マクロ的視点でみれば、住宅所有者と住宅団地がミクロ的視点でしているのと同様に、郊外都市と近隣住区はより快適な状態を保持しようと戦っているのである。

ゲートを巡る論議

ゲートがその周囲の人々や場所に対して、象徴的、現実的、あるいは社会的、物理的に与える影響が深刻な論議の理由となっている。政治家、官公吏、一般市民は、この新たな居住形式についての狭義および広義の双方の影響を考える必要がある。市官吏と都市計画家の間では、大半がパーム・スプリングスにおける計画家のように、自分たちの懸念を通行車両の流れ、美観、緊急車両の出入りといった実務的問題に限定して、ゲーテッド・コミュニティを容認している。[32] 我々が本書のための調査を始めたとき、極めて少数の地方だけしかそういった懸念を越えられていなかったが、幸いにも今日では、

第7章／それほどすばらしくない新世界

より多くのタウンや市がゲートとその影響を評価するために真剣な努力をはらっている。

ゲートを巡って起こりうる対立を認識して、多くの地方がゲーテッド・コミュニティ、特に改造してつくられるものに対する許可を下すために公聴会を開催しガイドラインを作成した。カリフォルニア州ラグナ・ニゲルから、ルイジアナ州ジェファーソン・パリッシュに至る都市や郡で、公共の街路にゲートを設置しバリケードを築くことの申し込みに対して、通行車両への影響や近隣住区の承認についての規則が定められた。通常、住民の75パーセントか80パーセントの特別多数決によって封鎖が承認されなくてはならないが、テキサス州ダラスのように、いくつかの市では100パーセントの住民の賛成を要するところもある。時には、近隣住区が最初にその街路の封鎖を請願する際に論議が起こり、時には市議会や計画局がゲートの数が急速に増えていることを認識した際に論議が起こる。

たいていの地方がデベロッパーによるゲート設置を標準的な建築許可手続きの一部として承認しているため、通常、長期にわたる論議や特別の条例審議に至るのは、街路でのバリケード設置と公共の街路の私有化の場合である。ごくわずかの市がゲートの将来の設置に対して規制する条例を有しているのみで、市がデベロッパーによりすでに設置されてしまったゲートおよび改造を取り締まる例はさらに少ない。しかし、あらゆるタイプのゲーテッド・コミュニティについて関与しようとする市の数は増大しつつある。1995年に、カリフォルニア州サンディエゴ、オレゴン州ポートランドは、ゲートに関する市の政策を確立するための手続きを開始した。最初にそれを行った一つはノース・ダラスの境界の郊外住宅地たるテキサス州プラノであった。

プラノはほぼ20万人の人口の急速に成長しつつあるタウンであり、1990年代初頭に最初のゲート付き分譲地が現れた。市議会はゲートに対する関心を深め、問題を論議し政策を立案できるまで、一時停止期間を設けた。市議会は車両の循環経路、近隣住区間の接続、隣接する分譲地の安全性、ゲートのイメージ、過度の集中に対する危険について懸念した。市議会はこの論議をプラノがどういった種類の都市になるべきかの討論として考えた。

プラノ市民の多くが分裂したように、市議会はこの問題を巡り分裂した。

ゲートを巡る論議

　市議会議員で不動産業者であるアン・ジョーンズは、我々に「人々は自分が選んだどんな街路をも自動車で通行できるべき。」と信じていると語った。しかしながら、彼女は「ゲートは安全性の幻想をもたらすだけでしょうが、それでもあなたが車からの銃撃事件を聞き、それがニュースになったら、ゲートがそうした危険を排除することにまったく役立たないと言い切ることは難しいでしょう。」と言い添えた。[33] 結局、懐疑派がプラノでは勝ち、1994年に議会を通過したガイドラインはゲートを三方の側に水流があるような天然の障壁をもとから有している住宅地に制限した。当時、こうした特長に合致した未開発の場所がプラノにただ１つだけあった。それ以来、少なくともテキサス州の別の二つのタウン、ケラーとサウスレイクは、ゲーテッド・コミュニティに関して、プラノ市の一時停止期間を見習った。[34]

　これらの政策や条例は、特に巨額の公共投資で開発される場合、地方自治体が講じるものとしては大いに有用であり、先見性がある手段である。計画はその地方の枠組みを結びつけるようになされるべきであり、我々がすでに見てきたようにゲートは、車両通行の循環から犯罪、公共サービス、コミュニティの連帯までの問題に大きな影響を及ぼすものである。こうした問題は現にある近隣住区がその街路の私有化を請願したときに考えるのが最も容易であり、また新しいゲート付きの分譲地の計画が申し入れられたときは殊に綿密に調べる必要がある。我々の研究は地方がゲーテッド・コミュニティを取り巻く多くの社会問題を真剣かつ慎重に考慮する必要性を浮き彫りにしている。

　この論議の重要性は都市や郊外における我々の現地調査に見られ、ゲートやバリケードを支持する人たちとそれに反対する人たちは同じように熱くなっていた。ホイットレー・ハイツにおいては、その区域にゲートを設置する争いに負けた人々は引っ越して行った。マイアミ・ショアーズでは、バリケードが導入されたためにいく人かの住民が立ち去り、またそのバリケードが自身の街路ではなくほかの人の街路に設置されたために立ち去った住民もいた。

　ゲート設置の趨勢に反対し心配している多くのオブザーバーがいる。女性市会議員リタ・ウォルターズを含めロサンゼルスの多くの人は、バリケードや進入許可の将来を予見し、街路封鎖に反対した。オハイオ州クリーブランドの前計画局長、ノーマン・クルムホルツは、都市のバルカン半島化、すなわ

第7章／それほどすばらしくない新世界

ち小さい区画に分割される可能性を警告した。(35) 未だに都市や地域全体に対する影響を考慮せずに、限定された地域を保護するのが果たして賢明なのかと疑問視する人がいる。また、多くの人が差別や人種差別主義の動機を増加させることを懸念している。オハイオ州バー・リッジの都市計画家、レキシー・マッカローチは、その計画委員会がゲートを「分離主義」として反対し、少なくとも一つの住宅地からゲートを取り除くように要請したと述べている。また、彼女は私的街路の通行権に対する使用条件が厳しくないので、街路補修が高くつくようになると、将来の住民が市に維持管理の継承を要請する可能性について心配している。(36) ダラスでの我々のフォーカス・グループメンバーの1人は、次の賢明なコメントを発した。「私がゲーテッド・コミュニティについて疑問に思っているのは、今から20年、30年後に何が起こりうるのか、ということです。それは今のまま維持されているでしょうか？もし歴史が繰り返すなら、道を滑り落ちて中低所得層の地所となってしまい、維持管理も恐らく低下しまうでしょう。我々は一体何をつくっているのでしょうか？なぜ我々はゲーテッド・コミュニティをつくっているのでしょうか？それは10のうち9まで、異なる人種や所得のグループをコミュニティの外に締め出すだけのものになるでしょう」。(37)

ロサンゼルス、アトランタ、シカゴ、サクラメント、その他の市では、街路封鎖やゲーテッド・コミュニティの提案について重大な闘争が法廷や市役所で行なわれた。カンザス州ウィチタでは、公共街路分譲地が市議会にその玄関口(エントランス)に腕木式ゲートを設置する許可を申請したとき、ゲートの設置を巡る論議が始まった。ゲートウッドと呼称される分譲地には、唯一の進入口に夜間に警備員を置く警備所がすでにあり、住宅地に進入するすべての自動車のナンバー・プレートを記録するカメラ・システムもあった。街路は公共のものであるために、出入りを拒否し得なかったが、監視はできた。ゲートはこの監視能力を高めるように意図された。住民はゲートを開けるための遠隔操作機(リモート・コントロール)をもち、一方、非居住者は停止してボタンを押さなければならないが、その地点にはもう1台のカメラが非居住者の顔写真を撮るようにできていた。

大都市圏計画委員会、交通委員会、市民参加局は、介入を求められたが、そのすべてが市議会が許可を拒否することを勧告する票決を下した。計画局は

ゲートを巡る論議

「この市が自身を『市民の共同体』として見るか、独立住区(アンクレイヴ)の集積として見るかの象徴がゲートである。」と主張した。そのレポートでは、「自分たちの『裏庭』におけるゾーニング変更という脅威に遭遇したとき、住民は自らの権益の保護をますます声高に主張する趨勢と、その一方でより広範囲のコミュニティ全域の問題を扱う理事会や委員会にたずさわる、公共心のある市民を見つけるのがますます難しくなってきつつある趨勢」を指摘している。[38] 承認を勧告することに票を投じた計画委員会の一人のメンバーは、外部の人がゲートウッドの住民に何をすべきか言うべきではなく、特に彼らは自分たちの近隣住区を改善するために皆が行動をともにしようとしているのであるからなおさらであると述べた。他の1人は近隣住区の動機には肯けるが、「ゲートを設置して、残りのコミュニティから自分たちを隔離することをせずとも」近隣住区ができる「ありとあらゆる種類のもの」があると言って不賛成にまわった。[39]

　反ゲート設置の組織や個人は、法律的かつ官僚的な見地から、社会的かつ哲学的な見地に至るまで、広範囲の論拠を述べている。共通しているのは市民の連帯という古い概念の表現であり、「私はこのコミュニティをこよなく愛していて、それを清潔に、緑豊かに、開放的にしておくことを望んでいるが、ゲートの内側にすわって世間を軽蔑したままでは、そういうことができるわけがない。私は幾世代も持ちこたえるに十分な閂とゲートがあるのを見てきた。」という。[40] ある人は、市民コミュニティのメンバーは如何にあるべきかにつき明確な意見をもっていて、ゲートを市民の間に仕切りを立てるものと見ている。「この考えは分裂を引き起こすに決まっています。この提案は一つの都市の中にもう一つの都市をゲートでつくりだすを設置するものです。私はプラント市の他のところから今は切り離されていないし、また私はそうならないことを心底望みます」。[41]

　ロサンゼルスのホイットレー・ハイツに対して長期にわたる訴訟を始めた近隣住区のグループたるCAGEの一人のメンバーは反対の強い声明を出し、ゲーテッド・コミュニティが如何に共通点でなく相違点を拡大し、市民に異なる階層をつくり出しているのかを述べた。「ゲートは『君たちは外に出ていなさい』と言い、また『私たちは裕福であり、君たちはそうでない。このゲートはその相違をはっきりさせるものだ。』と言っている」。[42]

第7章／それほどすばらしくない新世界

　我々の事例研究ではゲート設置を支持する人たちの立場の詳細を明らかにした。彼らがゲートを支持する理由は、皆が居住用コミュニティに望むことの羅列であり、それは安全、平穏、静謐、プライバシーである。彼らは自らの環境を管制する権利が自宅の玄関を越えて自分たちの周囲の街路まで出ていけると信じており、彼らは誰もその制御の実行を阻止する権利を持っていないと主張する。「類は友を呼ぶというが、人々はそうする権利を本来持っている。もしそれが社会に問題を起こすというなら、それはその通りで仕方がない。もし万全の保安を望む人々が一緒に集りたいというなら、それはその人たちの勝手であろう」。[43]

　ゲートの住民と支持者は人種差別主義、エリート主義、分離主義という非難を否定して、彼らは自分たちがただ単に自らの家、自らの家族、自らの近隣住区を大切にしているだけだと言う。さらに彼らはゲーテッド・コミュニティを選択したことにたいへん満足している。オハイオ州デイトンのファイヴ・オークスの新たにバリケードを築いた近隣住区の住民が大喜びして、「よその自動車はまったく通らない。夏に私の妻と一緒に玄関に座ってつくづく『ここは田舎に住むことの次ぎによいことだ。』」[44] いった程である。

　昼夜を問わず街路を歩ける安全性、不動産と住宅投資を保護する能力、良きサービスとインフラ、といった生活に要する附属品はすべての市民に均等に提供される普遍のものであるべきだが、これらの附属品について、ゲーテッド・コミュニティはその住民だけに提供しようと試みである。全世界からわが国に至るまでの資金の慢性的不足のため、我々の地方政府や都市はこの生活の基本的な附属物を十分には提供してくれない。我々はゲーテッド・コミュニティの住民を、彼らが米国の都市問題に対処することに対し、あるいは自分と自分たち家族のためその問題の影響を減じようとする努力に対し、非難することはできない。しかしながら、同じ目的に対しても他の方法がある。我々は第8章でいくつかの選択肢について検討したい。

第8章

より良き
コミュニティの構築

　国中のゲーテッド・コミュニティで、良き近隣住区(ネイバーフッド)を取り戻したいと望む人々の声を聞いた。人々は安全を望み、静謐を望み、安心を望んでいる。あまりはっきりとは言っていないが、人々は同様に良きコミュニティをも望んでいるのであり、人々はコミュニティ感覚のある住宅地区の住民の一員であると実感するとき、うれしく思い、そして誇りをもつ。これらの願望を思えば、ゲート、警備員、フェンス、壁、コンクリート製のバリケードへと向かう傾向は理解できるものである。これら物理的保安手段は、保護と心の安らぎを供与するように思われる。また、もしそうした手段が近隣住区を分断し、私有化(プライヴェティゼーション)を促し、排除の信号を送るだけなら、その支払い対価は小額に過ぎないと思われるかもしれない。現にゲーテッド・コミュニティの住民の中には、他の社会のことで悩むよりも、自らの家族、自らの居住区画、自らの近隣住区に気を遣うことが、間違いなく第一の義務であると語った者もいる。

第8章／より良きコミュニティの構築

　しかしながら、都市と郊外のいずれにおいても、犯罪を防ぎ、交通を制御し、近隣関係を活性化させ得る選択肢はゲートの他にもある。犯罪や交通を制御する方法は必ずしも適切ではないこともあり、また完全に成功しているものもないため、我々は万能薬としてではなく一つの方策として、近隣住区とそこに住む人との間に障壁を構築せずに、ゲートと同じ目的を達成することが可能な代替手段を提案したい。これら代替手段は環境を保全し、美しくするのに役立ち、また安全な子供の遊び場を提供する。同時に、コミュニティの共有価値と相互関係にとっての基本である社会的紐帯を築きあげるのにも役立つ。これらはコミュニティの定義における二つの面 ―コミュニティ意識を伴った"私的"コミュニティと、運命や目的を共有し、コミュニティ活動に参加する"公的"コミュニティ― この二つのうちの一つ、あるいは双方ともをつくりあげるべく機能する。

　また、コミュニティは健康な都市と地域の基礎であるため、その区域のレベルを越えてコミュニティを育成するためのいくつかの構想を我々は考察する。これらの中には、タウンと近隣住区に対する新たな設計原理、問題解決に向けた地域特有のアプローチもある。良きコミュニティは個人にだけではなく社会や国家にとっても重要なのである。

良き近隣住区の創造：防犯

　警察、犯罪学者、都市計画家、建築家は、犯罪を減らし制御し得るに有効な物理的設計技術を広範囲に進展させてきた。こうした保安手段は、すべてを合わせて、環境設計による防犯（CPTED: Crime Prevention through Environmental Design）と呼ばれている。これらは犯罪を防止するための非公式な社会的行動を創出または促進する物理的な設計変更から範囲を広げ、物理的障壁や高度技術による監視を伴った"重点防御"策（攻撃されやすいところの守りを固めることを意味する軍事用語）までを含む。CPTEDは基本的な重点防御に基づく、錠、閂、フェンス、レーザーワイヤー、ゲート、警備員といった防犯対策を多くの場合採用するが、第一の重点は社会的行動に働きかけること

に置いている。

　この構想の中心は、近隣住区における社会的組織が、犯罪を防止する物理的環境たる守りやすい住空間をつくることである。行われる如何なる物理的変更も、犯罪に対して直接に働きかけるわけではなく、まず社会的防御を促すべく意図されている。「守りやすい住空間(ディフェンシブル・スペース)」なる言葉は、オスカー・ニューマンによって創り出され、ほとんど完璧なものにされたのであるが、同様の考えはジェーン・ジェイコブスたちによっても主張された。[1] ニューマンはこの考えを三つの命題に基づく理論として仕上げている：

　―領域：人々は自分のものとして認知しうる領域をいっそう守ろうとするやに思える。

　―自然な監視：住空間を監視することが容易であればあるほど、監視役は多くなり、より多くの犯罪が阻止される。

　―イメージ：視覚的特徴は犯罪を助長することも、阻止することも可能である。[2]

　領域は、大きな公的な広い場所より、簡単に自分のものと主張できる住空間、すなわち小さな集団向きの区域、によってつくり出される。自然な監視は、窓の配列、照明、造園といった要素を介して行われる。イメージは、十分な維持管理、落書きの消去のように手入れの行き届いた、また誰かに所有されている場所であると表示する手段をもちい、外部に人間の存在を知らしめ、かつ境界線を明示して創出される。

　ゲーテッド・コミュニティに関して、領域とイメージの概念が適用される。しかし、ゲートの存在それ自体が、守りやすい住空間やCPTED（環境設計による防犯）を構成するわけではない。デベロッパーによって築かれたライフスタイル型や威信型(プレイステイジ)のコミュニティには、守りやすい住空間として意図されたものはほとんどない。排除は防護と同義ではないし、フェンスによる境界は住民を防護するコミュニティを自動的につくるわけではないからである。しかしながら、保安圏型コミュニティにおいては、ゲーテッド・コミュニティが時々守りやすい住空間の構想を反映して設計されている。すなわち通常、ゲートはコミュニティを組織すること、法の執行との協力、近隣住区監視グループの形成、落書きの消去、さらに社会的に適応した守りやすい住空間へ

第8章／より良きコミュニティの構築

のアプローチに適していて、かつ犯罪削減に独立した効果を与える特に設計されてはいない方策を伴っている。

　セキュリティを目的とする守りやすい住空間の手法はコミュニティを強固にする可能性を有し、また実際に強固にしている。しかし、重点防御策は、郊外のゲーテッド・コミュニティに見られるように、それが単独で利用される際、近隣住区が自らを防御するには有効であろうが、そのためには社会的制御の代替として物理的装置と障壁に依存して行うことになる。したがって近隣住区が保安のために高度の技術装備と警備員の雇用に依存して、相互の結びつきは強化されるよりむしろ弱体化し、隣人の保安に対する個人の責任を放棄させてしまう。

　我々が訪問したデベロッパー主導によるゲーテッド・コミュニティで相互責任の感覚の証しはほとんど見いだせなかったが、自発的にゲートにより自身を閉じ込めた既存の近隣住区ではこのような相互の結びつきの証を時々見いだすこともあった。概して、人々は自らの住宅地を友好親密的と認識しても、そこで孤立しているように感じている。フロリダ州の若手弁護士は、住宅団地でのクリスマスパーティーで自分たち夫妻が誰も知っている人がおらず、また誰もが本当に自分たちを知りたいと思ってはいないように感じたと語った。同様に、カリフォルニア州ブラックホーク在住の夫婦はテニスとゴルフクラブを介してお互いの交流を深めはしたが、自分たちが本当の結びつきを持ち合わせていないように感じるとしていた。コミュニティでの不可欠な相互関係は、失われた大切な要素である。ゲーテッド・コミュニティにおいては、雇われた警備員、クラブの組織者、部外の代理人が相互責任を代行してくれる。

　しかし雇われた警備員やコンクリート製の壁の他にも、保安や犯罪防止を目的とする選択肢は多くある。表8-1はCPTEDが近隣住区で防犯を強化するために利用する方策を列挙している。多くは純物理的な変更であり、いくつかは法の執行機関に依存している。その他はCPTEDが社会的相互交流を強化する考えに基づいているため、社会的紐帯と隣人組織に依存している。物理的設計は、社会的メカニズムに刺激を与える意図をもち、そのため多くの場合、社会的方策を伴って実行される。

良き近隣住区の創造：防犯

表 8-1. 近隣住区防犯対策

方策	物理的手段	管理的手段	警察	社会的手段
監視				
野外灯の増設	×	…	…	…
死角の削減	×	…	…	…
警備所の設置	×	…	…	…
監視カメラ設置	×	…	…	…
警備員の雇用	…	×	…	…
街区監視団の形成	…	…	…	×
住民パトロールの形成	…	…	…	×
警察パトロールの手配	…	…	×	…
地区スペースの創設	×	…	…	…
家族住宅計画	…	…	…	×
家族安全計画	…	…	…	×
コミュニティ警察活動	…	…	×	…
行動による抑制	…	…	…	…
街路の封鎖またはゲート設置	×	…	…	…
フェンスと外壁建設	×	…	…	…
護衛サービス提供	…	×	…	…
隣人を見知る	…	…	…	×
防犯意欲の強化	…	…	…	…
外観の改良	×	…	…	…
環境の個人化	×	…	…	…
最小限の保安コード	…	×	…	…
保安教育	…	…	…	×
住民関与	…	…	…	×
コミュニティ警察の関係改善	…	…	×	…

出典：アラン・ウォリス、ダニエル・フォード「環境設計による犯罪防止」よりの抜粋

　フェンス、壁、ゲート、保安パトロールといった重点防御策は、一連の選択肢である。こうした行為は、コミュニティを創造する見地からすると、近隣住区を安定化し、その基礎を築くのに役立つであろうが、その行為自体にコミュニティ形成を約束するものはない。既に我々が論じたように、隣人に対して居住者として負うべき個人的責任を減ずるがためにかえってコミュニテ

第8章／より良きコミュニティの構築

ィの形成に損害を与え得るのである。

　表8-1に列挙したコミュニティを形成する方策は、単独でも使いうるし、また物理的な重点防御策や法執行を合わせても利用し得る。こうした方策は人々を結びつけ、互いに目を配らせ、自らの環境に注意させることを可能にし、またそれを促進する。ゲルダ・ウェカールとキャロリン・ワイツマンは犯罪と戦い、その脅威を減じるために物理的設計と居住者の関与を統合する、「安全な都市」というアプローチを主張した。CPTEDの「領域」の面に言及し、「『地域の誇り』を推進しようとするならば、単に物理的設計のみに依存するのではなく、人々がその地域の設計、計画、管理に参加せねばならぬ機会をつくり、それに関連させねばならぬ」ことを指摘する。[3] また、コミュニティを形成する方策は、安全性を増進し、生活の質をも改善する。その例としては、隣人同士を結びつけ、かつ安全性を提供する近隣監視計画や居住者によるパトロール、近隣住区の子供たちが常時助けを求められる安全ハウスの設立計画、隣人がお互いを知り合って、見知らぬ人や怪しい行動をいっそう容易に見分けることができるプログラムとイベント、近隣住区の外観の改善、近隣住区の誇りを高めコミュニティにおける利害を皆で共有するために、子供、ティーンエージャー、成人すべてを関与させ努力させることなどがある。

　フェンス、ゲート、警備員は、金で購い、その管理を他人に任すことができるが、これらとは異なり、コミュニティ形成に関わるすべての努力は時間がかかり、管理、監視と、それらの完全遂行は、ほとんど常時、過重労働のボランティアの近隣活動家をさらなる過重労働に追い込んでしまう。全国のいくつかの近隣住区では、ボランティア燃えつき問題への新しい回答として、有給の「コミュニティ指導員」を雇うことが起こってきた。指導員はフルタイムでもパートタイムでもよいが、コミュニティのメンバーであることが望ましく、近隣住区内の活動を調整指導する。警察がすべてのことに対応できないことが知れわたるほどに、何百という場所の教会、HOA、商業組合やその他集団は、ハードウェアだけではなく、犯罪防止プログラムの先頭に立ちボランティアを調整する献身的なコミュニティの指導者といった立場の人にも金を支払うことが可能となった。[4]

　こうした方策がもたらすコミュニティにの誇りや団結は、ワシントンD.C.の

マウント・プレザントで示された。マウント・プレザント近隣住区は、黒人、白人、ラテン系やアジア系の移民たち労働者階級により構成されている。犯罪はこの区域で長期にわたる懸案の問題であったが、1991年の人種暴動と1993年に3人を死亡させた一連の自動車よりの銃撃事件で、ようやく近隣住区は動き始めた。住民たちはその懸念について警察と定期的会合を持ち始め、近隣監視プログラムが始められ、近隣住区を改善しようとする精神を祝福するために大規模な街区毎のパーティーが催された。「我々は自分たちのコミュニティを自分たちの手に取り戻すことを望んでいる。自分はここを離れ去るよりもコミュニティと一緒になりたいのだ」とある男がリポーターに語った。もう1人は「マウント・プレザントでいろいろなことすべてが起こったが、我々は依然として結束しており、一連の事件は近隣関係をかえって強固にした」と語った。[5]

　コミュニティを形成するCPTED戦術は、人々がお互いを知り合い、見守り合い、街路をよく見張り、非行ティーンエージャーや悪どい犯罪者が防備をかいくぐることが困難な近隣住区、すなわち数十年前にはあった近隣住区や小さなタウンの社会秩序を再構築するように意図されている。錠、フェンス、ゲートは、人々に危険と恐怖を思い起こさせるが、良き思い出のある昔の小さなタウンあるいは安定した都市の近隣住区のような、緊密に結びついたコミュニティは、それがセキュリティを高めると同時に生活の質を強化し再保証し、改善するのである。

良き近隣住区の構築：交通規制

　近隣住区がゲートとフェンスに向かった第二の主要な理由は交通である。住民は通過交通による騒音と妨害を好まず、子供たちが街路で遊ぶことを心配し、容易な自動車の侵入が犯罪者の侵入を自由にさせその迅速な逃亡を可能にさせていることに怖れを抱いている。しかし、それでも、域外から住宅地を閉じこめるのではなく、交通を制御する多種多様な方策を採ることが依然可能である。

　こうしたテクニックには、スピードを落とすための盛り土、イボイボの突

コロラド州ウォルナット・ホロウの自動車の通行速度を落とさせる街路、ジョン・M・フォルナンデス撮影

起物、あるいは街路をカーブさせるといった昔ながらの手法がある。より新しいアイデアには、横断歩道を側歩道と同じ高さにしたり、交差点を高くしたりして、スピードを落とさせること、また鋭角の曲がり角により曲がり幅を小さくすることで同じ役目を果たさせることがある。こうしたスピードを緩める手段はすべて、安全性を高め、騒音を減少させ、通過交通量を減らすものである。また、それ以外に、最善の犯罪防止策の際と同様に、これらと同時にコミュニティが自動車交通を自制するのを促すことがある。こうしたテクニックの多くは、郊外住宅地や再計画中の都市近隣住区を、社会的、物理的スペースとして、またコミュニティとして機能させようとする都市計画家による新たなビジョンの一部となっている。

　この街路設計の新たなビジョンの中心的モデルは、交通沈静化、街路統合、共用街路などと称されている。この考えは、1960年代のヨーロッパを起源とし、広くかつ成功裡に、オランダ、ドイツ、イギリス、デンマーク、スウェーデン、日本、イスラエル、スイス、オーストラリアで採用されていった。[6] 米国においては今ようやく実施されつつある手法である。[7]

良き近隣住区の構築：交通規制

　共用街路の考えは単純であり、住宅地街路をただドライバーのみでなく、歩行者、住民、子供たちといったすべての人々が利用できるスペースとすることである。街路が受け容れねばならぬ交通量に応じて、広範囲にわたる手法が交通を沈静化するために使われるであろう。共用街路は狭められていて、通行速度を落とさせ、街路の見わたしもあまりきかないようにしている。街路はカーブやジグザグになっていて、側歩道があるわけでなく、アスファルトよりむしろレンガや敷石で表面を覆い、街路が自動車と同様に歩行者にとってのスペースでもあることを示している。樹木や小庭との間に街路駐車場が点在して見られ、時折、ベンチやその他の街頭設備が組み込まれている。

　通り抜けができない住宅地街路では、時速25マイル以上のスピードを出す必要がなく、時速５マイルの制限速度が駐車やガレージの出入りにも適切である。時折、こうした街路は一車列だけの道として設計され、１台の自動車のみに十分な広さしかなく、ドライバーはスピードを落とし、既に誰かの車があれば空いた道を捜さねばならない。緊急車両の通行を確保するため様々な設計や装置がある。自動車から奪い取られたスペースは、子供たちと歩行者に与えられ、彼らにとっては街路が安全快適で自宅の前庭の延長となる。

　ヨーロッパにおける共用街路の研究によると、子供たちの街路での遊びは増加したのに、交通事故が顕著に減ったことが示されている。[8] 街路を本当に共用街路にするのか、それともそのいくつかの手法を組み込んだだけのものでよいのかは交通、住民、歩行者からの必要性による。どの程度の交通鎮静化が望まれているかにかかわらず、こうした手段のすべてが新しい分譲地に組み込まれ得るし、その多くは都市の既存の格子状の街路にも適合させ得る。

　北米の都市には1990年代に共用街路の考えを輸入したところがある。コロラド州ボールダーは共用街路を組み込んだPUD（計画型住宅団地）をつくり、市はそのモデルのいっそう広い適用を許すために道路設計の基準を再設定している。また、ニューメキシコ州サンタフェは新設計指針を再検討中であり、オレゴン州ポートランド、ワシントン州オリンピア、ブリティッシュ・コロンビア州バンクーバーは、すでに新基準を採用している。[9]

　交通を統合する街路の設計の効果は、防犯に追加的効果をもたらした。共用街路は公共スペースの利用を増やすため、そこでは、より社会的相互交流

第8章／より良きコミュニティの構築

が増え、より多くの街路における監視の目ができる。また、共用街路は領域を表示し、かつ信号を掲げることで住民の所有意識を高め守りやすい住空間として機能する。最も重要なことは、共用街路は実際の出入りを遮断することなく、街路のバリケードと同じ目的を達成することである。ゲートとバリケードは、道路を遮断し、自動車の速度を緩め、通り抜けを妨げるために利用される。速度を緩める街路は同じことを行うが、何人をも排除せずに非公式な社会的管理を容易にし、コミュニティを活性化するという追加的な利点を有している。

コミュニティの形成とサステイナブル・コミュニティ

　コミュニティ形成とは、「コミュニティ」と名づけられ販売されたゲート付き分譲地から「あなたの新しき故郷」として売り込まれるあらゆる施設のととのった計画型都市に至るまで、住宅地開発事業において最も論議の多い概念である。アーバイン・カンパニーによって建設された総合計画型タウンは、エベネザー・ハワードによる田園都市(ガーデン・シティ)から受け継いだ物理的デザインを利用した、こうした傾向に沿った最初のものである。これらは、我々に物理的デザインと計画が住民の行動と社会組織に影響を与え、かつ住民が如何に感じるのかにも影響を与えることを明らかにした。新たな住宅開発地の設計は、郊外、都市にかかわらず、人々を分離するのではなくむしろ結びつけることができる。同様に、既存の近隣住区の再開発あるいは単純な改良でさえもコミュニティを形成し強化するために利用できる。それ故にサステイナブル・コミュニティ（sustainable community）と呼ばれるものを、国中の都市計画家、建築家、市民が今つくろうとしている。

　サステイナブル・コミュニティは、環境、社会正義、公共生活、私生活への関心を集約している。ただ単に今の人々の必要を満たすのみでなく、将来の自身の必要を満たすため、子供や孫たちの世代の能力をも考慮する点で持続性がある。持続的なデザインの特徴としては、より小さくまとまった開発、環境保護、設計と施工に対する市民参加、平等なサービスへのコミュニティ

コミュニティの形成とサステイナブル・コミュニティ

の全構成員に対する配慮、集会のための公共スペース、その場所に対する意識を高める建築とゾーニング、を含んでいる。(10)

　ゲーテッド・コミュニティがこうした目的を果たすように設計されていることはまずない。これらコミュニティは意図的に柔軟性を欠くようにつくられている。これらは強い約款、約定、制限（CC＆R）を強調して、改造のうえ再利用することを難しくし、たぶん不可能にする。これらは、過去を実体化して、未来を守ろうと試みる。これらは破壊的な分子を防ぐために、コミュニティ参加を奨励する統合的、全体論的解決を採用するより、むしろ犯罪を防ぐために壁をつくり警備員を採用する。ゲーテッド・コミュニティは、犯罪防止における決定的なステップであり、かつ基本的な都市の目標であるところの適切な教育、職業、公共サービスを獲得し維持するための戦略には、着手しない。(11) 豊かで、活発な公共スペースの代わりに、ゲーテッド・コミュニティが持っているのは、より広いコミュニティ全体の必要を満たすのでなく、むしろ限られたメンバーに狭い範囲の運動を提供するのが、せいぜいの私的なレクリエーション施設とクラブハウスである。

　我々はより啓蒙的で示唆性に富む見通しを、ある個人や場所において見いだしたと言わなくてはならない。カリフォルニア州キャニオン・レークの大きなゲート付きの都市において、タウン・リーダーたちはコミュニティの統合を達成し、コミュニティへの参加と問題解決の努力のために懸命に働いている。しかしたいていのゲーテッド・コミュニティは閉ざされた郊外の分譲地の不規則に広がって接続していない土地の一部であり、それは人的、物的資源を浪費し、また隣接する住宅地とのつながりを遮断して、本来のコミュニティ形成のすべての形式を切り離し分断している。サステイナブル・コミュニティのビジョンを共有する人々にとっては、ゲートを設置する傾向はそれを永続できる地とし、思い起こし、愛着をもち、故郷と呼ぶ地とするコミュニティの本来の要素を無視するものなのである。

　サステイナブル・コミュニティの注目すべきビジョンは、伝統的な米国のタウンの最良のものを再現しようとする新伝統主義である。郊外においても、不規則に広がらず、歩行者にやさしく、またコミュニティ、触れ合い、小さなタウンの感覚を促進する住宅地には、この国のデザインの長い伝統がある。(12)

格子状街路、C.ベントン撮影

　伝統的な米国のタウンの街路パターンは、ゲートやフェンスがなくともプライバシーと安全を提供した。すなわちプライバシーは狭い道路、並木、ポーチや式台のような近所の人に開放された玄関口でつくられたスペースと人の目による街路監視に頼ったセキュリティにより提供された。人々はやはり収入と人種によって異なった地区に分け隔てはされていたが、少なくともお互いに出入りができる公共スペースを共有していた。
　広く読まれている都市の著述家でリポーターのフィル・ラングドンは、街路と街路の間の、住宅と商店との間の、収入と住宅形態との間のつながり、また、大量輸送、公共スペースを通じた、特に都市の理想と公共の責任を通じたつながり、として新伝統主義を定義している。[13] 新伝統主義的な住宅地を設計し、建設する建築家や都市計画家の中では、ピーター・カルソープ、アンドレ・デュアニー、エリザベス・プレイター・ザイバーグがよく知られている。

コミュニティの形成とサステイナブル・コミュニティ

　彼らによる住宅地はいくつかの共通した特徴をもっており、いろいろな用途に使われる中心部と重要な意味をもつ公共スペースを備えて歩行者にやさしく、かつその設計は伝統的な感覚を呼び起こすように意図されている。[14]
　新伝統主義、新郊外主義、サステイナブル・コミュニティ運動の原則が我々に指し示すのは、ゲーテッド・コミュニティが称賛に値する目標に達するには不適切で欠陥のある手法だということである。すべての人が、統一された活発なコミュニティと、そこへの帰属意識と隣人愛を望んでいる。しかし人々が郊外のゲーテッド・コミュニティに引っ越したり、都市近隣住区をゲートで外部を遮断したりする共通の理由は至極平凡である。彼らは当面の生活の質、犯罪、街路と交通の制御、子供たちの安全のことが心配なのである。ゲートは見知らぬ人を締め出し、犯罪を壁の外に追いやり、安全なレベルに通行車両の速度と量を保つ、効果的で直接的な方法のように思われる。
　新伝統主義の支持者の多くにとって、ゲーテッド・コミュニティは彼らのビジョンと正反対である。ピーター・カルソープにとっては、ゲーテッド・コミュニティは米国都市と近隣住区において公と私の住空間の間で肥大しつつある不均衡の表れである。

　　　ゲーテッド・コミュニティとは、(私有スペースの増加と公共スペースの消失に向かう)傾向のおそらく最もあからさまで、その文字どおりの表現である。物理的には、分離と、かつて差別と寛容に基づいた国の副次的な題目であった恐怖を悲しいかな意味するのである。政治的には、すべての人々にサービスを提供する政府の責任を削減して、それを私的な特定の機関、すなわち私立学校、私有レクリエーション、私有公園、私道、私的準政府に置き換えることにより私有化の願望を表現している。また社会的には、住宅の要塞化は自己実現の予言となっている。人々がいっそう孤立し、自分以外の人々との共有をよりいっそう避けるようになればなるほど、人々は恐怖をいっそう多く感じるようになる。この限りにおいて私有化(プライヴェティゼーション)は、住宅建設産業と我々の土地利用パターンを方向づける市場の強い力となっている。[15]

　新伝統主義の実行可能性、その社会的行動を生み出すための物理的設計への依存度、コミュニティをつくり環境への圧力を減らすために実際に機能す

第8章／より良きコミュニティの構築

る程度、を批評家は問題にした。しかしながら、我々がより良く、より安全で、より友好的で、より生活しやすい場所となる近隣住区をつくり、再現するために、新伝統主義的設計の原則から学ぶべきことが多くある。これらの原則は単純で、なおかつ強力である。これらは街角の商店をよび戻し、前庭の芝生をより開放されたスペースに替え、玄関を住宅の前部に置いて、ガレージを住宅の背後に置き、また街路を狭くし並木を植え、歩行者にやさしくすることを含んでいる。これらの考えのすべてと、それに類似する多くの他の考えは、近隣住区やタウンを改善し過去の過ちを繰り返さない、新たな場所を構築することに焦点をあてている。こうした考えはゲートと壁といったハードウェアに依存しない我々の都市や郊外の問題に対する答えへと導く。

より良きコミュニティを形成するためのより良き地域の構築

　我々のタウンや近隣住区はその地域にある大都市の経済体制の枠内に存在しており、またタウンや近隣住区は、その地域を形成する一方、逆にその地域の一部ともなっている。1980年代以降、中心都市では人口が縮小していったが、大都市圏全体としては人口が増加し、地理的には顕著に拡大された。このような地域の再構築はすべての主要都市に共通している。郊外は大都市との協力や共存にそれほど興味をもっていない。郊外はその自治のための装甲を身にまとい、自らと隣接する郊外、近くの主要都市、またはその他のより大きい地域機関と統合することにしばしば抵抗する。さらに郊外の差別化が進めば進むほど、より古い区域が衰退し、郊外の周辺を取り巻く地域が膨張するほど、競合と対立が郊外同士でも郊外と市の間でも生ずる。郊外研究に関する最初の米国の権威の１人であるマーク・バルダサーは、これらの傾向が重要な結末をもたらすであろうことを次のように示唆した。

　　豊かで、組織的な［郊外の］コミュニティは快適であろう。こうした
　　コミュニティはサービスを提供し収入を獲得することで、他のコミュニ
　　ティよりも大きな成功を収めるであろう。それができる住民が、「成功し
　　た」区域に移動してきて、その優越した場所の地位や期待をさらに押し

より良きコミュニティを形成するためのより良い地域の構築

上げるであろう。地位、財、サービスでの今まで以上の不均衡が発生するであろう。若干の郊外のコミュニティだけが全面的に品質を高める一方で、他のコミュニティは劣化するであろう。人が郊外のどこで生活し、どこで働いているかが、人が郊外に住んでいるかどうかよりもいっそう重要な問題になるであろう。[16]

なぜこのことはゲーテッド・コミュニティを我々が考察する上で重要なのであろうか？それはゲートの有無にかかわらず、すべての近隣住区は同じ究極の目標、すなわち交通を制御し、犯罪を排除し、経済的地位を保全し、安定した生活の質を維持すること、をもっているからである。個々の家庭というレベルにおいては、ゲートの設置は合理的な選択である。しかし都市、地域、国家の見地からは、ゲート設置はたとえ問題への一つの回答になるとしても、それは問題の根本原因に対するものではまったくない。

我々は貧困、社会的混乱、公的サービスやインフラの衰退といった問題に対して、ただ単に逃避するとか、壁で遮断することではなく、それに直面しなければならない。我々がその一部となっているより大きなコミュニティを無視している間は、我々の近隣住区、我々の街路、我々の住宅、我々の家族は、決して本当に安全にならないであろう。地域の構造と健康は全体として、そのすべての住民の生活の質と経済的、社会的な機会の決定において、中心的な役割を果たしている。ある地域を観察することは、その近隣住区や地域が単独では成り立たないものであり、我々が開発する近隣住区の物理的設計や土地利用パターンが、その地域内の他の人々に影響を与えるのを認識することになる。地域を構成する近隣住区、タウン、都市は相互依存的なのである。

我々は双方の立場に共感はするが、ゲートの設置やバリケードの建設の際に、公的領域のすべてが考慮されなくてはならないと信じている。ゲートの設置は自動車や麻薬を締め出して短期的に近隣住区に安寧をもたらすかも知れないが、これらの問題やその他に対する本当の解決を促す、意欲を失わせることになるであろう。そして長期的には、問題は内部に再び侵入するであろう。しかし同時に、耐え難い交通の悩みや地域犯罪は誰もが受け入れるべきではないし、こうした障害や負担を緩和する効果的な手段が見いだされな

第8章／より良きコミュニティの構築

くてはならない。より大きなコミュニティがゲートとバリケードによる大きな物理的、社会的な影響を受けねばならぬため、都市全体がゲートの設置やバリケードの建設といった決定に関与する必要がある。こうした決定には地域的な情報の提供が必要であり、結果的にその決定のベースとなる情報の一端が、他の地区における障壁の効果にも影響を与えるようにすべきである。

『米国の大都市に対する新たなビジョン』において、アンソニー・ダウンズがコミュニティの地域性のある精神を求めて、次のように指摘している。「すべての地区は孤島ではない。すべての郊外はその中心都市および他の郊外と結びつきがある。したがって、立案された政策で重大な影響を受ける可能性のあるすべての人々の福祉を考慮せずに、政策立案を為すことは道徳的に正当化されない」。我々は、この理想がまず満たされないことを知っていて我々のコミュニティと我々の責任をあまりにも狭く定義しているため、彼は次のように結論づけている。「[こうした]状態は独立宣言に述べられる『政府は…統治を受ける人民の同意を得て公正な権力を得る』という民主主義の基本的公理に違反している。公共政策で重要な影響を受け得る全員が、その政策決定において意思表示をする権利を有している」。[17] ダウンズによって定義されるコミュニティは、地理的な主体であるとともに社会的責任を感ずるものでなければならない。ゲートの設置、成長の抑制、その他の地域を限定した社会的分離の形態は、社会的、経済的な差別を永続させ、また、それを隠すために利用される。しかしながら、広い大都市レベルでの行動はこの社会的、物理的な圧力を減らし得ることをますます鮮明にしている。

サンフランシスコ湾岸地区にある港湾地区評議会やグレーター・ピッツバーグにあるアレゲーニー会議のような、国のいくつかの箇所にある地域政府評議会（COG）は、地域の開発に結びついたより広い社会問題や土地利用問題に注意を払っている。これらの組織体とその他類似の組織は、地域の需要を再調査して、地域全体の利益のために新たな連携に歩み出している。オレゴン州ポートランドにおける地域輸送機関システムは、良き近隣住区の組織化と発展を促進するため輸送路線の傍に歩いて入れる「歩行者だまり」をつくって、その路線に沿った近隣住区を活性化してきた。サンフランシスコ湾岸地区の住民向けの新たな住宅とコミュニティ生活をつくるサンフランシスコ

市のブリッジ・ハウジング株式会社のような非政府組織（NGO）も地域的解決の有効性を立証している。[18] これらすべての努力は、その地域のすべての場所に有益な政治的、社会的、経済的指導力を一致合同させるよう意図されている。

しかしながら地方や地域における問題解決は、都市に対する新たな連邦の債務負担がないままには完全に成功することはないだろう。貧困と不平等は、我々の地方自治体の作為と不作為とによって悪化し、永続するかもしれないが、それらは連邦政府のみが行使できる国家経済力および世界経済力によっても改善されるのである。1980年代及び1990年代には、住宅、保健、教育などの貧困追放プログラムから連邦政府が大幅に後退してしまった。こうしたプログラムがなく、また機会を増やし、増大する資産と所得の格差の縮減を目指す包括的経済政策がないならば、地方自治体の努力は行き詰まるであろう。[19]

我々が陥る分裂

本書はゲートが設置してある場所以上のことを多く取り上げている。それは人間についてである。人々が場所をつくり、人々が他人に対してゲートを設置する。ゲート、壁、警備員は、国家の経済および社会の変遷に応じてきわめて多くの米国人によって利用されてきている。これらのゲートは現実であるが、同時に比喩でもあり、ゲーテッド・コミュニティがアメリカンドリームについて内部的なイデオロギー論争が行われる戦場の保護区域になっているということである。

1960年代に、ダニエル・パトリック・モイニハンは、アフリカ系米国人の家庭の衰退について著作をまとめ、家庭構造が米国経済システムの価値の伝達者であり、またその入口であることを詳述した。[20] アフリカ系米国人は家庭の無秩序についてモイニハンの記述を非難したが、彼が提起した問題は黒人米国人の社会経済上の進歩に関して予言的であった。しかし今日、モイニハンがその著作の背景に用いた家庭構造は、米国のいずれの民族グループに

第8章／より良きコミュニティの構築

おいてもほとんど認められない。

　家庭が崩壊するにつれて、コミュニティは国家構造においていっそう重要な要素になってきた。家庭が個人と社会の間の強く、効果的で、信頼性のある架け橋となりうることに、もはや米国人は期待も信頼も寄せていない。現代の社会哲学者、政治的指導者、著述家たちは、国家にとっての新たな礎（いしずえ）としてコミュニティの再確認を求めてきた。(21) 流動的で分裂的な国家においては、コミュニティは価値を増大し、政治的責任を形成し、雇用及び市民権のための社会的ネットワークを構築する投錨地となってきた。マイケル・ウォルツァーが雄弁に語るように、「コミュニティとは、それ自体配分される価値であり、たぶん想像するに最も重要な価値である。しかし、人々をその中に取り込むことによって、はじめて配分し得る価値であって、人々を取り込むという意味ですべてに関連している。人々は物理的に入場を許され、政治的に受け入れられねばならない」。(22)

　今は国家を固く結び付ける力がほとんど皆無のため、コミュニティは再び全国的な辞典に入れられるようになった。アンソニー・ダウンズによれば、「長い目で見れば米国は、社会的団結によりいっそう多くの比重を置き、個人的要求により少ない比重を置くことによって、社会の統一性を継続する基礎を強くしなければならない」。(23) しかしながら、コミュニティを形成する手法は、その目標と同じぐらい重要である。我々がこの新しい要塞型の居住パターンの発展を見るとき、それが我々の求める民主的な理想に何かを追加するものであるのか疑問に思う。

　コミュニティは、ニューイングランドのタウン・ミーティングから米国辺境の掘立て小屋の建設に至るまでの、米国の政治的な神話と伝統の一部である。この伝統におけるコミュニティは、個々の生活と地域の将来が、その都市、地域、国家に帰属し、それから分離できないことが認識されている。コミュニティは民主主義的社会に不可欠であり、かつ基幹であることから、我々はみずからの近隣コミュニティを保護しなくてはならない。しかし、ゲートと警備所によって住宅を護り物理的に所有することは、より広いレベルでのコミュニティ建設と矛盾している。保護を必要とし、また我々の物質的、知的資源として価値のあるものは、コミュニティの相互支援と共有される社会関

係であり、分離主義者や疎外主義者による浪費の象徴ではない。

　米国にとっての問題は、国家がその内部分裂に打ち勝ち、そして人種、階層、文化の分裂を超えたコミュニティ、すなわちすべてに対して平等な真の民主主義体制を創造できるかどうかである。快適さをもたらし、すべての米国人が国家の社会福祉に貢献することを可能にする社会秩序を我々が復活させるには、まず我々はより広いコミュニティの理想を復活させなくてはならない。

　市民としての、また公民としての生活に対するコミュニティの責任という、市民の集合体の組織は切り裂かれ始めた。私有化（プライヴェティゼーション）が増加し、細分化が進捗し、地域主義が拡大することによって、損傷は大きくなる。ゲーテッド・コミュニティの境界は、内側を向いたままコミュニティが分割されて設定されて固められている境界線を象徴している、また社会の他の人たちを求めることは少なくなりつつあり、接触を妨げる壁が蔓延しつつある。

　民主主義は、都市、地域、国家を形成するように、その相違点を超えて個人を固く結束させるコミュニティの構造とともに、相互関係と集団的市民権に一部の基礎を置いている。いま我々が問うのは、市民権の行使を下支えする包括的なコミュニティがなくとも、国家が生き残り、繁栄が望めるのかと言うことである。コミュニティが分裂し、社会的、政治的、経済的に相互が争うこととなったとき、国家は一体性を保持することができるのであろうか？

　フランクリン・ルーズベルトは1936年に共同の運命に向かう必要について最も深遠な演説を行った。「ある世代は多くを託されてきた。ある世代は多くを期待されてきた。今の世代の米国人は定められた運命と遭遇（ランデブー）せねばならないのである」。エリー・ゴールドマンは、我々のすべてに対して「[社会改良は]自分個人の遭遇すべき運命がより良き明日をつくるとの教条の下、勇敢に生きた男の歴史において国家から出た熱意と英知の大きな現れであった。」と付け加えた。[24] 我々が如何に共に生くべきかを考え行うことは我々の遭遇すべき運命であり、また今日と明日の米国を本当により良き場所にする唯一のものである。

　私有化（プライヴェティゼーション）と排除が支配的となり、また隣人との結びつきと相互の支援構造が消滅するとき、我々は市民権とコミュニティに基づく米国の民主主義体制

第8章／より良きコミュニティの構築

が可能であり得るかを疑わなくてはならない。アブラハム・リンカーンは「内輪もめしている家庭は永続しない。」と言った。確実に言えることは、理想を達成することのできない国は、自らに対してあるいは世界に対して多くを貢献することができないことである。我々が民主主義の理想にたどり着くには、まず偏見、無知、経済的社会的不平等といった壁のすべてを崩壊させなくてはならない。いっそう多様な国家を受け容れて大切に守るために、心の壁を開かなくてはならない。その時、我々のコミュニティを分離し、社会的接触を妨げ、社会契約を弱体化させている壁もまた崩壊するであろう。

注

第一章

　　1. ゲーテッド・コミュニティに関して確固たる数値は入手できない。原因は、その数が急速に増えていること、全国的あるいは州単位でのデータが不足していること、CA(コミュニティ団体)の数でさえ基礎データがないこと、が重なって困難が増している。この大まかな推計はコミュニティ団体研究機構(CAI)によるCAの推計値に基づいている。CAIはCAが1952年に15万だったのが1996年には19万に達しており、近時は年約1万づつの割合で増加している、と推計している。CAIによれば、すべてのCAのうち52パーセントが街路に面した戸建てか連棟建ての住戸である。我々とCAIが共同して行ったCAIの会員であるCAに対する最近の調査によれば、CAの19パーセントがゲート付きである。すなわち 我々の定義するゲーテッド・コミュニティに合致するのは総計18,772の住宅地となる。調査対象としたゲーテッド・コミュニティの住戸数の平均166戸を用いれば、ゲートの内側に3,116千戸の世帯がいることが推計

第1章

できる。世帯の平均人数が2.7人であることを踏まえれば、約840万人の人々が住んでいるということができる。推計は比較的大きな住宅地がCAIに加盟する傾向があるために、上方に偏っているかもしれないが、同時に推計は重要かつ急増中の街路を封鎖している住宅地を含んではいない。

2. Rowland Parker, *The Common Stream* (London:Granada Publishing,1976).

3. Oscar Newman, *Community of Interest* (Garden City, N. Y.: Anchor Press/Doubleday, 1980).

4. この推計が如何になされたかの詳細は参考文献1を参照。

5. ロバート・チャールズ・レッサー・カンパニーのマルタ・ボーサンィ氏へのインタビュー（1993年11月27日）。

6. Jim Carlton, "Behind the Gate: Walling Off the Neighborhood Is a Growing Trend," *Los Angeles Times*, October 8, 1989, sec. I, p. 3.

7. Data from *Residential Trends*, cited in ibid.

8. David W. Myers, "Today's Home Buyers Older Than in 70s," *Log Angeles Times,* June 17, 1990, sec. K, p. 2.

9. Andrew I. Kaplan, "Gatehouses in Demand at New Housing Complexes," *New York Times*, May 12, 1991, sec. 12, p. 1.

10. See Charles Hayes, "City Enclaves: Self-Contained Neighborhoods Dominate New Development," *Chicago Tribune*, June 12, 1993; Jim Sulski, "Security Is a Safe Way to Sen New Residences," *Chicago Tribune*, May 6, 1989, sec. 3, p. 3; Douglas A. Blackmon, "Well-to-Do Say Development Builds Barriers," *Atlanta Constitution*, December 17, 1992, sec. E, p.1; and Deborah Royston. "Home Security Systems Are Growing in Popularity," *Atlanta Constitution*, July 7, 1991, sec. H, p. 3.

11. Michael Southworth and Eran Ben-Joseph, *Streets and the Shaping of Towns and Cities* (New York: McGraw Hill, 1997).

12. Robert Fishman, *Bourgeois Utopias: The Rise and Fall of Suburbia* (Basic Books, 1987), chapter 2.

13. Robert A. M. Stern, ed., *The Anglo-American Suburb*. Architectural Design Profile (New York: St. Martin's Press, 1981).

注

14. Kenneth Jackson, *Crabgrass Frontier: The Suburbanization of the United States* (New York: Oxford University Press, 1985).

15. Stern, ed., *The Anglo-American Suburb*, p. 19.

16. Rosabeth Moss Kanter, *Commitment and Community: Communes and Utopias in Sociological Perspective* (Harvard University Press, 1972), p. 54.

17. Stern, ed. *The Anglo-American Suburb*.

18. James Boswell, *Boswell's Life of Johnson* (London: H. Frowde, 1904).

19. Jackson, *Crabgrass Frontier*.

20. Christopher B. Leinberger, "Suburbia" (Robert Charles Lesser and Co., 1993).

21. Carlton, "Behind the Gate."

22. ゲーテッド・コミュニティの全国的コンサルタントのスティーヴ・ハーヴィル氏へのインタビュー（1994年11月29日、於ダラス）。

23. アヴェター・デベロップメント・コーポレーションのアミ・タネル氏へのインタビュー（1994年12月14日）。

24. ハーヴィル氏へのインタビュー。

25. Evan McKenzie, *Privatopia: Homeowner Associations and the Rise of Residential Private Government* (Yale University Press, 1994).（エヴァン・マッケンジー著／竹井隆人・梶浦恒男訳『プライベートピア：集合住宅による私的政府の誕生』世界思想社、2003年）。マッケンジーはハワードの計画型ニュータウンにおける物理的、経済的、社会的構造に関する基礎的理論を詳細に記述している。

26. Ebenezer Howard quoted in ibid., p. 6.

27. Ibid., chap. 2.

28. HOAは、CA（コミュニティ団体）、RCA（居住者コミュニティ団体）、CID（コモンを有する住宅地）とも呼称される。

29. Marc A. Weiss, "Community Builders and Community Associations: The Role of Real Estate Developers in Private Residential Governance," in *Residential Community Associations: Private Governments in the Intergovernmental System* (Washington, D.C.: United States Advisory Commission on

Intergovernmental Relations, 1989).

30. カリフォルニアでは、これらはメロー・ルーズ債と呼称され、税控除後の金利で開発住宅地のインフラ整備の費用に当てられるために発行されている。特別地区が住宅地建設と同時に設立され、債券の償還期間と同期間存続する。このような債券は通常利回りが高いわけではないが、地方政府債であるため容易に販売できる。ただし、これらは1995年のオレンジ郡の破産より以前のものであった。

31. *Village of Belle Terre* v. *Boraas* (1974), quoted in Robert H. Nelson, "Private Neighborhoods: A New Direction for the Neighborhood Movement," in Charles C. Geisler and Frank J. Popper, eds., *Land Reform American Style* (Totowah, N. J.: Rowman and Allanheld, 1984), p. 321.

32. Doreen Heisler and Warren Klein, *Inside Look at Community Association Homeownership: Facts and Perceptions* (Alexandria, Va. : Community Associations Institute, 1996), pp. 7-8.

33. Community Associations Institute, *Community Associations Factbook* (Alexandria, Va. : Community Associations Institute, 1993).

34. Robert B. Reich, *The Work of National Preparing Ourselves for 21st-Century Capitalism* (A. A. Knopf, 1991). See also McKenzie, *Privatopia*; Stanley Scott, "The Homes Association: Will 'Private Government' Serve the Public Interest?" *Public Affairs Report*, vol. 8, no. 1., United States Advisory Commission on Intergovernmental Relations, *Residential Community Associations: Private Governments in the Intergovernmental System?* (Washington, D.C.: USACIR, 1989); and Stephen E. Barton and Carol J. Silverman, "Common Interest Communities: Private Government and the Public Interest Revisited," in Stephen E. Barton and Carol J. Silverman, eds., *Common Interest Communities: Private Government and the Public Interest* (Institute of Governmental Studies Press, University of California at Berkeley, 1994).

35. See McKenzie, *Privatopia*; Earl Latham, "The Body Politic of the Corporation,"in Edward S. Mason, ed., *The Corporation in Modern Society* (Harvard University Press, 1959); and Sanford A. Lakoff with Daniel Rich, *Private Gov-*

ernments: Introductory Readings (Glenview, Ill. : Scott, Foresman, 1973).

36. David J. Kennedy, "Residential Associations as State Actors: Regulating the Impact of Gated Communities on Nonmembers," Yale Law Journal, vol.105, no.3 (December 1995), pp.761-93.

37. John E. Petersen, "The Blossoming of Microgovernments," Governing (October 1994), p. 78.

38. Robert J. Dilger, Neighborhood Politics: Residential Community Associations in American Governance (New York University Press, 1992); and Kennedy, "Residential Associations as State Actors."

39. Lucy Soto, "Suburban Fortresses: Gated Communities Are Going Up, Keeping Out," Atlanta Constitution, September 17, 1995, sec. F, p. 4.

40. Kevin V. Johnson, "Chicago Suburb a Fortress against Crime," USA Today, July 6, 1995, p. 3A.

41. John M. Glionna, "Hidden Hills Likes Its Politics out of View," Los Angeles Times, April 11, 1994, sec. A, p. 1.

42. Trevor Boddy, "Underground and Overhead: Building Analogous City," and Mike Davis, "Fortress Los Angeles: The Militarization of Urban Space," both in Michael Sorkin, ed., Variation on a Theme Park: The New American City and the End of Public Space (New York: Hill and Wang, 1992). Also see Richard Louv, America II: The Book That Captures America in the Act of Creating the Future (New York: Penguin, 1985).

43. Boddy, "Underground and Overhead," p. 151.

第2章

1. Peter Marcuse, "Not Chaos, but Walls: Postmodernism and the Partitioned City," in Sophie Watson and Katherin Gibson, eds., Postmodern Cities and Spaces (Oxford: Blackwell, 1995), p. 248.

2. Ferdinand Tömies, Community and Society, trans. and ed. C. P. Loomis (1887; reprint, New York: Harper, 1957).

3. Robert E. Park, Ernest W. Burgess, and Roderick D. McKenzie, *The City* (University of Chicago Press, 1925).

4. Louis Wirth, "Urbanism as a Way of Life," *American Journal of Sociology*, vol. 44 (1938), pp. 3-24.

5. Roland L. Warren, *The Community In America* (Chicago: Rand McNally, 1978).

6. Morris Janowitz, *Community Press in an Urban Setting: The Social Elements of Urbanism*, 2d ed. (University of Chicago Press, 1967).

7. Gerald Suttles, *The Social Construction of Communities* (University of Chicago Press, 1972).

8. Robert A. Nisbet, *The Quest for Community* (New York: Oxford University Press, 1970).

9. Melvin Webber, "Order in Diversity: Community without Propinquity," in Lowdon Wingo Jr., ed., *Cities and Space: The Future Use of Urban Land*, essays from the Fourth RRF Forum (Johns Hopkins University Press, 1963).

10. Barry Wellman and Barry Leighton, "Networks, Neighborhoods and Communities: Approaches to the Study of the Community Question," *Urban Affairs Quarterly*, vol. 14, no. 3 (1978), pp. 363-90; and Claude S. Fischer, *To Dwell among Friends: Personal Networks in Town and City* (University of Chicago Press, 1982).

11. George A. Hillery, Jr., "Definitions of Community: Areas of Agreement," *Rural Sociology*, vol. 20 (June 1955), p. 118.

12. Stephen E. Barton and Carol J. Silverman, *Common Interest Homeowners' Association Management Study* (Sacramento: California Department of Real Estate, 1987); Robert J. Dilger, *Neighborhood Politics: Residential Community Associations in American Governance* (New York University Press, 1992).

13. Dilger, N*eighborhood Politics*, p.111.

14. Gregory S. Alexander, "Conditions of 'Voice' : Passivity, Disappointment, and Democracy in Homeowner Associations," in Stephen E. Barton and Carol J. Silverman, eds., *Common Interest Communities: Private Government*

注

and the Public Interest (Institute of Governmental Studies Press, University of California at Berkeley. 1994).

15. Gregory S.Alexander,"Dilemmas of Group Autonomy:Residential Associations and Community," *Cornell Law Review*, vol. 75, no. 1 (1989), pp.1-61.

16. Herbert J. Gans, *The Levittowners: Ways of Life and Politics in a New Suburban Community* (Pantheon Books,1967);Elijah Anderson,*Streetwise:Race, Class and Change in an Urban Community* (University of Chicago Press, 1990).

17. William Julius Wilson, *The Truly Disadvantaged: The Inner City, the Underclass, and Public Policy* (University of Chicago Press, 1987).

18. Robert Bellah and others, *Habits of the Heart: Individualism and Commitment in American Life* (Harper and Row, 1986).（ロバート・N・ベラー他著／島薗進他訳『心の習慣：アメリカ個人主義のゆくえ』みすず書房、1991年）

19.アンドレ・デュアニー、彼のパートナーであるエリザベス・プラッター・ザイバーグ、さらにピーター・カルソープと数人のほかの全国的に知れ渡っている建築家たちが、ゲートやバリケードに依存せずに、安全な住環境を促すために居住者の視点に立った設計に立脚した歩行者にやさしいニュータウンの提案の先頭に立った。

第3章

1. Paul Richter,"It Just Seems Like We're Worse Off,"*Los Angeles Times*, January 26, 1995, sec. A, p.1.

2. Economic and Statistics Administration, *Sixty-Five Plus in the United States* (Washington, D.C.: Census Bureau, U. S. Department of Commerce, 1995).

3. Kevin Sullivan, "Folks Find Life at Leisure World Still Busy after All These Years," *Washington Post*, September 29, 1991, sec. B, p.1.

4. Advertisement in the *Chicago Tribune*, May 6, 1989.

5. Lesley Alderman, "Four-Income Families," *Money*, vol. 24, no. 2 (Feb-

ruary 1995), pp. 148-54.

6. Quoted in John O'Dell, "Par Excellence: Country Clubs: Orange County Developers Bank on the Growing Demand for Golf Courses," *Los Angeles Times*, May 12, 1991, sec. D,p.1.

7. Joel Garreau, *Edge City: Life on the New Frontier* (Doubleday, 1991).

8. Interview with Marta Borsanyi, Robert Charles Lesser and Company, November 27, 1993.

9. Quoted in David Guterson, "Home, Safe Home," *Utne Reader*, March/April 1993, p. 62.

10. Ibid.

11. 現地を訪問（1994年3月）。

12. 官公吏を交えたフォーカス・グループ会議（1994年9月29日、於カリフォルニア州パーム・スプリングス）。

13. Ibid.

14. Ibid.

第4章

1. Robert A. M. Stern, ed., *The Anglo-American Suburb*, Architectural Design Profile (New York: St. Martin's Press, 1981).

2. *Town and Country*, "Wealth in America," report of a poll conducted by Roper Starch Worldwide in 1993 for *Town and Country* magazine, 1994.

3. 南フロリダ建設者協会の専務理事チャック・レノン氏へのインタビュー（1994年9月、於フロリダ州マイアミ・レイクス）。

4. カート・ウェルウッド氏へのインタビュー（1994年11月29日、於テキサス州ダラス、カート・ウェルウッド・ホームズ）。

5. Quoted in John M. Glionna, "Hidden Hills Likes Its Politics Out of View," *Los Angeles Times*, April 11, 1994, sec. A, p. 1.

6. Quoted by Ina Jaffe, "Gated Communities Controversy in Los Angeles:" *All Things Considered*, National Public Radio, August 11, 1992.

7. Quoted in Dianne Stallings, "Hernando County, with Its Reputation for Housing Bargains, Becoming a Prime Location for a Grand Style of House," *St. Petersburg Times*, October 4, 1987, p. H1.

8. Lorraine Mirabella, "Selling Security," *Baltimore Sun*, December 11, 1994, p. L1.

9. Charles Lesser and Co., "Flexexecutive: Redefining the American Dream," Advisory, Fall 1994.

10. Gary A. Clark, "City Boys Go West for Change: Conner, Bruno Join Forces in Development," *St. Louis Post-Dispatch*, June 25, 1989, p. 4.

11. Quoted in Jackie Ripley, "Nature's Way," *St. Petersburg Times*, July 21, 1991, p. 9.

12. Quoted in David Harpster, "Plans for Stagecoach Springs Bounce Along," *San Diego Union-Tribune*, February 1, 1994, p. B1.

13. 官公吏を交えたフォーカス・グループ会議（1994年11月29日、於ダラス）。

14. Doreen Heisler and Warren Klein, *Inside Look at Community Association Homeownership: Facts and Perceptions* (Alexandria, Va.: Community Associations Institute, 1996).

15. 官公吏を交えたフォーカス・グループ会議（1994年11月29日、於ダラス）。

第5章

1. See Time/CNN Poll by Yankelovich Partners, Inc., reported in Jon D. Hull, "The State of the Union," *Time*, January 30, 1995, p. 63; Ronet Bachman, *Crime Victimization in City, Suburban, and Rural Areas* (Washington, D.C.: Bureau of Justice Statistics, U.S. Department of Justice, 1992); and Carol J. DeFrances and Steven K. Smith, *Crime and Neighborhoods* (Washington, D.C.: Bureau of Justice Statistics, U.S. Department of Justice, 1994), p. 2.

2. Bachman, *Crime Victimization*, p. 4.

3. Bureau of Justice Statistics, *National Crime Victimization Survey* (Washington, D.C.: U.S. Department of Justice, 1993).

4. Quoted in Gabriel Escobar and Patrice Gaines-Carter, "A Housing Complex Divided: Anti-Crime Fencing Angers Some Potomac Garden Residents," *Washington Post*, June 14, 1992, sec. A, p.1.

5. Santiago O'Donnell, "More Than a Fence: 8-Foot Barrier Helped Cut Crime, Instill Hope at Potomac Gardens," *Washington Post*, December 10, 1992, sec. DC, p.1.

6. Miles Corwin, "Low-Income Project Gets Chic Security," *Los Angeles Times*, March 15, 1992, sec. B, p.1.

7. Oscar Newman, "Defensible Space: A New Physical Planning Tool for Urban Revitalization," *Journal of the American Planning Association*, vol. 61, no. 2 (Spring 1995), pp. 149-55.

8. Corwin, "Low-Income Project."

9. *Citizens against Gated Enclaves* v. *Whitley Heights Civic Association and the City of Los Angeles*, California State Court of Appeals, Harold J. (Fred) Woods, Judge, March 23, 1994.

10. Tom Lassiter, "Homeowners Explore Limiting Access," *Sun-Sentinel*, March 20, 1994, Broward ed., p. 5.

11. Russ Lear, "Gating of College Park West Proposed," *Los Angeles Times*, Orange County ed., sec. B, pp.2-6.

12. Stephanie Simon, "Gate Debate Lingers at Posh Community," *Los Angeles Times*, January 3, 1995, sec. B, pp.1-2.

13. Associated mss, "Life behind Barricades: The New U.S. Community:" *St. Petersburg Times*, February 2, 1993, p. A1.

14. Kevin V. Johnson, "Chicago Suburb a Fortress against Crime," *USA Today*, July 6, 1995, p. 3A.

15. Mary Moore, "Part of Brentwood Allowed to Become Gated Community," *Los Angeles Times*, June 4, 1995, Westside ed., sec. J, p. 3.

16. Mary Moore, "Brentwood Road Bloc; Communities: Residents of Enclave Near the Getty Center Receive Tentative City Council Approval to Erect Gates," *Los Angeles Times*, May 18, 1995, sec. J, p. 3.

注

17. Bob Campbell, "Community Seeks to Close Gate on Crime," *St. Petersburg Times*, February 11, 1992, p. 1.

18. Walt Yost, "Council Pounds the Pavement: Franklin Villa Site of First 'Road Show'," *Sacramento Bee*, August 26, 1993, p. N1; see also editorial, "Fenced in at Franklin Villa," *Sacramento Bee*, March 16, 1993, p. B6.

19. Diana Sugg, "Small Neighborhood under Siege: Hopes and Dreams Swept away by Wave of Drug Dealing, Gun Battles," *Sacramento Bee*, January 31, 1993, p. B1.

20. Quoted in Ina Jaffe, "Gated Communities Controversy in Los Angeles:" *All Things Considered*. National Public Radio, August 11, 1992.

21. Oscar Newman, *Improving the Viability of Two Dayton Communities: Five Oaks and Dunbar Manor* (Great Neck, N.Y.: Institute for Community Design Analysis, 1992), p. 14.

22. Mitchell Owens, "Saving Neighborhoods One Gate at a Time," *New York Times*, August 25, 1994, sec. B, p. 1.

23. Interview with Christina Abrams, planner, Coconut Grove NET, City of Miami, December 7, 1994.

24. John Williams, "Blocked Off; U.S. Probes Houston's Street Closures for Racial Intent," *Chicago Tribune*, January 1, 1995, Real Estate section, p. 4.

25. Oscar Newman, *Community of Interest* (Garden City, N.Y.: Anchor Press/Doubleday, 1980), chapter 6.

26. Ibid.

27. Fort Lauderdale Police Department, Crime Prevention/ Planning and Research Unit, *Street Closure Study*, September 20, 1990, p. 9.

28. サウス・ココナッツ・グローヴHOAの理事長ルイス・ウエシュラーへのインタビュー（1994年12月7日）。

第6章

1. Time/CNN Poll by Yankelovich Partners, Inc., reported in Jon D.

Hull, "The State of the Nation," *Time*, January 30, 1995, p. 63.

2. Cited in Miles Corwin, "Guns for Hire: A Growing Corps of Private Cops Is the First Line of Defense for Homes and Shops—but at a Price," *Los Angeles Times*, November 28, 1993, Magazine, p. 24.

3.フォーカス・グループ会議(1994年11月28日、於テキサス州プラノ市)。

4. Oscar Newman, *Community of Interest* (Garden City, N.Y.: Anchor Press/Doubleday, 1980; Robert E. Park, Ernest W. Burgess, and Roderick D. McKenzie, *The City* (University of Chicago Press, 1925); Constance Perin, *Everything in Its Place: Social Order and Land Use in America* (Princeton University Press, 1977); Gerald D. Suttles, *The Social Construction of Communities* (University of Chicago Press, 1972).

5. Robert J. Dilger, *Neighborhood Politics: Residential Community Associations in American Governance* (New York University Press, 1992); Robert H. Nelson, "Private Neighborhoods: A New Direction for the Neighborhood Movement," in Charles C. Geisler and Flank J. Popper, eds., *Land Reform American Style* (Totowah, N.J.: Rowman and Allanheld, 1984).

6.ゲート付きとゲートの無いコミュニティとを直接比較するのは不可能であった。CAIはゲーテッド・コミュニティに対する我々の調査に、そのHOA会員に対する調査を付け加えてくれたが、ゲーテッド・コミュニティ部門からは未処理のデータしか入手できなかった。CAIによる公刊されているデータ分析は、ゲート付きとゲートの無いコミュニティとの比較がないままで、前章でレポートされたセキュリティ認識のデータを除外している。

7. Mark Baldassare and Geotieanna Wilson, "Overall 'Sense of Corrmunity' in a Suburban Region: The Effects of Localism, Privacy and Urbanization," Working Paper 1994-15 (Department of Urban and Regional Planning, University of California at Irvine, 1994), p. 9.

8. Carol J. Silverman and Stephen E. Barton, "Shared Premises: Community and Conflict in the Common Interest Development," in Stephen E. Barton and Carol J. Silverman, eds., *Common Interest Communities: Private Government and the Public Interest* (Institute of Governmental Studies Press, Univer-

sity of California at Berkeley,1994); *Common Interest Homeowners' Association Management Study* (Sacramento: California Department of Real Estate, 1987); Dilger, *Neighborhood Politics*; Gregory S. Alexander, "Conditions of 'Voice': Passivity, Disappointment, and Democracy in Homeowner Associations," in Barton and Silverman, *Common Interest Communities*.

9. Marc Lacey, "Inside the Gates: A Naive Little Utopia," *Los Angeles Times*, June 16, 1991, sec. B, p. 3.

10. Amitai Etzioni, *The Spirit of Community: Rights, Responsibilities, and the Communitarian Agenda* (New York: Crown Publishers, 1993).

11. David M. Hummon, *Commonplaces: Community Ideology and Identity in American Culture* (Albany: State University of New York Press, 1990).

12. Robert N. Bellah and others, *Habits of the Heart. Individualism and Commitment in American Life* (Harper and Row, 1986), p. 37.（ロバート・N・ベラー他著／島薗進他訳『心の習慣：アメリカ個人主義のゆくえ』みすず書房、1991年）

13. Ibid., p.181.

14. 不動産業者を交えたフォーカス・グループ会議（1994年9月28日、於カリフォルニア州ブラックホーク）。

15. Newman, *Community of Interest*, p. 133.

16. Gregory S. Alexander, "Dilemmas of Group Autonomy: Residential Associations and Community," *Cornell Law Review*, vol. 75, no. 1 (1989), p. 61.

17. Daniel Kemmis, "Living Next to One Another," *Parabola*, Winter 1993.

18. フォーカス・グループ会議（1994年11月28日、於テキサス州プラノ市）。

第7章

1. William W. Goldsmith and Edward J. Blakely, *Separate Societies: Poverty and Inequality in U.S. Cities* (Temple University Press, 1992).

2. Brad Edmundson, "Seven Generations," *American Demographics*, January 1995, p. 52.

| 第7章 |

3. Mike Davis, *City of Quartz: Excavating the Future Los Angeles* (New York: Verso, 1990), p. 130. (マイク・ディヴィス著／村山利勝他訳『要塞都市LA』青工社、2001年)

4. Charles Lockwood, "Edge Cities on the Brink," *Wall Street Journal*, Wednesday, December 21, 1994, p. A18.

5. Anthony Downs, *New Visions for Metropolitan America* (Brookings and Lincoln Institute of Land Policy, 1994), p. 204.

6. Reynolds Farley and others, "Continued Racial Segregation in Detroit: 'Chocolate City, Vanilla Suburbs' Revisited," *Journal of Housing Research*, vol. 44, no. 1 (1993), pp. 1-38.

7. George Galster, "Black Suburbanization: Has It Changed the Relative Location of Races?" *Urban Affairs Quarterly*, vol. 26, no. 4 (June 1991), p. 622.

8. Douglas S. Massey and Nancy A. Denton, *American Apartheid: Segregation and the Making of the Underclass* (Harvard University Press,1993), p.69.

9. Greg Hinz, "Moving Violation," *Chicago*, March 1994, p. 21.

10. Massey and Denton, *American Apartheid*, p. 222.

11. Ibid.

12. Nancy Denton, "Are African Americans Still Hypersegregated?" in Robere Bullard, J. Eugene Grigsby, and Chades Lee, eds., *Residential Apartheid: The American Legacy* (Les Angeles: CAAS Publications, 1994), pp. 62, 74.

13. Massey and Denton, A*merican Apartheid*; George C. Galster and Sean P. Killen, "The Geography of Metropolitan Opportunity: A Reconnaissance and Conceptual Framework," *Housing Policy Debate,* vol. 6, no. 1 (1995), pp.7-41.

14. Alan J. Abramson, Mitchell S. Tobin, and Matthew R. VanderGoot, "The Changing Geography of Metropolitan Opportunity: The Segregation of the Poor in U.S. Metropolitan Areas, 1970 to 1990," *Housing Policy Debate*, vol. 6, no. 1 (1995), pp. 45-72.

15. Claude S. Fischer and others, *Inequality by Design: Cracking the Bell Curve Myth* (Princeton University Press, 1996).

16. Dennis R. Judd, "The Rise of the New Walled Cities," in Helen Liggett

注

and David C. Perry, eds., *Spatial Practices: Critical Explorations in Social/ Spatial Theory* (Thousand Oaks, Calif.: Sage Publications, 1995), p. 161.

17. See Mark Baldassare, Annual Orange County Survey conducted by the University of California at Irvine, 1994; and Jon D. Hull,"The State of the Union," *Time*, January 30, 1995, p. 63.

18. Patrick T. Reardon, "Fears, Frustrations Set Off the Exodus," *Chicago Tribune*, November 29, 1993, p. 1.

19. Bureau of Justice Statistics, *National Crime Victimization Survey* (Washington, D.C.: U.S. Department of Justice, 1993).

20. Edward J. Blakely, "Shaping the American Dream: Land Use Choices for America's Future," Working Paper (Lincoln Institute of Land Policy, Cambridge, Massachusetts, 1993).

21. Gall George, "Immigrants Spur Appeals to the Feds and Crime Sends Tourists toward Calmer Climes," *Business Week*, September 19, 1994, p. 4.

22. William H. Frey, "Immigration and Internal Migration Flight from U.S. Metropolitan Areas: Toward a New Demographic Balkanization," *Urban Studies*, vol. 32, no. 4 (1995), pp. 733-57.

23. Dale Maharidge, "Walled Off," essay for publication in *Mother Jones Magazine*, n.d., 1995.

24. Galster and Killen, "Geography of Metropolitan Opportunity."

25. John Kain, "The Spatial Mismatch Hypothesis: Three Decades Later," *Housing Policy Debate*, vol. 6, no. 1 (1995), pp. 371-460.

26. William Julius Wilson, *The Truly Disadvantaged: The Inner City, the Underclass, and Public Policy* (University of Chicago Press, 1987), p. 60.

27. Associated Press, "Life behind Barricades: The New U.S. Community:" *St. Petersburg Times*, February 2, 1993, p. A1.

28. Art Lawler, "Perot Group Project Has a Fast Start," *Dallas Morning News*, March 26, 1992, p. 1F.

29. Robert Bullard, J. Eugene Grigsby, and Charles Lee, *Residential Apartheid: The American Legacy* (Los Angeles: CAAS Publications, 1994).

30. Y. Rabin, "The Persistence of Racial Isolation: The Role of Government Action:"Working Paper (Department of Urban Studies, Massachusetts Institute of Technology, 1991).

31. Quoted in Constance Perin, *Everything in Its Place: Social Order and Land Use in America* (Princeton University Press, 1977), p. 87.

32. See Jim Schwab, "Home, Safe Home?" *Zoning News*, American Planning Association, September 1993, p. 3.

33.官公吏へのインタビュー (1994年11月28日、於テキサス州プラノ市)。

34. June Fletcher, "Behind Walls, Millions Seek Safe Havens," *Wall Street Journal,* February 2, 1996, p. B8.

35. Bennett Roth, "Barricading Streets Can't Cut Off Controversy," *Los Angeles Times*, January 31, 1994, sec. B, p.1.

36. J. Linn Allen, "Today's Castles: Some Seek Refuge behind Walls, Gates," *Chicago Tribune*, May 12, 1990, Home Guide, Zone C, p. 1.

37.官公吏を交えたフォーカス・グループ会議 (1994年11月29日、於ダラス)。

38. Metropolitan Area Planning Department, "Report on Gated Subdivisions" (Wichita, Kansas, September 13, 1995), p. 6.

39. Minutes, Metropolitan Area Planning Commission, Wichita, Kansas, September 28, 1995.

40. Quoted in Stephanie Simon, "Thousand Oaks City Council to Vote on Enclave's Gate Plan," *Los Angeles Times*, April 27, 1993, sec. B, p.1.

41. Quoted in Bob Campbell, "Subdivision Security Plan Is Critiqued," *St. Petersburg Times*, March 11, 1992, sec. 1, p. 1.

42. Quoted in Ina Jaffe, "Gated Communities Controversy in Los Angeles," *All Things Considered.* National Public Radio, August 11, 1992.

43. Quoted in Allen, "Today's Castles."

44. Mitchell Owens, "Saving Neighborhoods One Gate at a Time," *New York Times*, August 25, 1994, sec. B, p. 1.

注

第8章

1. See Oscar Newman, Defensible Space; *Crime Prevention through Urban Design* (Macmillan, 1972)（オスカー・ニューマン／湯川利和・湯川聡子『まもりやすい住空間』鹿島出版会、1976年); and Jane Jacobs, *The Death and Life of Great American Cities* (Modern Library, 1993).（ジェーン・ジェイコブズ著／黒川紀章訳『アメリカ大都市の死と生』鹿島出版会、1977年)

2. Oscar Newman, *Community of Interest* (Garden City, N.Y.: Anchor Press/Doubleday, 1980).

3. Gerda R. Wekerle and Carolyn Whitzman, *Safe Cities: Guidelines for Planning, Design, and Management* (New York: Van Nostrand Reinhold, 1995), p.51.

4. Stephanie Mann with M. C. Blakeman, *Safe Homes: Safe Neighborhoods: Stopping Crime Where You Live* (Berkeley, Calif.: Nolo Press, 1993).

5. Lorraine Woellert, "Celebrating Diversity Makes Difference; Mount Pleasant Puts Riot, Polarity in Past-Tense View," *Washington Times*, May 24, 1993, p. B1.

6. Brenda Eubank,"A Closer Look at the Users of Woonerven," in Anne Vernez Moudon, *Public Streets for Public Use* (New York: Van Nostrand Reinhold, 1987).

7. John M. Fernandez, "Builder Brings Back the Neighborhood Street," *Planning*, June 1994, pp. 21-26.

8. Eubank, "A Closer Look"; Michael Southworth and Eran Ben-Joseph, "Regulated Streets: The Evolution of Standards for Suburban Residential Streets," Working Paper 593 (Institute of Uban and Regional Development, University of California at Berkeley, 1993).

9. Fernandez, "Builder Brings Back the Neighborhood Street."

10. Timothy Beatley and David J. Brower, "Sustainability Comes to Main Street," *Planning*, May 1993; and Sim Van der Ryn and Peter Calthorpe, eds., *Sustainable Communities: A New Design Synthesis for Cities, Suburbs and*

Towns (San Francisco: Sierra Club Books, 1986).

11. John Hagan and Ruth D. Peterson, eds., *Crime and Inequality* (Stanford University Press, 1995).

12. Robert A. M. Stern, ed., *The Anglo-American Suburb*, Architectural Design Profile (New York: St. Martin's Press, 1981).

13. Philip Langdon, *A Better Place to Live: Reshaping the American Suburb* (University of Massachusetts Press, 1994).

14. Susan Handy, "Neo-traditional Development: The Debate," *Berkeley Planning Journal* (1991), pp. 135-44.

15. Peter Calthorpe, T*he Next American Metropolis: Ecology, Community and the American Dream* (Princeton, N.J. : Princeton Architectural Press, 1 993),p.37.

16. Mark Baldasarre, *Trouble in Paradise: The Suburban Transformation in America* (Columbia University Press, 1986), p. 144.

17. Anthony Downs, *New Visions for Metropolitan America* (Brookings and Lincoln Institute for Land Use Policy, 1994), p. 58.

18. BRIDGE Housing Corporation was created by a public-private partnership of the Bay Area Council and has produced mixed-income and mixed-use housing successfully for more than a decade. BRIDGE is one of the top 100 builders of multifamily dwellings in the United States.

19. William W. Goldsmith and Edward J. Blakely, *Separate Societies: Poverty and Inequality in U.S. Cities* (Temple University Press, 1992).

20. Daniel Patrick Moynihan, *The Negro Family: The Case for National Action* (Washington, D.C.: U.S. Department of Labor, 1965).

21. 保険社会福祉省(HHS: Health and Human Services)の前長官であるジョン・ガードナーは、全国で増加している多様性(ダイバーシティ)の流れを統合するための重要な装置としてコミュニティを主題として考えたり、話したりしてきた。アミタイ・エツィオーニはコミュニティに新たな社会的倫理を打ち立てることに主眼をおいた『応答するコミュニティ』誌の創刊者である。

22. Michael Walzer, *Spheres of Justice: A Defense of Pluralism and Equal-*

ity (Basic Books, 1983), p. 2.

23. Downs, *New Visions for Metropolitan America*, p. 205.

24. Eric F. Goldman, *Rendezvous with Destiny* (New York: Vintage Books, 1958), p. 347; Roosevelt quoted on p. 346.

参考文献

Abramson, Alan J., Mitchen S. Tobin, and Matthew R. VanderGoot. "The Changing Geography of Metropolitan Opportunity: The Segregation of the Poor in U.S. Metropolitan Areas, 1970 to 1990." *Housing Policy Debate* 6, no.1 (1995): 45-72.

Alexander, Gregory S. "Conditions of 'Voice': Passivity, Disappointment, and Democracy in Homeowner Associations." In Stephen E. Barton and Carol J. Silverman, eds., *Comon Intenst Communities: Private Government and the Public Interest.* Institute of Governmental Studies Press, University of California at Berkeley, 1994.

———. "Dilemmas of Group Autonomy: Residential Associations and Community." *Cornell Law Review* 75, no. 1 (1989):1-61.

Anderson, Elijah. *Streetwise: Race, Class and Change in an Urban Community.* University of Chicago Press, 1990.

Baldassare, Mark. Orange County Annual Survey. Irvine, Calif., Program in Social Ecology and Public Policy Research, University of California, 1994.

―――. *Trouble in Paradise: The Suburban Transformation in America.* Columbia University Press, 1986.

Baldassare, Mark, and Georjeanna Wilson. "Overall. 'Sense of Community' in a Suburban Region: The Effects of Localism, Privacy and Urbanization." Working Paper 1994-15. Department of Urban and Regional Planning, University of California at Irvine, 1994.

Barton, Stephen E., and Carol J. Silverman. "Common Interest Communities: Private Government and the Public Interest Revisited." In Stephen E. Barton and Carol J. Silverman, eds., *Common Interest Communities: Private Government and the Public Interest.* Berkeley: Institute of Governmental Studies Press, University of California at Berkeley, 1994.

―――. *Common Interest Homeowners' Association Management Study.* Sacramento: California Department of Real Estate, 1987.

Barton, Stephen E., and Carol J. Silverman, eds. *Common Interest Communities: Private Government and the Public Interest.* Berkeley: Institute of Governmental Studies Press, University of California at Berkeley, 1994.

Beatley, Timothy, and David J. Brower. "Sustainability Comes to Main Street." *Planning*, May 1993.

Bellah, Robert N., and others. *Habits of the Heart: Individualism and Commitment in American Life.* Harper and Row, 1986.
(ロバート・N・ベラー他著／島薗進他訳『心の習慣：アメリカ個人主義のゆくえ』みすず書房、1991年)

Blakely, Edward J. "Shaping the American Dream: Land Use Choices for America's Future." Working Paper. Lincoln Institute of Land Policy, Cambridge, Mass., 1993.

Boddy, Trevor. "Underground and Overhead: Building the Analogous City." In Michael Sorkin, ed. *Variations on a Theme Park: The New American City and the End of Public Space.* New York: Hill and Wang, 1992.

Bowen, W. A. *Selected Statistics and Comments Concerning Poverty in Califor-*

参考文献

nia and the Nation. Department of Geography, California State University, Northridge.

Bruegmann, Robert. "The Twenty-Three Percent Solution." *American Quarterly* 46, no. 1 (March 1994): 31-34.

Bullard, Robert, J.Eugene Grigsby, and Charles Lee, eds. *Residential Apartheid: The American Legacy*. Los Angeles: CAAS Publications, 1994.

Bureau of Justice Statistics. *National Crime Victimization Survey*. Washington, D.C.: U.S. Department of Justice, 1993.

―――. *Rural, Suburban, and Inner City Victimization*. Washington, D.C.: U.S. Department of Justice, 1989.

Citizens against Gated Enclaves v. Whitley Heights Civic Association and the City of Los Angeles. California State Court of Appeals, Harold J. (Fred) Woods, Judge. March 23, 1994.

Calthorpe, Peter. *The Next American Metropolis: Ecology, Community, and the American Dream*. New York: Princeton Architectural Press, 1993.

Charles Lesser and Co. "Flexexecutive: Redefining the American Dream." *Advisory* Fall 1994.

Chinitz, Ben. "A Framework for Speculating about Future Urban Growth Pattens in the United States." Lincoln Institute of Land Policy, Cambridge, Mass., 1991.

"Crime: Safer Streets, Yet Greater Fear." *Time*, January 20, 1995.

Danielson, Michael N. *The Politics of Exclusion*. Columbia University Press, 1976.

Davis, Mike. *City of Quartz: Excavating the Future in Log Angeles*. New York: Verso, 1990.
（マイク・デイヴィス／村山敏勝・日比野啓訳『要塞都市LA―CITY OF QUARTZ』青土社、2001年）

―――. "Fortress Los Angeles: The Militarization of Urban Space." In Michael Sorkin, ed., *Variations on a Theme Park: The New American City and the End of Public Space*. New York: Hill and Wang, 1992.

Defrances, Carol J., and Steven K. Smith. Crime and Neighborhoods. Washington, D.C.: Bureau of Justice Statistics, U.S. Department of Justice, 1994.

Denton, Nancy. "Are African Americans Still Hypersegregated?" In Robert Bullard, J. Eugene Grigsby, and Charles Lee, eds., *Residential Apartheid: The American Legacy*. Los Angeles: CAAS Publications, 1994.

Dilger, Robert J. *Neighborhood Politics: Residential Community Associations in American Governance*. New York University Press, 1992.

Downs, Anthony. *New Visions for Metropolitan America*. Brookings and Lincoln Institute of Land Policy, 1994.

Edmundson, Brad. "Seven Generations." *American Demographics*, January 1995.

Etzioni, Amitai. *The Spirit of Community: Rights, Responsibilities, and the Communitarian Agenda*. New York: Crown Publishers, 1993.

Eubank, Brenda. "A Closer Look at the Users of Woonerven." In Anne Vernez Moudon, *Public Streets for Public Use*. New York: Van Nostrand Reinhold, 1987.

Farley, Reynolds and others. "Continued Racial Residential Segregation in Detroit: 'Chocolate City, Vanilla Suburbs' Revisited." *Journal of Housing Research* 4, no. 1 (1993): 1-38.

Fischer, Claude S. *To Dwell among Friends: Personal Networks in Town and City*. University of Chicago Press, 1982.

Fischer, Claude S. and others. *Inequality by Design: Cracking the Bell Curve Myth*. Princeton University Press, 1996.

Fishman, Robert. *Bourgeois Utopias: The Rise and Fall of Suburbia*. Basic Books, 1987.

Ft. Lauderdale (Fla.) Police Department, Crime Prevention/Planning and Research Unit. *Street Closure Study*. September 20, 1990.

———. "Four Income Famines." *Money*, vol. 24, no. 2 (February 1995): 148-54.

Frey, William H. "Immigration and Internal Migration Flight from U.S. Metropolitan Areas: Toward a New Demographic Balkanization." *Urban Studies*

参考文献

32, no. 4 (1995): 733-57.

Galster, George C. "Housing Discriminadon and Urban Poverty of African-Americans." *Journal of Housing Research* 2, no. 2 (1991): 87-122.

———."Black Suburbanization: Has it Changed the Relative Location of Races?" *Urban Affairs Quarterly* 26, no. 4 (June 1991): 622.

Galster, George C., and Sean P. Killen. "The Geography of Metropolitan Opportunity: A Reconnaissance and Conceptual Framework." *Housing Policy Debate* 6, no.1 (1995): 7-41.

Galster, George C., and Maris Mikelsons. "The Geography of Metropolitan Opportunity: A Case Study of Neighborhood Conditions Confronting Youth in Washington, D.C." *Housing Policy Debate* 6, no. 1 (1995): 73-103.

Gans, Herbert J. *The Levittowners: Ways of Life and Politics in a New Suburban Community*. Pantheon Books, 1967.

Garreau, Joel. *Edge City: Life on the New Frontier*. Doubleday, 1991.

Geisle, Charles C., and Frank J. Popper, eds. *Land Reform American Style*. Totowa, N. J.: Rowman and Allanheld, 1984.

George, Gall. "Immigrants Spur Appeals to the Feds and Crime Sends Tourists toward Calmer Climes." *Business Week*, September 19, 1994.

Glynn, Thomas J. "Psychological Sense of Community: Measurement and Application." *Human Relations* 34, no. 7 (1981): 789-818.

Goldman, Eric F. *Rendezvous with Destiny.* Vintage Books, 1958.

Goldsmith, Wllliam W., and Edward J. Blakely. *Separate Societies: Poverty and Inequality in U.S. Cities.* Temple University Press, 1992.

Guterson, David. "Home, Safe Home." *Utne Reader*, March/April 1993.

Hagan, John, and Ruth D. Peterson, eds. *Crime and Inequality*. Stanford University Press, 1995.

Handy, Susan. "Nco-traditional Development: The Debate." *Berkeley Planning Journal* 6 (1991): 135-44

Heisler, Doreen, and Warren Klein. *Inside look at Community Association Homeownership: Facts and Perceptions*. Alexandria, Va.: Community Associations Institute, 1996.

Hillery, George A., Jr. "Definitions of Community : Ares of Agreement." *Rural sociology* 20 (June 1955): 118.

Hinz, Greg. "Moving Violation." *Chicago*, March 1994.

Hull, John. "The State of the Nation." *Time*, January 30, 1995.

Hummon, David M. *Commonplaces: Community Ideology and Identity in American Culture.* Albany: State University of New York Press, 1990.

Jackson, Kenneth. *Crabgrass Frontier: The Suburbanization of the United States.* New York: Oxford University Press, 1985.

Jacobs, Jane. *The Death and Life of Great American Cities.* Modem Library, 1993.

(ジェーン・ジェイコブズ著／黒川紀章訳『アメリカ大都市の死と生』鹿島出版会、1977年)

Janowitz, Morris. *Community Press in an Urban Setting: The Social Elements of Urbanism.* 2d ed. University of Chicago Press, 1967.

Judd, Dennis R. "The Rise of the New Walled Cities." In Helen Liggett and David C. Perry, eds., *Spatial Practices: Critical Explorations in Social/Spatial Theory.* Thousand Oaks, Calif.: Sage Publications, 1995.

Kain, John. "The Spatial Mismatch Hypothesis: Three Decades Later." *Housing Policy Debate* 6, no. 1 (1995): 371-460.

Kanter, Rosabeth Moss. *Commitment and Community: Communes and Utopias in Sociological Perspective.* Harvard University Press, 1972.

Keating, Dennis. *The Suburban Dilemma.* Temple University Press, 1994.

Kennis, Daniel. "Living Next to One Another." *Parabola* (Winter 1993):6-11.

Kennedy, David J. "Residential Associations as State Actors: Regulating the Impact of Gated Communities on Nonmembers." *Yale Law Journal*, vol. 105, no. 3 (December 1995): 761-93.

Lakoff, Sanford A., with Daniel Rich, eds. *Private Government: Introductory Readings.* Glenview, Ill.: Scott, Foresman, 1973.

Landis, John. "Do Growth Controls Work? A New Assessment." Working Pa-

参考文献

per 547. Institute of Urban and Regional Development, University of California at Berkeley, 1991.

―――. "The Future of America's Center Cities." University of California at Berkeley, 1988.

Langdon, Philip. *A Better Place to Live: Reshaping the American Suburb.* Amherst: University of Massachusetts Press, 1994.

Latham, Earl. "The Body Politic of the Corporation." In Edward S. Mason, ed., *The Corporation in Modem Society.* Harvard University Press, 1959.

Leinberger, Christopher B., and Charles Lockwood. "How Business Is Reshaping America." *Atlantic,* October 1986.

Leinberger, Christopher B. "Suburbia." Los Angeles, Calif.: Robert Charles Lesser and Co., 1993.

Liggett, Helen, and David C. Perry, eds. *Spatial Practices: Criitical Explorations in Social /Spatial Theory.* Thousand Oaks, Calif.: Sage Publications, 1995.

Louv, Richard. *America II: The Book That Captures America in the Act of Creating the Future.* New York: Penguin, 1985.

McKenzie, Evan. *Privatopia: Homeowner Associations and the Rise of Residential Private Government.* Yale University Press, 1994.
(エヴァン・マッケンジー／竹井隆人・梶浦恒男訳『プライベートピア ―集合住宅による私的政府の誕生』世界思想社、2003年)

Maharidge, Dale. "Walled Off." *Mother Jones Magazine,* vol. 19, no. 6 (Nov.-Dec. 1994): 26.

Mann, Stephanie, with M. C. Blakeman. *Safe Homes, Safe Neighborhood: Stopping Crime Where You Live.* Berkeley, Calif.: Nolo Press, 1993.

Marcuse, Peter. "Not Chaos, but Walls: Postmodernism and the Partitioned City." In Sophie Watson and Katherin Gibson, eds., *Postmodern Cities and Spaces.* Oxford: Blackwell, 1995.

Massey, Douglas S., and Nancy A. Denton. *American Apartheid: Segregation and the Making of the Underclass.* Harvard University Press, 1993.

Metropolitan Area Planning Department. "Report on Gated Subdivisions."

Wichita, Kansas, September 13, 1995.

Michelson, William. *Environmental Choice, Human Behavior, and Residential satisfaction.* New York: Oxford University Press, 1977.

Nasar, Jack L., and David A. Julian. "The Psychological Sense of Community in the Neighborhood." *Jouul of the American Planning Association,* vol. 6, no. 2 (Spring 1995): 178-84.

Nelson, Robert H. "Private Neighborhoods: A New Direction for the Neighborhood Movement." In Charles C. Geisler and Frank J. Popper, eds. *Land Reform American Style.* Totowah, N.J.: Rowman and Ananheld, 1984.

―――. "The Privatization of Local Government: From Zoning to RCAs:" In *Residential Community Associations: Private Governments in the Intergovernmental System?* Washington, D.C.: United States Advisory Commission on intergovernmental Relations, 1989.

Newman, Oscar. *Community of Interest.* Garden City, N.Y.: Anchor Press/Doubleday, 1980.

―――. *Defensible Space: Crime Prevention through Urban Design.* New York: Macmillan, 1972. (オスカー・ニューマン／湯川利和・湯川聡子訳『まもりやすい住空間』鹿島出版会、1976年)

―――. "Defensible Space: A New Physical Planning Tool for Urban Revitalization." *Journal of the American Planning Association* 61 , no. 2 (Spring 1995): 149-55.

―――. *Improving the Viability of Two Dayton Communities: Five Oaks and Dunbar Manor.* Great Neck, N.Y: Institute for Community Design Analysis, 1992.

Nisbet, Robert A. *The Quest for Community.* New York: Oxford University Press, 1970.

Park, Robert E., Ernest W. Burgess, and Roderick D. McKenzie. *The City.* University of Chicago Press, 1925.

Parker, Rowland. *The Common Stream.* London: Granada Publishing, 1976.

Parrington, Vernon L. *The Colonial Mind:* 1620-1800. Harvest Books-Harcourt,

参考文献

Brace and Co., 1954.

Perin, Constance. *Everything in Its Place: Social Order and Lad Use in America*. Princeton University Press, 1977.

Petersen, John E. "The Blossoming of Micro Governments." Governing, October 1994.

Rabin, Y. "The Persistence of Racial Isolation: The Role of Government Action." Working Paper. Department of Urban Studies, Massachusetts Institute of Technology, 1991.

Reich, Robert B. *The Work of Nations: Preparing Ourselves for 21st-Century Capitalism*. A. A. Knopf, 1991.
（ロバート・B.ライシュ／中谷巌訳『ザ・ワーク・オブ・ネーションズ：―21世紀資本主義のイメージ』ダイヤモンド社、1991年）

Sandefur, Gary D., and Marta Tienda, eds. *Divided Opportunities: Minorities, Poverty, and Social Policy*. New York: Plenum Press, 1988.

Scott, Stanley. "The Homes Association: Will 'Private Government' Serve the Public Interest?" *Public Affairs Report* 8, no.1.

Sennett, Richard. *The Fall of Public Man*. W. W. Norton, 1992.

Sharpe, William, and Leonard Wallock. "Bold New City or Built-Up Burb?: Redefining Contemporary Suburbia." *American Quarterly* 46, no. 1 (March 1994): 1-30.

Sorkin, Michael, ed. *Variation on a Theme Park: Scenes from the New American City and the End of Public Space*. Hill and Wang, 1992.

Southworth, Michael, and Eran Ben-Joseph. "Regulated Streets: The Evolution of Standards for Suburban Residential Streets." Working Paper 593. Institute of Urban and Regional Development, University of California at Berkeley, 1993.

―――. *Streets and the Shaping of Towns and Cities*. New York: McGraw-Hill, 1997.

Stem, Robert A. M., ed. *The Anglo-American Suburb*, Architectural Design Profile. New York: St. Martin's Press, 1981.

Sternlieb, George. "Charting the 1990s—Things Aint What They Used to Be." *Journal of the American Planning Association* 56, no. 4 (1990): 492-96.

Suttles, Gerald. *The Social Construction of Communities.* University of Chicago Press, 1972.

Szymanski, Richard. "Can Changing Neighborhood Traffic Circulation Patterns Reduce Crime and Improve Personal Safety? A Quantitative Analysis of One Neighborhood's Efforts." Master's thesis, Department of City and Regional Planning, Florida Atlantic University, 1994.

Tönnies, Ferdinand. *Community and Society.* Translated and edited by Charles P. Loomis. 1887; New York: Harper & Row, 1963.

Town and Country. "Wealth in America." Hearst Corporation, 1994.

United States Advisory Commission on Intergovernmental Relations. *Residential Community Association: Private Governments in the Intergovernmental System?* Washington, D.C.: USACIR, 1989.

U.S. Department of Labor, Office of Policy Planning and Research. *The Negro Family: The Case for National Action.* Washington, D.C.: 1965.

Van der Ryn, Sirm, and Peter Calthorpe, eds. *Sustainable Communities: A New Design Synthesis for Cities, Suburbs, and Towns.* Sam Francisco: Sierra Club Books, 1986.

Vidal, Avis. "Reintegrating Disadvantaged Communities into the Fabric of Urban Life: The Role of Community Development." *Housing Policy Debate* 6, no. 1(1995): 169-230.

Vidich, Arthur J., and Joseph Bensman. *Small Town in Mass Society.* Princeton University Press, 1968.

Walzer, Michael. *Spheres of Justice: A Defense of Pluralism and Equality.* Basic Books, 1983.

Warren, Roland. *The Community in America.* Chicago: Rand McNally, 1978.

Webber, Melvin. "Order in Diversity: Community without Propinquity." In Lowdon Wingo Jr., ed. *Cities and Space: The Future Use of Urban Land*, essays from the fourth RFF Forum. Johns Hopkins University Press, 1963.

Weibe, Robert. *The Segmented Society: An Introduction to the Meaning of America*. New York: Oxford University, Press, 1975.

Weiss, Marc A. "Community Builders and Community Associations: The Role of Real Estate Developers in Private Residential Governance." in *Residential Comity Association: Private Governments in the Intergovernmental System*. Washington, D.C.: United States Advisory Commission on Intergovernmental Relations, 1989.

——. *The Rise of the Community Builders: The American Real Estate Industry and Urban Land Planning*. Columbia University Press, 1987.

Wekerle, Gerda R., and Carolyn Whitzman. *Safe Cities: Guidelines for Planning, Design. and Management.* New York: Van Nostrand Reinhold, 1995.

Wellman, Barry, and Barry Leighton. "Networks, Neighborhoods and Communities: Approaches to the Study of the Community Question." *Urban Affairs Quarterly* 14, no. 3 (1978): 363-90.

Wilson, William Julinus. *The Truly Disadvantaged: The Inner City, the Uhderclass, and Public Policy*. University of Chicago Press, 1987.

Wingo, Lowdon Jr., ed. *Cities and Space: The Future Use of Urban Land,* essays from the fourth RFF Forum. Johns Hopkins University Press, 1963.

Wirth, Louis. "Urbanism as a Way of Life." *American Journal of Sociology* 44 (1938): 3-24.

訳者あとがき

　本書の原書が米国で刊行された1997年は、前述の『プライベートピア：集合住宅による私的政府の誕生』(世界思想社、2003年) について、ちょうど私が翻訳に取り組まんとしていた時期である。その関連書で当時は発刊されたばかりの本書の原書が、米国の社会や都市計画等の研究分野で評判になっていることは聞き知っており購入して取り寄せてはみたものの、こうした現象がわが国には未だ縁遠い世界のように思えて永らくうち捨てていた。原著のブレークリー＆スナイダーがともに都市計画学の専門家であり、一応、政治学を専門としている私の興味が、政治学研究書である『プライベートピア』ほどには駆り立てられなかったのもその原因であろう。しかしながら、前述したようにわが国ではここ数年間で犯罪に対して過剰に反応する、さながら「モラル・パニック」の様相を呈してきており、そうした状況もあって米国のゲーテッド・コミュニティにも目が向けられつつあるともいえよう。また、もちろん人種差別という特殊要因もあるが、米国において高まる犯罪への恐怖心の表れとしてゲーテッド・コミュニティが全米を席捲してきた歴史を振り返ると、その米国より数十年遅れていま、同様の事象がわが国に現出しつつあるようにも見える。よって今回、本書をわが国で紹介するに十分な時機を得た

| 訳者あとがき |

と判断し、翻訳および刊行にいたった次第である。

さて、本書の内容についてであるが、今後のわが国の社会、住宅地開発を考えていくうえでの先例として有意な示唆をもたらすことは間違いない。ただ、政治学的観点からすると気になることがないでもない。それを以下に書き留めておくが、これに関しては、『プライベートピア』の著書である政治学者エヴァン・マッケンジー（イリノイ大学シカゴ校準教授）が "Political Science Quarterly" Vol.113, No.3, pp.531-533, fall 1998. に寄せた書評で指摘した点と符合するところが多いことを申し添えておく。

まず、本書でいうゲーテッド・コミュニティとは本文3頁に定義されているように、コモンを有する集合住宅（CID：Common Interest Development）のうちでもコンドミニアム（わが国でいう分譲マンション）などを対象とはしていない。しかし、共有空間への出入りを管制し、外界と遮断するという意では、本書が対象とする主に計画型一体開発（PUD：Planned Unit Development）による戸建て住宅地だろうと、コンドミニアムであろうと同一である。コミュニティ組合研究機構（CAI：Community Associations Institute）の推計によれば、全米に約23万あるCIDのうち約30％を占めるコンドミニアム（PUDは約60％）の影響力を見過ごしてしまってよいのだろうか。わが国では、訳者解説にも記したように戸建て住宅地でのゲート設置は難しいが、オートロックをはじめとする防犯設備の充実ぶり、また超高層などの出現を見れば分譲マンション（米国でいうコンドミニアム）の要塞化の方が顕著でもある。また、本書の結論ではゲートのほかにも保安を満足させる手法があるとして、ニュー・アーバニズムを対案として挙げているが、新規の郊外住宅地開発には有効であっても、勢威を増しつつあるコンドミニアムを代表とする都市型集合住宅に対処できるものではないだろう。

また、本書は1980年代において米国の政治哲学上、個人主義やリベラリズムとの対抗軸として派生し、わが国でも評判となったロバート・ベラーらによる『心の習慣』（島薗進・中村圭志訳、みすず書房、1991年）に代表される「共同体主義」（コミュニタリアニズム）の言説を多く引用している。そして、こうした共同体主義者（コミュニタリアン）が唱え、本書でも繰り返されるコミュニティなるフレーズは、いささか定義が判然としないものの近隣の相互交流や自治への参加を含意している。しかし

訳者あとがき

ながら、本書がゲーテッド・コミュニティの普及でもたらされると訴える「社会契約の弱体化」とは、近隣の相互交流や自治への参加ではなく、当該住宅地以外を含めた社会全体に影響を及ぼすマクロ・ポリティクスにおける政治参加の弊であろう。これは、都市（貧困者）対郊外（富裕層）による「経済的アパルトヘイト」であり、もしくはロバート・ライシュのいう「成功者の離脱」でもある。こうした自由民主制を揺るがしかねない問題は、ゲート設置を原因とするのかどうか本書でも確たる証拠が挙げられてはおらず、ゲートの有無に関わりなく派生すると思われる。その原因たる集合住宅における私的政府の興隆と、それによる自由民主制の再考を促す政治的論点を検討したのが前出の『プライベートピア』であり、興味のある方には一読を願いたい。なお、本書で引例される米国のニュー・アーバニズムは目新しい言説ではなくわが国でも徐々に紹介されつつあるが、そのハード的な観点からいたずらに称揚される風潮に私は違和感を抱いている。また、それと逆の意味でゲーテッド・コミュニティのヴィジュアル面での異様さを忌避し、コミュニティを分断するものと決めつけてしまうなら、それも如何かと思う。わが国でも数十年前から危機が叫ばれるコミュニティとは、共同体主義者(コミュニタリアン)よりもさらに曖昧な定義のまま、しかも近隣の相互交流を偏重して用いられているようにも見受けられる。だが、その危機感とは裏腹に近隣の相互交流は血縁、地縁とも核家族化や激しい人口移動により衰退の一途を辿っており、今後とも個人の孤立や、IT化によるネット・コミュニティの進展により、その傾向に拍車が掛かることは想像に難くない。したがって、問題解決の糸口として万能なる魔法の杖の如く曖昧なコミュニティなる字句を振り回す様は、さながら口頭禅に等しいようにも思えてくる。もちろん私は近隣の相互交流を軽んじるわけではないが、それに過剰な期待を寄せるのではなく、ゲートの有無を問わずCID体制を存立させる米国特有の制度や社会について深く考察したうえで、わが国でも自治や自由民主制を再検討するための参考とすることが重要だと考える。この意味で私は本書で示される保安圏型コミュニティの事象に興味をもっており、その根底にありブレークリー＆スナイダーがもっぱら私有化として用い、前出のマッケンジーさえもが問題視したプライヴェティゼーション（privatization）に注目している。この一端については、拙論（「ゲーテッド・

訳者あとがき

コミュニティとタウン・セキュリティ：米国のCID体制とプライヴェティゼーションの意義」『家とまちなみ』No.43、2004年3月号）で簡単に触れているが、いつか機会のある時に詳しく披瀝しようと思う。

　いずれにせよ、マッケンジーも認めるように本書はゲーテッド・コミュニティに対して初めての、そして明敏な検討を加えた高い価値を有しており、またその居住を選択した人々の意識を理解するのに役立つ貴重な研究である。さらに、本書においてゲートが犯罪に対する効果があまり認められないことを実証した点は評価されるべきである。この意味で、供給する住宅の商品価値を高めるためにも防犯機能の充実に躍起となっているデベロッパーに大いに参考となると同時に安易な導入を戒め、また、監視社会化に対する反証として、もっぱら物理的設備の充実を唱える言説に対して痛撃を見舞うこととなるだろう。ゲーテッド・コミュニティがわが国で不動の地位を占めうるかどうかは、逆説的な意味でまさにこの点にかかっているのである。

　なお、昨今の出版情勢が厳しい折、本書が何とか刊行しえたのは、私のゲーテッド・コミュニティ研究に関して、大川陸氏（財団法人住宅生産振興財団専務理事）のご尽力によって財団法人国際科学振興財団から、また、小林秀樹氏（千葉大学工学部都市環境システム学科教授）のご尽力によって社団法人建築研究振興協会から、それぞれ助成を賜ったからにほかならない。両氏をはじめとする関係諸氏からいただいたこれまでのご厚誼とご配慮について、本文をお借りして深く感謝したい。

　また、出版の労をとっていただいた集文社の古関喜朗氏には、本書の意義を即座に認めて出版につき快くご承諾いただいた。また、私の大学講義のテクストとして間に合わせたいというはなはだ勝手な要望について、しかも提示しておきながらそのタイトなスケジュールより原稿の提出が遅延したことについても、迅速に対処いただいたことで当初の予定に何とか間に合った。翻訳を思い立ってから半年あまりで本書を刊行できたのは同社の対応によるところが大きく、心より御礼申し上げたい。

2004年5月　　竹井隆人

著訳者紹介

エドワード・J・ブレークリー（Edward J. Blakely）
現在　ニュースクール大学ミラノ校大学院都市政策管理学部長。
1938年生まれ。カリフォルニア大学バークレー校卒業。パサデナ・ナザリン大学修了（MBA）。カリフォルニア大学ロサンゼルス校大学院修了、教育経営学（Ph.D.）。1986年カリフォルニア大学バークレー校都市地域計画学部教授。1994年南カリフォルニア大学都市計画開発学部教授を経て2000年より現職。専門は、都市計画、インフラストラクチャー整備、交通、地域経済開発で、当該分野での権威。著書 *Fundamentals of Economic Development Finance* (Sage, 2001), *Separate Societies: Poverty and Inequality in U.S. Cities* (Temple University Press, 1992), *Planning Local Economic Development Theory and Practice* (Sage, 1989)、ほか多数。

メーリー・ゲイル・スナイダー（Mary Gail Snyder）
現在、ニューオリンズ大学都市・公共政策カレッジ助教授。
1964年生まれ。カリフォルニア大学バークレー校卒業および大学院修了、都市計画学（Ph.D.）。同校都市地域計画学部講師を経て2001年より現職。専門は、都市社会学、住宅政策、コミュニティ開発と近隣住区活性化、ジェンダーと都市。論文 "Separate Places: Crime and Security in Gated Communities," in Marcus Felson, Richard B. Peiser, eds., *Reducing Crime Through Real Estate Development and Management* (Urban Land Institute Press, 1998), "Divided We Fall: Gated and Walled Communities in the United States," in Nan Ellin, ed., *Architecture of Fear* (Princeton Architectural Press, 1997).

竹井 隆人（たけい たかひと）
現在、住宅金融公庫東京支店調査役、学習院大学法学部非常勤講師。
1968年京都市生まれ。1991年学習院大学法学部政治学科卒業。1996年東京大学大学院法学政治学研究科政治専攻修了（法学修士）。住宅金融公庫企画部調査役、放送大学非常勤講師などを経て2004年より現職。専門は、集合住宅における法律、社会、政治。著書（共著）『スケルトン定借の理論と実践：完全解説つくば方式マンション』（学芸出版社、2000年）。訳書（共訳）『プライベートピア：集合住宅による私的政府の誕生』（世界思想社、2003年）。

ゲーテッド・コミュニティ
2004年6月8日　第1版発行

著　者　エドワード・J・ブレークリー
　　　　メーリー・ゲイル・スナイダー
訳　者　竹井隆人
発行所　株式会社　集文社
〒101-0064　東京都千代田区猿楽町1-5-9
TEL. 03-3295-5700　FAX. 03-3219-6296
http://www.shubunsha.net
発行人　古関喜朗
印　刷　株式会社　平河工業社
　　　　株式会社　磐城印刷
装　丁　大井由起子
製　本　株式会社　新里製本所
ⓒ2004　in japan by shubunsha